Maria Balì
Luciana Ziglio

Espresso 3

Corso di italiano
Libro dello studente ed esercizi

Alma
Edizioni
Firenze

Per la preziosa collaborazione durante la produzione e sperimentazione del libro ringraziamo Rita Cagiano, Linda Cusimano, Mariangela Porta, Paolo Degasperi.

Copertina: Detlef Seidensticker
Disegni: ofczarek!
Layout: Caroline Sieveking
Stampa: La Cittadina, azienda grafica - Gianico (BS) *www.lacittadina.it*

ISBN libro: 88-86440-86-3
ISBN libro + cd: 88-86440-72-3

Printed in Italy
© 2003 Alma Edizioni – Firenze
Ultima ristampa: giugno 2005

Alma Edizioni
Viale dei Cadorna, 44
50129 Firenze
tel. ++39 055476644
fax ++39 055473531
info@almaedizioni.it
www.almaedizioni.it

Indice

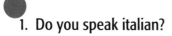

4. Parole, parole, parole ...

Intenzioni comunicative

biasimare il comportamento di un'altra persona; dare una spiegazione; iniziare una conversazione telefonica; chiedere di parlare con qu.; lasciare un messaggio; offrire di trascrivere un messaggio; offrire aiuto o disponibilità; riferire le parole di una terza persona

Grammatica

il congiuntivo imperfetto; la concordanza dei tempi e dei modi (II); *come se* + congiuntivo imperfetto; il discorso indiretto retto da un verbo al presente (I)

5. Invito alla lettura

Intenzioni comunicative

chiedere un'informazione; dare un suggerimento; esprimere una condizione; ricredersi; raccontare la trama di un libro; esprimere interesse; dare un giudizio

Grammatica

a patto che/purché/a condizione che + congiuntivo; l'uso del congiuntivo retto da un superlativo relativo; la costruzione passiva con *essere* e con *venire*; *che io sappia*

6. La famiglia cambia faccia

Intenzioni comunicative

informarsi sul contenuto di un articolo; descrivere una situazione; argomentare a favore o contro qc.; motivare

Grammatica

comparativi e superlativi particolari; gli aggettivi in *-bile*; *fare* + infinito; *nonostante, sebbene, benché, malgrado* + congiuntivo; la forma impersonale di un verbo riflessivo (*ci si*); il gerundio temporale

7. Feste e regali

Intenzioni comunicative

esprimere un desiderio/una speranza/una possibilità; ricordare a qu. una promessa fatta e non mantenuta; esprimere preferenze; rifiutare una proposta e motivare il rifiuto; fare delle ipotesi

Grammatica

uso dell'avverbio *mica*; *magari* + congiuntivo imperfetto; uso del condizionale passato per esprimere l'idea di un futuro nel passato; *se ne*; la posizione dei pronomi con il gerundio; il periodo ipotetico della possibilità

8. Salviamo il nostro pianeta

Intenzioni comunicative

esprimere rabbia; chiedere la ragione; presentare gli svantaggi del comportamento dell'altro; esprimere il proprio parere e motivarlo; contraddire; esprimere una condizione e le sue conseguenze

Grammatica

il gerundio passato; *dopo* + l'infinito passato; il periodo ipotetico della irrealtà; il congiuntivo trapassato; l'uso del congiuntivo in frasi principali; la terza persona plurale in funzione impersonale

9. Noi e gli altri

Intenzioni comunicative

chiedere e fornire informazioni; esprimere il proprio disappunto; rammaricarsi; giustificarsi; contestare le ragioni dell'altro; formulare una richiesta; riferire le parole di un'altra persona

Grammatica

la concordanza dei tempi con il congiuntivo; *prima che* + congiuntivo; il congiuntivo retto da un condizionale; il congiuntivo retto da pronomi indefiniti; l'uso del congiuntivo dopo *unico*; il discorso indiretto retto da un verbo al passato (II); l'interrogativa indiretta

10. Italia da scoprire pagg. 100 – 107

Intenzioni comunicative
descrivere un itinerario/un luogo; dare e capire delle informazioni su un luogo; esprimere preferenze e preoccupazione

Grammatica
la forma passiva con *andare*; *il cui/la cui*; la forma impersonale (*si è riusciti*); *affinché*, *perché* + congiuntivo

Introduzione

Cos'è Espresso.

Espresso è un corso di lingua italiana per stranieri diviso in tre livelli. Si basa su principi metodologici moderni e innovativi, grazie ai quali lo studente viene messo in grado di comunicare subito con facilità e sicurezza nelle situazioni reali.

Particolare rilievo viene dato allo sviluppo delle capacità comunicative, che sono stimolate attraverso attività vivaci, coinvolgenti ed altamente motivanti, poiché centrate sull'autenticità delle situazioni, sulla varietà e sull'interazione nella classe. Allo stesso tempo, non è trascurata la riflessione grammaticale né mancano momenti di sistematizzazione, di fissazione e di rinforzo dei concetti appresi. Espresso è inoltre ricco di informazioni sulla vita e sulla cultura italiana. Per la sua chiarezza e sistematicità, Espresso si propone come uno strumento semplice e pratico da usare da parte dell'insegnante.

Com'è strutturato Espresso 3.

Espresso 3 è il terzo volume del corso e si rivolge a studenti di livello intermedio/avanzato. Offre materiale didattico per circa 90 ore di corso (più un eserciziario per il lavoro a casa). È composto da un libro, un CD audio e una guida per l'insegnante.

Mediante dialoghi, testi autentici di ascolto e di lettura e attività varie si vogliono ampliare le conoscenze linguistiche degli studenti e allo stesso tempo presentare molti aspetti della società italiana.

Il libro, che riunisce in un unico volume sia le lezioni per lo studente che gli esercizi, contiene:

- 10 unità didattiche (libro dello studente)
- 10 capitoli di esercizi (eserciziario)
- un compendio di grammatica
- un glossario per lezione e un glossario alfabetico
- le chiavi degli esercizi

Il CD audio contiene:
- i brani autentici di lingua parlata

La guida per l'insegnante contiene:
- l'illustrazione del metodo
- le indicazioni per svolgere le lezioni
- le trascrizioni di alcuni dialoghi
- le chiavi delle attività

A studenti e insegnanti auguriamo buon lavoro e buon divertimento con **Espresso**.

Autrici e casa editrice

Do you speak italian?

1 Io imparo ...

Metti una X sulle affermazioni che ti riguardano.

Io imparo una lingua straniera...

per soddisfazione personale	☐
per comprendere una cultura diversa	☐
per comunicare sul lavoro	☐
per parlare con amici o in famiglia	☐
per arrangiarmi quando sono all'estero	☐

Il mio obiettivo è...

partecipare a una conversazione	☐
saper comunicare in situazioni quotidiane (ristorante, bar, negozi, ecc.)	☐
leggere giornali, riviste o libri	☐
leggere documenti ufficiali	☐
guardare film o programmi televisivi	☐
ascoltare la radio	☐
scrivere lettere o e-mail	☐

Come valuti il tuo livello di conoscenza dell'italiano?
(1 = discreto; 2 = buono; 3 = molto buono)

parlare	☐	grammatica	☐
capire	☐	vocabolario	☐
scrivere	☐	pronuncia	☐

Secondo te, quali attività sono importanti per imparare una lingua straniera?
Esprimi il tuo parere.

È utile e divertente	È utile, ma per me difficile	È utile, ma noioso	Non è utile
++	+	/	–

ascoltare dialoghi «autentici» ☐
leggere articoli di giornale ☐
leggere testi letterari ☐
leggere ad alta voce ☐
fare dettati ☐
ascoltare canzoni e cantare ☐
guardare video ☐
(film, programmi televisivi, ecc.)

tradurre ☐
scrivere testi in classe ☐
scrivere testi a casa ☐
imparare vocaboli a memoria ☐
giocare ☐
parlare il più possibile ☐
fare esercizi di grammatica ☐

In piccoli gruppi confrontate le vostre risposte e, dove possibile, motivatele.

 2 **Toglimi una curiosità!**

Ascolta il dialogo e rispondi alle domande.

a. In quanto tempo ha imparato l'italiano Stefan?
_____

b. Che lingua studia il collega italiano? E da quanto tempo?
_____

c. Che difficoltà ha il collega italiano?
_____

d. Che cosa pensa Stefan dell'apprendimento delle lingue straniere?
_____

Ora riascolta il dialogo e controlla.

■ Senti, Stefan, toglimi una curiosità, ma tu quanto tempo
ci hai messo a imparare l'italiano?

▼ Mah, non lo so … due anni direi …

■ Ma l'hai imparato qui o avevi già fatto dei corsi?

▼ Beh, sì, quando sono arrivato in Italia avevo già fatto un corso.
Prima di partire, avevo frequentato un corso all'università di Amsterdam,
ma solo per un paio di mesi …

■ Pazzesco! Io sono tre anni che faccio corsi d'inglese e ancora non lo parlo!

▼ Vabbe', dai! Un po' lo parli! E poi non puoi fare il confronto con me.
Prima di trasferirmi io ero già stato altre volte in Italia,
e poi, scusa, io dopo tutto vivo qui!

■ Sì, però dovrei parlarlo molto meglio dopo tutti i corsi che ho fatto …

▼ Mah, dipende …

■ Sai, il problema è che alcune regole di grammatica proprio non mi
entrano in testa!

▼ Beh, forse è proprio questo il punto. Pensi troppo alla grammatica
e poi ti blocchi!

■ Sì, è vero … è perché ho paura di sbagliare.

▼ Sì, però se pensi sempre agli errori non parlerai mai.
Anch'io all'inizio mi vergognavo perché facevo un sacco
di errori, poi però …

> Avevo fatto un corso
> **prima di trasferirmi.**

E 1·2

> Quanto tempo ci hai messo a imparare l'italiano?
> Sono tre anni che faccio corsi d'inglese.

3 Riflettiamo

*Il verbo qui sottolineato è un trapassato prossimo. Rileggi il dialogo, sottolinea
tutti i verbi che secondo te sono nello stesso tempo e scrivili qui di seguito.
Verifica poi in plenum.*

<u>**Avevi fatto**</u> **dei corsi?**

Come si forma secondo te il trapassato prossimo? E quando si usa?
Parlane in coppia e poi in plenum.

4 Avevi già fatto dei corsi?

Collega le frasi e coniuga al trapassato prossimo i verbi indicati tra parentesi.

1. Prima di trasferirmi a Parigi

2. Quando siamo arrivati al cinema,

3. No, i ragazzi non li ho visti, quando sono arrivato

4. Quando sono arrivata in classe

5. Quando sono arrivati alla stazione

6. Ieri sera quando sono arrivata a casa

7. Sono andato in biblioteca per restituire i libri

8. Ho guardato l'orologio e ho visto che

a. (uscire) _____ già _____.

b. che (prendere) _____ _____ in prestito un mese fa.

c. (fare) _____ già _____ diversi corsi di francese.

d. (passare) _____ già _____ un'ora.

e. la lezione (finire) _____ _____ da cinque minuti.

f. il treno (partire) _____ già _____.

g. il film purtroppo (cominciare) _____ già _____.

h. mio marito (preparare) _____ già _____ la cena.

1

5 Intervista

Parla con un tuo compagno e chiedigli

E 3·4

perché studia l'italiano,
se l'aveva già imparato a scuola o da un'altra parte,
se è contento/-a dei suoi «progressi»,
se parla un'altra lingua straniera oltre all'italiano,
dove l'ha imparata,
quanto ci ha messo a impararla,
se è stato più semplice che imparare l'italiano,
se si è mai trovato/-a in situazioni in cui non è riuscito/-a
a dire nemmeno una parola,
se ha mai sognato in una lingua straniera.

Corsi di lingua e cultura italiana

6 Consigli pratici per imparare le lingue straniere

Leggi il seguente testo.

Consigli pratici

- Non cercate di imparare tutto in un colpo solo. PoneteVi degli obiettivi chiari e realistici e seguite il Vostro ritmo.
- Siate aperti nei confronti dei nuovi modi di imparare – nuovi metodi e nuove tecnologie. Vi possono aiutare.
- Usate qualsiasi opportunità per comunicare nella lingua che studiate.
- Non abbiate paura di fare errori. Potete gradualmente lavorare per ridurli. Quel che importa è farVi capire.
- Rivedete regolarmente ciò che avete studiato e osservate i Vostri progressi.

Leggere e ascoltare

- Leggere e ascoltare è molto importante. Più ascolterete, meglio parlerete.
- Leggete e ascoltate testi nei quali la lingua sia usata in maniera naturale (giornali, TV, radio).
- Ricordate che per capire il succo del discorso non bisogna capire ogni singola parola.

Scrivere

- Cercate di trovare opportunità per comunicare per iscritto – e-mails, cartoline, lettere, ecc.

Parlare

- Cercate di parlare più che potete.
- Se andate in un Paese in cui si parla la lingua che studiate, ma le persone Vi si rivolgono nella Vostra lingua, spiegate che preferite parlare la loro lingua.
- Memorizzate le frasi che Vi serviranno più spesso – incontrando persone, facendo shopping, ecc.
- La maggior parte delle persone non raggiungono mai un accento perfetto in un'altra lingua. Ma non è grave, l'importante è farsi capire.

(dall'Opuscolo informativo della Commissione Europea/Direzione generale per l'istruzione e la cultura)

Leggete e ascoltate testi **nei quali** la lingua sia usata in maniera naturale.	Usate qualsiasi opportunità per...

Segna con una X le affermazioni contenute nel testo.

Nell'articolo si consiglia di

a. imparare la lingua straniera velocemente ☐
b. mostrare curiosità verso nuovi metodi e tecnologie ☐
c. non fare errori ☐
d. ripetere di tanto in tanto le cose imparate ☐
e. leggere o ascoltare testi autentici ☐
f. concentrarsi sulle singole parole ☐
g. cercare di scrivere nella lingua straniera ☐
h. parlare in inglese se si hanno problemi a usare
  la lingua che si sta studiando ☐
i. non concentrarsi troppo sulla pronuncia ☐

E 5·6

7 **E tu?**

Con quali dei consigli dati sei d'accordo? Quali segui e quali no e perché?
Ne aggiungeresti degli altri? Parlane in gruppo.

1

8 **Non sono affatto d'accordo!**

D 2

Ascolta e metti una X sull'affermazione esatta.

	sì	no
a. La donna ha un dubbio circa una parola che ha trovato in un testo.	☐	☐
b. La donna non è convinta di una certa forma verbale.	☐	☐
c. Secondo Paolo bisognerebbe rispettare di più le regole di grammatica.	☐	☐
d. Secondo la donna non si dovrebbe essere troppo categorici.	☐	☐

■ Scusa, Paolo, posso?

▼ Sì, entra, entra.

■ Senti, non è che per caso hai una grammatica?

▼ Sì, guarda, dovrebbe essere lì, nel primo scaffale in basso.

■ Me la presti un attimo?

▼ Certo.

■ Stavo scrivendo una cosa e mi è venuto un dubbio.
Secondo te si dice «l'appuntamento è a piazza Dante»
o «in piazza Dante»?

▼ «In piazza Dante».

■ Hmmm... allora, vediamo... qui c'è scritto che la forma corretta è «in»,
e che «a» è un regionalismo ormai accettato.

▼ Sì, però dai, «a piazza» suona male!

■ Perché scusa? Suona male per te, perché non lo dici!

▼ No, suona male perché non si dice! E poi io trovo che
le regole andrebbero rispettate!

■ Non sono affatto d'accordo. Secondo me è l'uso che fa la regola.

▼ Ah, allora per te ognuno può parlare come vuole?

■ Non ho detto questo! Anche io penso che le regole servano,
però non si può essere nemmeno così rigidi.

▼ E certo! Poi però ci sono in giro persone come il nostro direttore,
che dicono «a me mi piace» ... orribile!
Mi sa che prima o poi glielo dico che non si dice.

■ Mah, io non sarei così categorica! E poi credo che ormai si possa dire.

> La grammatica **dovrebbe essere** lì.

E 7

Ci vediamo in piazza Dante o a piazza Dante?

Il complemento di stato in luogo con nomi di vie o di piazze è normalmente introdotto dalla preposizione *in*: *l'appuntamento è alle otto in via Cavour*. Per influsso
dei dialetti centromeridionali, in casi analoghi si può trovare anche la preposizione
a: *ci vediamo alle sette a piazza Dante*.

A me mi piace o a me piace?

Frasi come *a me mi piace, a te ti piace, a lui gli piace* ecc. sono tradizionalmente
considerate scorrette perché in esse si ripete due volte un pronome personale con
la stessa funzione logica. In realtà l'espressione *a me mi piace* è un costrutto tipico
del registro colloquiale e la ripetizione del pronome serve a mettere in evidenza a
chi piace qualcosa. ... La scelta tra i tipi *a me mi piace, a me piace* o *mi piace* dipende
quindi dal contesto (informale o formale) e dalla necessità di evidenziare il tema
della frase.

(da la *Grammatica Italiana di Base* di P. Trifone e M. Palermo, Zanichelli)

9 Me lo presti?

In coppia fate dei dialoghi secondo il modello.
Chiedete in prestito o date in prestito i seguenti oggetti (per voi o per una terza persona).

la grammatica
▼ Me la presti?
■ Sì, te la presto volentieri. / No, non te la posso prestare.

il vocabolario

le forbici

la matita

gli occhiali

il giornale

la videocassetta

☞
E 8·9
10·11
12

Me **lo** presti?
Sì, **te lo** presto volentieri.
Prima o poi **glielo** dico (al direttore).

1

10 Argomentare

Cerca nel dialogo 8 le forme usate per:

Esprimere la propria opinione:

Esprimere accordo:

Esprimere disaccordo:

Qui di seguito trovi altre espressioni per esprimere la propria opinione o per esprimere accordo e disaccordo. Inseriscile nello schema precedente al posto giusto.

Io sono del parere che ...   Sono d'accordo con te.   A me non sembra proprio!

Io la penso diversamente.   Io sono convinto che ...   Hai ragione.

Non direi proprio!   È proprio vero ...

11 Cosa ne pensi?

Anche nella tua lingua ci sono fenomeni simili a quello nominato nel dialogo?
Parlane in gruppo e poi in plenum.

possibile	→ impossibile
utile	→ inutile
regolare	→ irregolare

12 Italenglish

Leggi il seguente articolo.

1 Sono tornato nella mia università, Pavia, per una conferenza sulla lingua inglese. Uno studente si è alzato e mi ha detto: "Anche quando discuto di elettro-
5 nica e computer vorrei parlare italiano. Ma come faccio? Devo dire topo invece di 'mouse'? E come traduco 'clic' e 'scan'? 'Cliccare'? D'accordo! Ma 'scannare'?"
Ottima domanda, ho risposto, come sempre
10 fanno coloro che non sanno cosa rispondere. Poi ho provato a dare qualche suggerimento, ricordando il mio personale comandamento: le parole inglesi che conosciamo ci servono per parlare inglese. Quando parliamo italia-
15 no, cerchiamo di usare parole italiane. Sono pochi i casi in cui è impossibile trovare un'alternativa al termine straniero in voga. In qualche caso, invece, quest'alternativa non bisogna neppure cercarla: 'computer',
20 per esempio, è un vocabolo entrato ormai a far parte della nostra lingua, come 'film' o 'sport'. Combattendolo, si rischia di fare una figura da francesi. Soddisfatto della mia improvvisa saggezza, ho cambiato argomen-
25 to. Poi, tornato a casa, ho provato scrupoli di coscienza (abbastanza rari in un giornalista). Mi sono accorto, per cominciare, di non trovare una traduzione per 'scan'. 'Scannare' è brutto; ma 'esaminare con un
30 apparecchio a scansione' (cito dal dizionario) è addirittura mostruoso. Anche per 'mouse' (l'aggeggio che consente un rapido spostamento del puntatore sul video del computer) non ho trovato traduzioni ade-
35 guate. Certo, potrei impuntarmi e proporre 'topo' (traduzione letterale di 'mouse'), ma nessuno capirebbe. E quando si parla o si

scrive, di solito, lo scopo è farsi capire. Il problema, quindi, è complesso. (...) È inutile, come dicevo, battersi con la parola 'computer'; in altri casi è invece possibile difendersi, e addirittura passare all'offensiva. 'Internet', per esempio, sembrava un vocabolo inattaccabile (metà latino e metà inglese, mondiale per definizione); eppure la nostra modesta 'rete' si sta difendendo bene. Più difficile si sta rivelando la battaglia contro 'browser', il programma che consente di navigare in Internet (Explorer, Netscape). (...) Il vocabolo inglese 'provider', che risale al XIV secolo, ha spiazzato quello italiano assumendo un significato specifico: non solo 'fornitore', ma 'fornitore-di-accesso-alla-Rete'. Altre volte, quando ci accorgiamo che l'avversario è debole, dobbiamo essere spietati. 'Screen-saver' non serve: 'Salvaschermo' va benissimo. 'Desk top' fa ridere: l'espressione 'da tavolo' serve perfettamente allo scopo. 'Surfing' (il passaggio da un sito all'altro della Rete) è inutile, 'navigazione' è più lungo, ma rende l'idea, ed è più adatto a un popolo mediterraneo che il surf lo vede solo al cinema. E 'trackpad' – dispositivo per spostare il puntatore sullo schermo muovendo il dito su una tavoletta nella tastiera – non è solo uno splendido esempio di invenzione inutile, è anche un nome assurdo. 'Tappetino' è più simpatico e più chiaro. Dovete solo avere il coraggio di pronunciarlo la prima volta. Poi tutto diventa più facile.

(articolo di Beppe Severgnini, da *Io donna*,
suppl. sett. del *Corriere della Sera*)

E 13

Per quali parole straniere esiste, secondo Severgnini, un adeguato equivalente in italiano?
Per quali invece no? Rileggi il testo e scrivile su un foglio.

13 È una parola di origine ...

Formate due gruppi. Vince il gruppo che riesce a scoprire l'origine delle seguenti parole
straniere entrate nella lingua italiana. Potete scegliere tra le seguenti lingue: eschimese,
francese, giapponese, indiano, inglese, spagnolo, tedesco, turco.

abat-jour hacienda mobbing

kitsch bouquet

karaoke hinterland

globe trotter yogurt

karma freezer

kayak harèm

14 Parole straniere

Usi spesso delle parole straniere nel tuo linguaggio quotidiano? In quali situazioni?
Cosa pensi della presenza di termini stranieri nella tua lingua? Parlane in gruppo
e poi in plenum.

15 SOS italiano

a. Ascolta l'intervista e segna con una X i temi trattati. Verifica in coppia e poi in plenum.

Tutela della lingua italiana	☐
Ruolo dei nuovi mezzi di comunicazione	☐
Uso dei dialetti nelle scuole	☐
Posizione dell'italiano tra le lingue studiate nel mondo	☐

b. Ascolta di nuovo e metti una X sull'affermazione esatta.

	sì	no
a. In Italia esiste già un'istituzione per la tutela dell'italiano.	☐	☐
b. Secondo Masi per tutelare l'italiano bisognerebbe introdurre dei divieti.	☐	☐
c. L'unità linguistica italiana è stata realizzata da Radio e TV.	☐	☐
d. Secondo Masi bisognerebbe sensibilizzare i ragazzi a un uso più attento della lingua.	☐	☐

E 14

Per comunicare

Toglimi una curiosità!
Quanto tempo ci hai messo a imparare
l'italiano?
Mah … due anni, direi.
Cosa pensi dell'apprendimento delle
lingue straniere?
Sono tre anni che …
Forse perché ho paura di sbagliare …

Io sono del parere che …
Io sono convinto/-a che …
A me non sembra proprio!
Non direi proprio!
Io (invece) la penso diversamente.
È proprio vero (che) …
Sono d'accordo con te.
Hai ragione.

Grammatica

Prima di (+ infinito)

Prima di trasferirmi a Roma, avevo seguito un corso
d'italiano.

*Se il soggetto delle due frasi è lo stesso, allora nella frase
secondaria temporale si usa prima di + infinito.*

Metterci (avere bisogno di tempo)

Quanto tempo **ci metti a** finire di vestirti?
Ci hai messo molto **a** imparare l'italiano?
Il treno **ci ha messo** tre ore.

*Il verbo metterci esprime di quanto tempo si ha bisogno
per fare qualcosa.*
*Attenzione a non confondere metterci a con mettersi a
fare qualcosa (cominciare a fare qualcosa).*

Il trapassato prossimo

Forme: vedi l'appendice della grammatica a pag. 201.

Quando sono arrivata a casa, mio marito **aveva**
già **mangiato.**
Quando sono arrivata, Franca **era** già **andata** via.

*Il trapassato prossimo si forma con l'imperfetto di avere o
essere e il participio passato del verbo principale.*
*Il trapassato prossimo si usa per esprime un'azione nel
passato che è successa prima di un'altra azione anche
passata. Già si trova normalmente tra l'ausiliare e il
participio passato.*

Qualsiasi

qualsiasi lingua / qualsiasi obiettivo

*Qualsiasi significa "uno/-a qualunque" ed è invariabile.
Il sostantivo che segue è sempre al singolare.*

1

Il quale / la quale / i quali / le quali

Mio padre, **il quale** (=che) aveva un lavoro dipendente, adesso si è messo in proprio.
Leggete testi **nei quali** (= in cui) la lingua sia usata in maniera naturale.
È una persona **per la quale** (= per cui) farei di tutto.

*Il pronome relativo **il quale** può sostituire **che** o **cui** + preposizione e concorda in genere e numero con la persona o cosa a cui si riferisce. Si usa normalmente nella lingua scritta.*

Pronomi combinati

Mi presti **il vocabolario**? **Me lo** presti?
Chi **vi** ha prestato **la macchina**? **Ve** l'ha prestata Giovanni?
– **Le** puoi prestare **i tuoi CD**?
– Sì, **glieli** presto volentieri.

Se in una frase ci sono due pronomi, il pronome indiretto precede quello diretto. La -i della 1ª e della 2ª persona diventa -e.

	+ lo	+ la	+ li	+ le	+ ne
mi	me lo	me la	me li	me le	me ne
ti	te lo	te la	te li	te le	te ne
gli/le/Le	glielo	gliela	glieli	gliele	gliene
ci	ce lo	ce la	ce li	ce le	ce ne
vi	ve lo	ve la	ve li	ve le	ve ne
gli	glielo	gliela	glieli	gliele	gliene

Il verbo *dovere* per esprimere un'ipotesi

La grammatica **dovrebbe essere** lì. (= ... forse è lì)
Lui **deve aver perso** il treno. (= Forse ha perso il treno.)

*Il verbo **dovere** si usa spesso per fare delle ipotesi.*

Il prefisso negativo *in-*

adatto   →   **in**adatto (= non adatto)
utile   →   **in**utile (= non utile)

*Il prefisso **in-** dà all'aggettivo un significato negativo.*

logico   →   **il**logico
bevibile   →   **im**bevibile
morale   →   **im**morale
probabile   →   **im**probabile
ragionevole →   **ir**ragionevole

*Il prefisso **in** diventa **il-** davanti a **l**, **im-** davanti a **b**, **m** o **p**, **ir-** davanti a **r**.*

1

Vivere in città

1 Città

Osserva le foto. Secondo te quali potrebbero essere i problemi maggiori di una grande città? Parlane con i compagni.

2 Di che città si parla?

A quali delle città indicate qui di seguito si riferiscono le seguenti affermazioni? Alcune sono valide per più di una città.

	a	b	c	d	e	f	g	h	i	l	m	n	o	p	q
Torino															
Milano															
Venezia															
Roma															
Palermo															

a. è sede delle maggiori istituzioni politiche
b. è una città molto turistica
c. è il capoluogo del Piemonte
d. è la capitale d'Italia
e. è sede di un'importante industria automobilistica
f. non ha problemi di traffico
g. si trova su un'isola

h. ha un passato arabo-normanno
i. è una città portuale
l. è il centro economico e finanziario del Paese
m. in inverno c'è spesso la nebbia
n. ha enormi problemi di traffico
o. ha quasi tre milioni di abitanti
p. è la città della moda e dell'editoria
q. è la città dei ponti

Immagina di doverti trasferire per un anno in una di queste città.
Quale sceglieresti e perché? Parlane in gruppo.

3 Indovina

In coppia pensate a una città famosa e descrivetela senza dirne il nome.
Gli altri dovranno indovinare di quale città si tratta.

4 Sarebbe stato meglio!

Ascolta il dialogo e segna con una X l'affermazione esatta. A volte è giusta più di una risposta.

La donna va a fare la spesa a piedi perché

è più comodo. ☐   l'autobus ha cambiato itinerario. ☐

La donna si lamenta

del rumore. ☐   dello smog. ☐
delle difficoltà ad attraversare la strada. ☐   della sporcizia. ☐

Secondo la donna al posto di una banca avrebbero potuto costruire

un giardino pubblico. ☐   un parcheggio. ☐   un asilo. ☐
una piscina.   ☐   un cinema.   ☐

Secondo il ragazzo nella zona manca/mancano

una biblioteca. ☐   impianti sportivi. ☐   un parco. ☐   un teatro. ☐   un cinema. ☐

■ Mi scusi! Mi darebbe una mano a portare queste buste
fino al portone?

▼ Certo, non c'è problema, dia a me!

■ Prima al mercato ci andavo in autobus. Era così comodo!
Dovevo fare una sola fermata, ma da quando ci sono questi lavori,
l'autobus ha cambiato giro e così mi tocca andare a piedi!

▼ Eh, lo so, è un problema ...

■ Non pensano ai cittadini quando fanno queste cose, no!
Bisogna fare la gimcana per passare dall'altra parte!
Per non parlare del rumore poi ... mah, speriamo finiscano presto!

▼ Eh, sì, speriamo!

■ Lei per caso sa che cosa stanno costruendo?

▼ Una banca.

■ Una banca? E a che ci serve un'altra banca? Ce ne sono già tre!

▼ Me lo chiedo anch'io!

■ Mah, anziché costruire una banca avrebbero potuto fare un bel parco
o costruire un asilo nido ...

▼ Beh, sì, sarebbe stato meglio! In effetti gli asili mancano
e non solo gli asili! In questa zona mancano parecchie cose.
Non ci sono impianti sportivi, non c'è un cinema, non c'è una biblioteca ...

> Mi tocca andare a piedi =
> Devo andare a piedi.

E 1·2

2

5 E voi che cosa avreste fatto?

In coppia fate delle frasi secondo l'esempio.

> costruire una banca / costruire un asilo nido
> Anziché costruire una banca, noi avremmo costruito un asilo nido/
> sarebbe stato meglio costruire un asilo nido.

costruire nuovi parcheggi / aggiungere un'altra linea della metropolitana
aprire un nuovo centro commerciale / ingrandire il mercato
aprire il centro alle macchine / mettere a disposizione delle biciclette
costruire una nuova strada / costruire una pista ciclabile
progettare nuovi uffici / investire nella costruzione di nuove abitazioni
introdurre il sistema delle targhe alterne / migliorare i trasporti pubblici
 chiudere il centro per gli anziani / costruirne altri due
E 3·4 aprire una clinica privata / costruire un nuovo ospedale pubblico

> Avrebbero potuto costruire un asilo nido.
> Sarebbe stato meglio.

6 La traversata dei vecchietti

Leggi il seguente racconto e ordina i disegni secondo la giusta sequenza.

C'erano due vecchietti che dovevano attraversare la strada. Avevano saputo che dall'altra parte c'era un giardino pubblico con un laghetto. Ai vecchietti, che si chiamavano Aldo e Alberto, sarebbe piaciuto molto andarci.

Così cercarono di attraversare la strada, ma era l'ora di punta e c'era un flusso continuo di macchine.

– Cerchiamo un semaforo – disse Aldo.

– Buon'idea – disse Alberto.

Camminarono finché ne trovarono uno, ma l'ingorgo era tale che le auto erano ferme anche sulle strisce pedonali.

Aldo cercò di avanzare di qualche metro, ma fu subito respinto indietro a suon di clacson e male parole. Allora disse: proviamo a passare in un momento in cui tutti sono fermi. Ma l'ingorgo era tale che, anche se i vecchietti erano magri come acciughe, non riuscirono a passare. (...)

Era quasi sera quando a Aldo venne un'altra idea.

– Mi sdraio in mezzo alla strada e faccio finta di essere morto – disse – quando le auto si fermano tu attraversi veloce, poi mi alzo e passo io.

– Non possiamo fallire – disse Alberto.

Allora Aldo si sdraiò in mezzo alla strada, ma arrivò un'auto nera e non frenò, gli diede una gran botta e lo mandò quasi dall'altra parte della strada.

– Forza che ce la fai! – gridò Alberto.

Ma passò una grossa moto e con una gran botta rispedì Aldo dalla parte sbagliata. Il vecchietto rimbalzò in tal modo tre o quattro volte e alla fine si ritrovò tutto acciaccato al punto di partenza.

– Che facciamo? chiese. (...)

(da Il bar sotto il mare di Stefano Benni)

E 5

7 Riflettiamo

Nel testo Stefano Benni, invece di dire i vecchietti «hanno cercato» di attraversare la strada,
scrive «cercarono» di attraversare la strada. Usa cioè un passato remoto, il tempo che nella
letteratura sostituisce il passato prossimo. Sottolinea nel testo tutti i verbi che secondo te
sono al passato remoto, scrivili qui di seguito e verifica poi in plenum.

E 6·7
8

2

cercare	vendere	spedire
cercai	vendei/vendetti	spedii
cercasti	vendesti	spedisti
cercò	vendé/vendette	spedì
cercammo	vendemmo	spedimmo
cercaste	vendeste	spediste
cercarono	venderono/vendettero	spedirono

essere	avere	fare
fui	ebbi	feci
fosti	avesti	facesti
fu	ebbe	fece
fummo	avemmo	facemmo
foste	aveste	faceste
furono	ebbero	fecero

8 Riuscirono i vecchietti ... ?

Riuscirono i due vecchietti a raggiungere il parco? Se sì, come?
In coppia continuate la storia per iscritto usando il passato remoto.
Riferite poi le vostre versioni in plenum.

9 Guardi che è vietato!

5

Prova a ricostruire il dialogo completandolo con le seguenti frasi.

- Guardi, non vorrei sembrarLe scortese, ma perché non si fa gli affari Suoi?
- Perché è vietato, scusi? Veramente io non vedo nessun segnale di divieto.
- Niente ma, se non è d'accordo chiami un vigile e se lui mi dice
  che me ne devo andare, allora me ne vado!
- No, non si è spiegato. E poi, scusi, potrei sapere per chi è riservato?
- E Lei chi è? Un vigile?
- Senta, io oggi non sono proprio in vena di discutere. Mi è successo di tutto,
  quindi è meglio se mi lascia parcheggiare in pace! Va bene?
- Sì, è mia, perché?

▼ Scusi, signora, è Sua questa Punto rossa?

■ _____

▼ Guardi che lì non può parcheggiare, è vietato!

■ _____

▼ Sì, ma glielo dico io che è vietato.

■ _____

▼ No, sono il portiere di questo stabile.

■ _____

▼ Guardi che io lo dico per Lei. Quel posto è riservato e se lascia la macchina lì ...
  insomma, non so se mi sono spiegato.

■ _____

▼ Per l'avvocato Meucci.

■ _____

▼ Sì, ma ...

■ _____

Adesso ascolta e verifica.

| È **Sua** questa Punto rossa? |
| Sì, è **mia**. |

E 9·10
11

Quali di questi divieti pensi abbiano senso e quali invece no?
Perché? Parlane in gruppo.

Divieto di
fumare nei luoghi pubblici
usare il cellulare nei luoghi pubblici
fotografare nei musei
portare a spasso il cane senza guinzaglio
entrare con un cane in un locale pubblico

portare il cane in spiaggia
entrare in una chiesa con i pantaloncini
ascoltare il walkman in un mezzo pubblico
suonare il clacson
altro: _____

---

11 Niente cani nei locali!

In coppia scegliete un ruolo e fate un dialogo.
Se volete potete usare anche le seguenti espressioni.

> Non vorrei sembrarLe scortese, ma ...
> Perché non si fa gli affari Suoi?
> Non so se mi sono spiegato/-a.
> (Non) sono in vena di discutere.

A
Stai tranquillamente mangiando qualcosa
in un bar. Improvvisamente ti accorgi della
presenza di un grosso cane (tu non ami per
niente i cani) che guarda insistentemente il
tuo panino. La cosa ti disturba.
Fai presente all'altra persona che è vietato
entrare con animali nei luoghi pubblici.

B
Dopo una faticosissima giornata entri
in un bar con il tuo cane. Stai prendendo un
caffè quando un cliente ti fa notare che è
vietato portare cani nei locali pubblici.

12 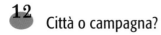 Città o campagna?

Leggi il seguente articolo.

«Io, felice solo se posso tornare a vivere a Milano»

1 (...) Sono nata a Milano nel 1963 e qui ho vissuto fino a 22 anni, quando ho conosciuto e sposato un uomo di Caselle Landi, un paese di circa 1.700 abitanti del Sud
Lodigiano, forse il più «basso» della Lombardia. Vivo lì dal 1985 e, dopo 18 anni da
residente, ho un solo desiderio: quello di tornare a Milano. Abito in una bella villa
5 con 1000 metri di giardino, ma non so cosa darei per vivere in un appartamento
a Milano. La vita di campagna è la cosa più noiosa che ti possa capitare. Non c'è
niente oltre la natura, che tra l'altro qui non è poi così bella. È tutto piatto e, tanto
per dirne una, a pochi passi da casa mia il Po rischia di esondare un anno sì e tre no,
tanto che Caselle è stato uno di quei comuni che nel novembre dello scorso anno è
10 stato evacuato. Non puoi andare al cinema, a teatro, a una mostra, a un concerto o
anche solo a comprarti un bell'abito, salvo fare almeno 20 km per raggiungere la
città più vicina: sapete che gioia in inverno quando c'è una nebbia che si taglia col
coltello? I milanesi si lamentano del traffico, ma quando io vivevo là, giravo tutta la
città in metrò, mentre da quando sono qui ho in mano la macchina tutto il santo
15 giorno, anche solo per andare a fare la spesa o accompagnare i miei figli a praticare
uno sport o a suonare la chitarra, visto che non mi sono mai voluta arrendere alla
vita di paese. Già, i figli, altra nota dolente!! Finché sono piccoli, va anche bene.
Qui, almeno, smog non ce n'è. Ma appena oltrepassano la terza media, cominciano
le noti dolenti. Scuole? Non c'è scelta. O almeno, c'è quel liceo in quella cittadina e
20 quell'altro in quella città vicina, ma se uno volesse qualcosa di diverso o di «meglio»?
Bisogna accontentarsi ... Allora mi chiedo, che sia Caselle Landi o qualsiasi altro
paese, quali sono questi grandi vantaggi di vivere in campagna?

2

Rispondi alle seguenti domande.

a. In quale regione vive la signora?
b. Perché si è trasferita in campagna?
c. Perché vorrebbe tornare in città?

«Allora mi chiedo, che sia Caselle Landi o qualsiasi altro paese, quali sono questi
grandi vantaggi di vivere in campagna?»

E 12

Come risponderesti tu alla domanda posta dalla signora?
Parlane in gruppo.

13 La mia regione preferita

CD 6

Qui di seguito trovi alcuni aggettivi usati per descrivere una regione.
Ascolta le interviste e segna con una X quelli nominati.

sensuale	☐	montuosa	☐	misteriosa	☐
verde	☐	affascinante	☐	pianeggiante	☐
romantica	☐	vivibile	☐	varia	☐
industriale	☐				

Riascolta e completa la tabella.

	Gianni	Cristiana	Teresa
Qual è la sua regione preferita? Perché?			
Ci sono altre regioni che gli/le piacciono? Perché?			
Di dov'è?			
Che cosa pensa della sua regione?			
In quale regione gli/le piacerebbe vivere?			

14 Una regione

In coppia pensate a una regione italiana che conoscete. Descrivetene la posizione e le caratteristiche più importanti. Gli altri dovranno indovinare di quale regione si tratta.

È una regione molto piccola e montuosa. Si trova al Nord (nell'Italia del Nord) ...

Si trova	a Nord a Sud a Est a Ovest	sul mare sulla costa all'interno	Confina con ...

E 13·14

Per comunicare

Scusi, mi darebbe una mano a ...?
Certo, non c'è problema, dia a me.
Adesso mi tocca andare a piedi.
Anziché costruire una banca,
avrebbero potuto costruire una scuola!
Sì, sarebbe stato meglio.

Per non parlare del / della ...!
È tuo / Suo / vostro? Sì, è mio / nostro.
Guardi che è vietato!
Senta, non sono in vena di (+ infinito).
Senta, non vorrei sembrarLe scortese,
ma perché non si fa gli affari Suoi?

Grammatica

Il condizionale passato

Forme: vedi appendice della grammatica a pag. 207.

Sarebbe stato meglio costruire un parco.
(ma non l'hanno costruito)
Avrebbero potuto aprire una clinica privata.
(ma non l'hanno aperta)

*Il condizionale passato si forma con il condizionale
presente di **essere** o **avere** + il participio passato del verbo
principale.*
*Il condizionale passato esprime un desiderio irrealizzato o
irrealizzabile o un'azione che avrebbe dovuto avvenire,
ma non è avvenuta.*

Il passato remoto

Forme: vedi appendice della grammatica a pag. 202.

Aldo **cercò** di avanzare di qualche metro, ma **fu** subito
respinto indietro a suon di clacson e male parole.
Allora **disse**: proviamo a passare in un momento in cui
tutti sono fermi.

*Il passato remoto si usa di solito in testi letterari, quando
si parla di un fatto storico e per esprimere un'azione
successa in un passato lontano. Nella lingua parlata si usa
il passato remoto correntemente solo in alcune regioni
dell'Italia centro-meridionale. Nelle altre regioni si
preferisce usare sempre il passato prossimo.*

Dormivo da un paio d'ore, quando **squillò**
(**è squillato**) il telefono.

*L'uso del passato remoto e dell'imperfetto è uguale a
quello del passato prossimo e dell'imperfetto.*

I pronomi possessivi

È Sua questa Punto rossa? – Sì, è **mia**.
Di chi è quest'ombrello? – È **mio**.

*È **mio**, è **nostro**, è **vostro** ecc. esprimono un possesso.*

Prestami la tua bicicletta. **La mia** (bicicletta) si è rotta.
Il mio corso è molto interessante. Anche **il tuo** (corso)?
Nella mia classe siamo dieci. E **nella vostra** (classe)?

*Il pronome possessivo sostituisce un sostantivo e a
differenza dell'aggettivo è sempre preceduto dall'articolo
o dalla preposizione articolata*

Ma perché non si fa gli affari **Suoi**?
Oh, mamma **mia**!

*L'aggettivo possessivo precede di solito il sostantivo a cui si
riferisce. In alcuni modi di dire e nelle espressioni
esclamative lo segue.*

2

Non mi serve, ma...

1 Compravendita

Osserva le foto e abbinale all'annuncio corrispondente.

a.

b.

c.

d.

e.

f.

g.

h.

i.

l.

☐	**Zaino da trekking** In nylon grigio e nero, resistente, impermeabile, dotato di una grande tasca con chiusura lampo. Usato pochissimo.
☐	**Tavolo antico** Tavolo rotondo in legno di mogano, antico, inizi 900, restaurato da pochi anni.
☐	**Orecchini in oro** Grazioso paio di orecchini in oro. Ottimo affare.
☐	**Tovaglia antica in lino** Tovaglia bianca rettangolare in lino, per tavolo da 6 persone, usata pochissimo.
☐	**Cornice in argento** Cornice in argento 925. Antica, vendo a un prezzo incredibile.

Quale prodotto compreresti? Quale no, e perché?

Secondo te quale si vende di più? Quale di meno?

Quale avrà ancora valore fra cinquanta anni?

*E adesso cerca negli annunci tutte le parole usate per descrivere gli oggetti
e inseriscile nella seguente tabella.*

materiale	forma	altre caratteristiche

Qui di seguito trovi altre parole usate per descrivere qualcosa. Inseriscile nella tabella.

metallo, triangolare, ferro, quadrato, utile, plastica, inutile, velluto, carta, ingombrante,
pelle, vetro, sottile, pesante, ceramica, pratico, indispensabile, ovale

 Bingo

Osserva i disegni e in plenum ripetine o chiedine il nome.

Si gioca in gruppi di quattro. Ogni giocatore scrive – con la matita – nella seguente tabella i nomi di sei oggetti scegliendoli tra quelli rappresentati nel disegno. A turno i giocatori descrivono alcuni degli oggetti – esclusi quelli segnati sulla propria tabella – senza nominarli (forma, materiale, uso). Vince il giocatore che barra per primo tutte le caselle.

E 1

È una cosa lunga / corta / ..., quadrata / rettangolare / ..., di legno / di ferro ..., serve per / a ...

3 E tu?

*Hai mai fatto degli acquisti via Internet? Se sì, come sono state le tue esperienze?
Se no, ti interesserebbe farne? Che cosa pensi di questo modo di fare acquisti?
Parlane in gruppo.*

4 Una buona occasione

CD 7

Ascolta il dialogo e rispondi alle seguenti domande.

a. Isabella vuole comprare una macchina nuova
perché
non ha più voglia di andare a piedi. ☐
la sua si rompe spesso. ☐
la sua serve ai genitori. ☐

c. Isabella non è del tutto convinta perché
di solito non compra cose usate. ☐
cerca una macchina più grande. ☐
non ha molti soldi. ☐

b. La macchina di cui l'amico le parla è
una 500 nuova ☐
una 600 usata ☐
una 600 quasi nuova ☐
e ha
l'airbag. ☐
l'aria condizionata. ☐
la chiusura centralizzata. ☐
l'antifurto. ☐
la radio. ☐

■ Senti, Isabella, non avevi detto che volevi cambiarti la macchina?

▼ Sì, prima o poi dovrò cambiarla, anche perché ieri mi ha lasciato di nuovo a piedi.
Perché me lo chiedi?

■ Eh, perché una mia amica vende la sua, e da come me l'ha descritta credo che
sia un'occasione. Può darsi anche che l'abbia già venduta, perché in effetti
me l'ha detto una settimana fa ...

▼ E che macchina è?

■ È una 600, seminuova, se non mi sbaglio non ha neanche due anni.

▼ E la vende già?

■ Sì, perché ne vuole una più grande, e comunque in quella famiglia
si cambiano le macchine come le scarpe ...

▼ Beh, se se lo possono permettere! E senti, quanti chilometri ha questa macchina?

■ Questo non lo so con esattezza, ma penso l'abbia usata
solo per andarci al lavoro, quindi ...

▼ E di che colore è?

■ Azzurrina. E ha pure un sacco di optional, aria condizionata, radio ...

▼ Va be', questo mi interessa relativamente, l'importante è che non costi un patrimonio.

■ Beh, dopo possiamo chiamarla se vuoi.

▼ Sì, anche se prima dovrei parlare con i miei, perché i soldi dovrebbero
anticiparmeli loro e ho paura che mio padre faccia un po' di storie perché sai
lui è contrario a comprare cose usate.

In questo dialogo compaiono diverse forme al congiuntivo (presente e passato).
Rileggilo e completa poi la seguente tabella: scrivi nella colonna di destra i verbi
al congiuntivo e in quella di sinistra l'elemento del dialogo da cui ne dipende l'uso.

credo che	sia

Adesso inserisci al posto giusto nella tabella seguente i verbi o le espressioni che hai scritto in quella precedente.

```
verbi che introducono un'opinione
o una supposizione


verbi che esprimono un sentimento


verbi o espressioni impersonali
```

> Penso che l'**abbia usata** solo per andare al lavoro.

5 Credo che l'abbia usata poco!

Abbina le frasi e coniuga al congiuntivo passato i verbi tra parentesi.
Attenzione ai pronomi.

1. Dove sono andati? Mah, penso che
2. La benzina devi farla tu, perché non penso che
3. Sì, puoi chiamarlo, anche se non credo che
4. Non so dove l'abbia trovata, ma credo che
5. No, non credo che stiano ancora insieme, penso che
6. È da tanto che non incontro i nostri vicini, credo che

a. (comprare) _____ nella nuova boutique.
b. (cambiare) _____ casa.
c. (lasciarsi) _____ un mese fa.
d. (uscire) _____ con i loro amici.
e. (arrivare) _____ già a casa.
f. (fare) _____ tuo padre.

6 Può darsi che ...

Completa le frasi secondo il modello. Verifica poi in plenum.

La tua collega stranamente non è venuta in ufficio e non
ha neanche telefonato per avvertire.

Può darsi che sia malata./Ho paura che le sia successo qualcosa.

> **Può darsi che** l'abbia venduta.
> **Ho paura che faccia** un po' di storie.

Insieme a un amico aspetti che arrivino gli altri due. Il tuo amico si preoccupa, tu dici:

Può darsi che _____

Ho paura che _____

È da un po' di tempo che non vedi i tuoi vicini di casa.
Le finestre sono chiuse da un po', tu pensi:

Può darsi che _____

Ho paura che _____

La tua nuova collega di lavoro è sempre silenziosa e un po' misteriosa,
ne parli con gli altri e dici:

Può darsi che _____

Ho paura che _____

La tua macchina improvvisamente non parte, pensi:

Può darsi che _____

Ho paura che _____

E 2

7 Spendere ...

*Ecco un elenco di beni di consumo. Indica quali sono quelli per cui spendi di più (+), quelli
per cui spendi di meno (–) e quelli per cui non spendi nulla (0).*

☐ beni alimentari

☐ la casa (elettrodomestici, mobili, ecc.)

☐ giornali / riviste / libri / CD

☐ divertimenti
   (cinema, teatro, discoteca, ristorante, ecc.)

☐ vacanze

☐ abbigliamento

☐ cosmetici (creme, trucchi, profumi, ecc.)

☐ spese per il trasporto
   (macchina, autobus, metropolitana)

☐ sport

☐ computer

☐ cellulare

Altro:

_____

A coppie o in piccoli gruppi confrontate e motivate la vostra graduatoria.

E 3·4

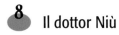

8 Il dottor Niù

Leggi il seguente testo.

1   Avevo appena parcheggiato la macchina, quando un tizio con occhiali neri e capelli rasati mi viene incontro e si presenta: dottor Niù, consulente di aggiornamento tecnologico per famiglie. (...)

    Travolto dal suo garbo e dal suo eloquio, firmo un contratto di consulenza.

5   Diamoci subito da fare, dice il dottor Niù, la sua vita va ottimizzata e rimodernata. Cominciamo dalla sua auto, è un vecchio modello superato e ridicolo. Ma ha solo tre anni, dico io. Tre anni sono tre secoli nella *new economy*, spiega. La sua auto non ha il navigatore satellitare, i vetri bruniti, l'altimetro, le sospensioni antialce. Però funziona bene, dico io. Si vede che non guarda la pubblicità, ride il dottor Niù. Cosa vuol dire

10 «funziona»? L'auto non è fatta per funzionare, ma per mostrarla, per esibirla, per parlarne con gli amici, il funzionamento è un puro optional. Insomma in meno di tre ore ho il nuovo modello di auto, una specie di ovolone azzurro a dodici posti. Peccato che in famiglia siamo in tre. (...)

    L'indomani il dottor Niù si ripresenta, e sostituisce l'edera del giardino con una

15 *new* edera modificata geneticamente che strangola i ladri. Poi scuote la testa rimproverandomi perché ho ancora la vecchia televisione col vecchio videoregistratore e la vecchia playstation. Obietto che ho comprato tutto l'anno scorso. Mi rispiega che per la *new economy* un anno è un secolo, e subito mi fa comprare la playstation due, dove si può giocare a Pokémon, vedere i film in DVD e ascoltare la musica, insomma la

20 macchina perfetta per far litigare mio figlio videogiocomane, mia moglie cinefila e io che amo i Beatles.

    Cerco di telefonare a un fabbro perché intanto la *new* porta blindata si è bloccata col *new alarm system*, ma rapidissimo il dottor Niù mi strappa il telefonino di mano. Ma non si vergogna, dice? Questo cellulare è un modello vecchissimo, pesa come un

25 mattone, non ha il collegamento infrarossi, non ha il Wap, non ha il comando vocale, non ha i *games*... Ma l'ho comprato solo due mesi fa, mi lamento, e ci telefono benissimo. In due mesi, i telefonini hanno enormemente mutato le loro funzioni, dice Niù. Dopo che si sarà collegato alla rete, avrà mandato un fax, avrà riempito la rubrica con novecento nomi, avrà comprato i biglietti della partita e avrà giocato al serpentone

30 mangiacoda, pensa di avere ancora il tempo di telefonare? (...)

(da *Il dottor Niù* di Stefano Benni)

E 5·6

| si *ri*presenta = si presenta di nuovo | E **ci** telefono benissimo. |
| mi *ri*spiega = mi spiega ancora una volta | ci = con il telefonino |

Il dottor Niù convince l'altro a comprare una serie di cose.
Scrivi quali e, dove indicato, di' anche il perché.

la macchina   perché è un vecchio modello
                                   superato e ridicolo

Cerca nel testo di Benni l'equivalente delle seguenti espressioni.

tipo, persona (r. 1)   _____

tagliati cortissimi (r. 2)   _____

gentilezza (r. 4)   _____

vecchio, fuori moda (r. 6)   _____

il giorno dopo (r. 14)   _____

persona appassionata di cinema (r. 20)   _____

togliere violentemente di mano qualcosa a qualcuno (r. 23) _____

cambiato (r. 27)   _____

agenda con i numeri di telefono (r. 28)   _____

Hai mai comprato qualcosa di cui non avevi assolutamente bisogno? Parlane in plenum.

 9   Riflettiamo

Nell'ultima parte del testo di Benni compaiono alcune forme al futuro anteriore.
Sottolineale e scrivile qui di seguito.

Dopo che si sarà collegato...

Come si forma il futuro anteriore? E quando si usa? In coppia provate a
rispondere e confrontate poi in plenum.

> Ti chiamerò appena **sarò arrivato**.
> Quando **avremo finito** di lavorare ci riposeremo.
> Dopo che **avrò fatto** l'esame partirò.

10 Un po' di fantasia ...

Completa le seguenti frasi.

Andrò in vacanza dopo che _____

Parlerò bene l'italiano quando _____

Farò una grande festa appena _____

Andrò in montagna dopo che _____

E 7·8
9

Mi riposerò quando _____

Farò shopping dopo che _____

11 Stregati dalla pubblicità ...

Guardate le seguenti pubblicità. Quali prodotti reclamizzano?
In coppia fate delle ipotesi e confrontate poi in plenum.

«Si vede che non guarda la pubblicità ... ride il dottor Niù ...»
E voi la guardate invece? E che ne pensate? Vi piace? Vi dà fastidio?
Che immagini e che linguaggio usa? Parlatene in piccoli gruppi.

12 Il linguaggio della pubblicità

Cosa reclamizzano questi slogan pubblicitari? In coppia abbinateli ai corrispondenti prodotti e confrontate poi in plenum. Motivate, dove potete, le vostre scelte.

un'assicurazione sulla vita

un'automobile

uno zaino

una marca di margarina

un'acqua minerale

una marca di caffè

una penna

un pollo

dei gioielli

una marca di maionese

1. Leggera come una foglia.
2. Gustatelo prima che prenda il volo.
3. Le utopie si inseguono. Alcune si indossano.
4. È comodosa, è sciccosa, è risparmiosa, è scattosa.
5. Caro amore, ti assicuro che ti amo.
6. Poco fuori, tanto dentro.
7. Ce l'ha il creativo perché il colore è sempre vivo.
8. Fresca a cominciare dall'uovo.
9. Più lo mandi giù e più ti tira su.
10. Altissima, purissima, levissima.

E 10

13 Un reclamo

8

Ascolta la telefonata e rispondi.

1. Il cliente parla con
   a. il direttore. ☐
   b. il proprietario del negozio. ☐
   c. l'addetto alle spedizioni. ☐

2. Di solito Onlinebook consegna i libri
   a. in meno di cinque giorni. ☐
   b. dopo un giorno. ☐
   c. dopo una settimana. ☐

3. L'impiegato di Onlinebook giustifica il ritardo dicendo che
   a. in estate ci vuole sempre tanto tempo. ☐
   b. in agosto possono capitare dei ritardi nelle consegne per mancanza di personale. ☐

4. Al cliente viene chiesto
   a. il nome. ☐
   b. il numero d'ordine. ☐
   c. l'indirizzo. ☐

5. Il cliente decide di
   a. annullare l'ordine. ☐
   b. ordinare di nuovo il libro che voleva, con la garanzia che gli verrà spedito entro due giorni. ☐
   c. andare in libreria. ☐

6. Il cliente preferisce pagare
   a. con la carta di credito ☐
   b. con vaglia postale. ☐
   c. in contrassegno. ☐

E adesso riascolta il dialogo e metti una X sulle espressioni usate
per protestare, scusarsi o giustificarsi.

protestare / reclamare		scusarsi / giustificarsi	
Senta, io avrei un problema.	☐	Lei ha ragione, ma ...	☐
Eh, no, mi scusi, ma ...	☐	Che Le devo dire ...	☐
Voglio parlare con un responsabile!	☐	È la prima volta che succede una cosa del genere.	☐
Per fortuna che ...	☐	Sono spiacente, ma ...	☐
Ma Le pare il modo di lavorare questo?	☐	Eh, sì, ma sa ...	☐
Eh, no, scusi, ma a me avevano detto che ...	☐	E allora è proprio strano ...	☐
Eh, no, io però questo non lo sapevo!	☐	Ci scusi tanto. Non capisco proprio cosa sia successo.	☐
Giuro che è l'ultima volta che ...	☐		
Come sarebbe a dire?	☐	Le assicuro che ...	☐

E 11

14 Una telefonata

In coppia dividetevi i ruoli (cliente e impiegato) e improvvisate
una telefonata basandovi sulle seguenti situazioni.

1ª Situazione
A In un catalogo hai ordinato un regalo di compleanno per tua madre.
La merce ordinata è arrivata troppo tardi.
B Un cliente ti telefona perché la merce che aveva ordinato è arrivata in ritardo.
Scusati e cerca di giustificare il ritardo.

2ª Situazione
A Il colore del prodotto che hai ordinato via Internet non ti piace per niente.
B Un cliente reclama perché il colore del prodotto che aveva ordinato non
gli piace per niente. Spiegagli che non è colpa tua e che la merce non si
può cambiare.

3ª Situazione
A La merce ordinata ti arriva in un pacco rotto, per cui il prodotto risulta rovinato.
B Un cliente ti chiama perché il prodotto che aveva ordinato è arrivato in un pacco rotto e
risulta danneggiato. Spiegagli che incidenti simili possono succedere, scusati e fai in modo
che resti tuo cliente.

E 12

Per comunicare

È rotondo, pesante, di legno…
Non mi serve!
Serve per/a pulire/aprire…
Si usa per tagliare, cucire…
Non volevi cambiarti la macchina?
Credo che/Penso che sia un'occasione.
L'importante è che non costi un patrimonio!
Può darsi che abbia già venduto la sua macchina.

Ho paura che lui faccia un po' di storie!
Se non mi sbaglio…/Sono spiacente ma…
Lei ha ragione, ma…
Sì, ma può darsi che…
Eh, no, mi scusi, ma…
Ma Le pare il modo di…?
Giuro che…
Per fortuna che…!

Grammatica

Il congiuntivo passato

Forme: vedi appendice della grammatica a pag. 203.

Può darsi che **sia partito.**
Penso che l'**abbia usata** poco.

*Il congiuntivo passato si forma con il congiuntivo presente di **essere** o **avere** + il participio passato del verbo principale.*

Può darsi che **venda** la macchina.
(= in questi giorni o nel prossimo futuro)
Può darsi che **abbia** già **venduto** la macchina.
(= prima, nel passato)

Dopo una frase principale con un verbo all'indicativo presente, si usa il congiuntivo passato nella frase secondaria per esprimere un'azione anteriore a quella della frase principale.

Il prefisso ri-

presentarsi → **ri**presentarsi
(= presentarsi di nuovo, un'altra volta)
spiegare → **ri**spiegare
(= spiegare di nuovo, un'altra volta)

*Il prefisso **ri**- significa quasi sempre **di nuovo, un'altra volta**.*

La clinica **ha riassunto** dieci dipendenti.
(da «assumere» = ha assunto di nuovo)
Le vicende del nostro Paese **sono riassunte** in questa mostra. (da «riassumere» = sono sintetizzate)

*Ci sono però molti casi in cui **ri**- non ha questo significato, per es.: ricordare, ricevere, ecc.*

La particella ci

Come telefoni con il cellulare? – Mah, **ci**
(= con il cellulare) telefono benissimo.
È una persona interessante e **ci** (= con lei)
parlo sempre volentieri.

*La particella **ci** si usa anche per sostituire una parola o una frase introdotta dalla preposizione **con** (**con qualcuno** / **con qualcosa**).*

Il futuro anteriore

Forme: vedi appendice della grammatica a pag. 201.

Dopo che / Appena **avrò fatto** l'esame,
partirò per le vacanze.
Quando / Solo dopo che **avremo finito**
di lavorare, ci riposeremo.

*Il futuro anteriore si forma con il futuro semplice di **essere** o **avere** + il participio passato del verbo principale. Il futuro anteriore si usa per esprimere un'azione futura che succede prima di un'altra azione espressa con il futuro semplice. Il futuro anteriore si usa di solito dopo le congiunzioni: **appena**, **(solo) dopo che**, **quando**.*

Uso riflessivo dei verbi transitivi

Nella lingua parlata si aggiunge spesso il pronome riflessivo ad un verbo transitivo.

Volevo **cambiarmi** la macchina.

In questo modo si sottolinea la partecipazione emotiva del soggetto all'azione.

Parole, parole, parole...

 1 Comunicare

Osserva le seguenti foto. Che tipo di situazioni rappresentano?

In quale delle situazioni rappresentate avviene secondo te una reale comunicazione?
In quali no? Parlane in gruppo.

Quali dei seguenti mezzi di comunicazione usi?
Con quale frequenza? Confrontati con un compagno.

	sempre	molto spesso	spesso	qualche volta	raramente	quasi mai	mai
telefono							
SMS							
fax							
e-mail							
lettera							
cellulare							

2 Media e testi

Abbina i messaggi ai media corrispondenti.

☐ telefono ☐ e-mail ☐ SMS ☐ cellulare ☐ lettera

a. Senti, ho trovato un parcheggio, ti richiamo fra cinque minuti, d'accordo?
b. Prenotato tavolo 20.30 da Tuttifrutti. Sono a piedi Xciò prendi la macchina.
c. Ciao, scusami se ti rispondo solo adesso, ma negli ultimi giorni non ho avuto tempo di controllare la posta. Per sabato comunque siamo d'accordo, ti chiamo quando stiamo per arrivare. Ti abbraccio Marina
d. Gentile signora Torcello, è con piacere che Le inviamo il programma dei corsi di francese presso il nostro Istituto, come da Lei richiesto.
e. Non ti immagini che è successo ieri sera. Allora, stavamo aspettando Carla quando un tipo si è fermato per chiederci un'informazione. Mi sembrava una faccia conosciuta, però non riuscivo a ricordare dove l'avevo visto ...

Confronta i tuoi abbinamenti con un compagno. Che cosa caratterizza, secondo voi, i diversi tipi di comunicazione? Parlatene insieme.

4

Leggi il seguente articolo.

❶ Ormai tutti conoscono il grande successo degli SMS, cioè dei famosi messaggini che la gente si scambia con i telefoni cellulari. Uso che sta dando origine anche a una specie di nuova lingua piena di invenzioni. L'altro giorno un nostro amico ha ricevuto il seguente messaggio: «K 6?». Un mistero? No, basta pronunciarlo e tutto sarà chiaro: «Chi sei?». Però invece di sei caratteri se ne impiegano tre, e così via.

❷ Quello che forse si sa meno è l'enorme diffusione delle e-mail su Internet. Ogni giorno, cioè ogni 24 ore, nel mondo circolano 10 miliardi di e-mail. Inutile fare il conto di quante ne girano ogni anno: servirebbe solo a scrivere numeri giganteschi. Sarà sufficiente ricordare che, grosso modo, circolano mezzo miliardo di e-mail ogni ora, nell'arco delle 24 ore. Se consideriamo che tutti devono pur dormire un po' (sospendendo la spedizione di e-mail) si arriva alla conclusione che nella parte attiva della giornata ne circola un miliardo all'ora.

❸ Qualcuno, che aveva previsto questa crescita, temeva che il sistema Internet si saturasse, o addirittura che esplodesse. Invece, e misteriosamente, tutto finora ha funzionato a meraviglia.

❹ Ma le prove in arrivo saranno ancora più difficili. Da una ricerca commissionata da Netscalibur si apprende infatti che nel 2005, quindi fra tre anni appena, il numero delle e-mail in circolazione ogni giorno nel mondo sarà di 35 miliardi. (...).
In Italia girano ogni giorno 150 milioni di e-mail. Ma si stima che nel 2005 si arriverà a 500 milioni al giorno, insomma mezzo miliardo di e-mail ogni ventiquattro ore.

❺ Per quanto riguarda l'Italia è interessante che 30 milioni di e-mail al giorno, dei 150 milioni totali, sono spedite dai privati. La restante parte, 120 milioni di e-mail al giorno, partono invece dagli uffici.
Altro dato interessante messo in luce da questa ricerca commissionata da Netscalibur è che in Italia il 71 per cento dei lavoratori delle aziende del nostro Paese usa quotidianamente la posta elettronica. In Europa questa percentuale è del 78 per cento, un po' più elevata.

❻ Altri due dati interessanti. Attualmente in Italia 16 milioni di persone usano Internet. Ma questo numero è destinato a crescere, e molto alla svelta. Si calcola che nel 2005 gli utenti italiani di Internet saranno 30 milioni, metà della popolazione. Risulta, infine, che il 90 per cento delle persone che in Italia usano Internet (e cioè quasi 15 milioni di persone) lo fa solo per usare la posta elettronica.

(da *Affari & Finanza, la Repubblica*, 27/05/2002)

Abbina i paragrafi ai seguenti titoli.

a. Timore (ingiustificato) per la saturazione di Internet ☐
b. Con gli SMS è possibile scrivere in modo «abbreviato» ☐
c. In futuro l'uso della posta elettronica aumenterà notevolmente ☐
d. Moltissime persone scrivono e-mail ☐
e. Gli italiani e Internet ☐
f. Gli italiani e le e-mail ☐

> **Basta pronunciarlo.** =
> **È sufficiente pronunciarlo.**

Completa la tabella.

Ogni giorno circolano nel mondo _____ di e-mail.

Ogni ora ne circolano _____.

In Italia ne circolano _____ al giorno.

Si calcola che nel 2005 nel mondo circoleranno circa _____ di e-mail.

Attualmente in Italia _____ di persone usano Internet.

Di queste _____ lo fa solo per usare la posta elettronica.

E 1

Prova a definire il tono dell'articolo.

ironico ☐   neutro ☐   positivo ☐   preoccupato ☐   critico ☐

4 E tu?

Qual è il tuo rapporto con Internet? Lo usi solo per scrivere e-mail?
Che effetto ti fanno i dati emersi dalla ricerca di cui si parla nell'articolo?
Cosa pensi degli effetti che l'uso di Internet ha o avrà sul linguaggio?
Parlane in gruppo.

> Qualcuno **temeva che** il sistema si **saturasse**.
> **Avevo paura che** tu non **arrivassi** in tempo.

parlare	prendere	venire
parlassi	prendessi	venissi
parlassi	prendessi	venissi
parlasse	prendesse	venisse
parlassimo	prendessimo	venissimo
parlaste	prendeste	veniste
parlassero	prendessero	venissero

essere	fare
fossi	facessi
fossi	facessi
fosse	facesse
fossimo	facessimo
foste	faceste
fossero	facessero

5 Chi lo dice?

Osserva e completa le frasi con la forma adeguata del congiuntivo imperfetto dei verbi indicati sotto i disegni.

non arrivare più

piacere i libri gialli

parlare il giapponese

dormire già

sapere cucinare così bene

non chiamare più

a. Finalmente! Temevo che _____

b. Ah, non sapevo che _____

c. Però! Non sapevo che _____

d. Scusami! Non immaginavo che _____

e. Buonissimo! Non pensavo che _____

f. Ah, meno male! Avevo paura che _____

E 2·3
4

6 Risponde il numero ...

Ascolta il dialogo e rispondi.

a. Perché Milena non ama lasciare messaggi sulla segreteria telefonica?
b. Che cosa le fa notare la sua amica?

stare
stessi
stessi
stesse
stessimo
steste
stessero

● Risponde il numero 065768689, non sono in casa, lasciate un messaggio dopo il segnale acustico e vi richiamerò appena possibile.

▼ Ehmm, pronto, Giulio, sono Milena ... e niente ... ti volevo chiedere una cosa ... hmm, va be' non ci sei ... provo a richiamarti sul cellulare, d'accordo?

■ Oh, quando lasci un messaggio sulla segreteria telefonica parli sempre come se dall'altra parte ci fosse un sordo, o uno che non capisce niente!

▼ Perché?

■ Beh, prima di tutto urli, e poi parli in modo strano, come se non sapessi quello che devi dire.

▼ E infatti io odio lasciare messaggi sulla segreteria. Lo faccio solo se strettamente necessario!

■ Sì, però non capisco perché, ormai la segreteria ce l'ha chiunque, ti ci dovresti essere abituata!

▼ Mah, non lo so, credo che sia l'idea di parlare con una macchina che mi disturba.

■ Va be', dai, non è che parli con una macchina!

▼ Beh, sì, in un certo senso sì! Comunque resta il fatto che a me non piace!

7 Come se ...

Collega le frasi e coniuga al congiuntivo imperfetto i verbi indicati tra parentesi.

> Parli **come se fossi** sordo.
> Parli **come se** non **sapessi** quello che devi dire.

1. Non parla con nessuno! Si comporta come se

2. Mi spiega sempre le cose mille volte, come se

3. Ma insomma, vi comportate come se

4. Accomodati, fa' come se

5. Mia madre cucina ancora come se

6. Quei due si comportano come se

7. Non lo so, mi ha guardato come se

a. (essere) _____ a casa tua!

b. (volere) _____ dirmi qualcosa di importante.

c. (stare) _____ insieme! Si abbracciano, si tengono per mano.

d. (essere) _____ arrabbiato con tutti!

e. (avere) _____ ancora 10 anni!

f. (noi – essere) _____ in 8!

g. non (io – capire) _____ niente!

E 5

8 Completate

In coppia completate le frasi usando il congiuntivo imperfetto e confrontate poi in plenum.

1. Quando parlo in italiano al telefono parlo come se _____

2. A volte, quando sono in vacanza, mi sento come se _____

3. Quando c'è tanta neve cammino come se _____

4. Quando c'è il sole mi sento come se _____

5. Prima di partire per un viaggio mi sento come se _____

9 Driiiiin!

CD 10

Ascolta e segna accanto alle seguenti affermazioni la telefonata o le telefonate a cui si riferiscono.

	1	2	3	4	5	6
a. La persona desiderata non può andare al telefono.						
b. La persona desiderata non è in casa.						
c. La persona che telefona ha sbagliato numero.						
d. La persona desiderata è in casa, ma non risponde personalmente al telefono.						
e. La persona che chiama lascia un messaggio.						
f. La persona che chiama lascia il proprio numero di telefono.						
g. La persona che chiama non lascia alcun messaggio.						

Riascolta le telefonate e scrivi le forme che si usano per

chiedere di una persona: _____

presentarsi: _____

chiedere chi è che telefona: _____

rispondere che la persona cercata non c'è: _____

offrire di prendere un messaggio: _____

segnalare un errore: _____

E 6 offrire aiuto: _____

10 Messaggi

Ecco alcuni messaggi che si riferiscono alle telefonate che hai ascoltato.
Riascolta e di' a quali telefonate in particolare si riferiscono.

Elena, ha telefonato
Tonino. Lui e Paola
stasera vanno a casa di
Federica. Se vuoi andare
con loro devi richiamare
entro le 19.00.
Marina

Ha chiamato l'ingegner
scialanga. Ha detto che
non si sente bene e che
quindi non può giocare
a tennis stasera. Se vuole
può richiamarlo al se-
guente numero:
068565789

Ha telefonato papà, ha
detto che stasera farà
tardi. Se può ti richiama
prima della riunione.
Laura
PS Neanch'io ceno a casa!

Riascolta i messaggi, leggi i biglietti e completa le frasi con il discorso diretto.
Sottolinea poi le differenze. Confronta in coppia e poi in plenum.

4

Discorso diretto	Discorso indiretto
Io purtroppo non ___ _____ molto bene e non _____ giocare a tennis.	Ha detto che non si sente molto bene e non può giocare a tennis.
_____ e Paola stasera _____ da Federica, se _____ _____ con _____ _____ richiamare entro le sette.	Ha detto che lui e Paola stasera vanno da Federica, se vuoi andare con loro devi richiamare entro le sette.
_____ stasera _____ tardi. E comunque se _____ _____ _____ prima della riunione.	Ha detto che stasera farà tardi. Comunque se può ti richiama prima della riunione.

E 7·8
9·10
11

11 Ha telefonato ...

CD 11

I coinquilini di Marco sono fuori per il fine settimana. Lui risponde a diverse telefonate.
Ascolta e scrivi i messaggi che lui potrebbe lasciargli.

Per Aldo
Ha telefonato tua madre,
ha detto che passa lunedì
e ti porta le camice stira-
te. Chiamala quando
torni a casa.
Marco

a.

Per Miriam

b.

Per Ettore

c.

Per Miriam

d.

12 Messaggi per la classe

In coppia scrivete un messaggio a un compagno. Il messaggio verrà poi dato
a un altro compagno il quale dovrà riferirlo al destinatario originario.
Potete scrivere un invito, un'informazione interessante, un consiglio, ecc.

Per Linda
Da parte di Gianni e Barbara
Noi sabato sera andiamo in pizzeria. Vuoi venire con noi?

E 12

Per comunicare

Pronto? Mi chiamo… / Buongiorno, senta, sono …
Potrei parlare con Giuseppe? / C'è Anna per favore?
Chi lo/la desidera, scusi? / Chi lo/la vuole?
Devo dirgli qualcosa? / Vuole lasciare un messaggio?
Resta il fatto che…

Mi dispiace, sta parlando sull'altra linea.
Spiacente, al momento è occupato.
Spiacente, ma qui non c'è nessun Ferrari.
Guardi che ha sbagliato numero…
Basta richiamarlo/arrivare in tempo…

Grammatica

Il congiuntivo imperfetto

Forme: vedi appendice della grammatica a pag. 203.

Qualcuno temeva che il sistema **si saturasse.**
Avevo paura che tu non **arrivassi** in tempo.

Le prime due persone del singolare sono identiche (che io **parlassi***, che tu* **parlassi***). Per questo si usa spesso il pronome personale.*

L'uso dei tempi del congiuntivo

Ho paura che lui non **arrivi** in tempo.
(ora)   (ora o nel prossimo futuro)
Ho paura che lui **abbia perso** il treno.
(ora)   (prima)
Avevo paura che tu non **arrivassi** in tempo.
(prima)   (nello stesso momento)

Dopo una frase principale con un verbo all'indicativo presente, si usa nella frase secondaria il congiuntivo presente per esprimere un'azione contemporanea o posteriore, il congiuntivo passato per esprimere un'azione anteriore.
Dopo una frase principale con un verbo al passato, si usa il congiuntivo imperfetto per esprimere un'azione contemporanea.

Come se (+ congiuntivo)

Parli **come se fossi** sordo / **come se** non **sapessi** quello che devi dire.

Dopo **come se** *si usa sempre il congiuntivo. Nel caso di un'azione contemporanea si usa il congiuntivo imperfetto.*

Il discorso indiretto

Marco: «(Io) non mi sento bene.»
Marco **dice / ha detto** che purtroppo (lui) non **si sente** bene.

Marta: «Stasera mio padre farà tardi.»
Marta **dice / ha detto** che stasera **suo** padre **farà** tardi.

Il discorso indiretto viene introdotto da verbi come **dire***,* **affermare***, ecc. Se la frase principale che introduce il discorso indiretto è al presente (o al passato con funzione di presente), allora il tempo del verbo resta invariato; può cambiare però la persona. Quando passiamo dal discorso diretto a quello indiretto possono cambiare alcuni elementi del discorso, come per es. i pronomi personali, gli aggettivi e i pronomi possessivi:* **io** → **lui***,* **mio** → **suo***.*

4

Invito alla lettura

1 Leggere

Completa il questionario.

a. Che cosa leggi di solito e con che frequenza?

quotidiani	☐	riviste	☐
fumetti	☐	racconti	☐
romanzi d'amore	☐	romanzi d'avventura	☐
romanzi storici	☐	gialli	☐
libri di fantascienza	☐	poesie	☐
saggi	☐	guide turistiche	☐
libri di cucina	☐	altro: _____	

b. Dove leggi di solito?

a letto ☐
in treno / in metropolitana / in autobus ☐
sul divano ☐
a tavola ☐
dal medico/dal parrucchiere ☐
altro: _____

c. Come leggi?

sottolineo ☐
leggo subito la fine ☐
mi scrivo delle frasi o dei pensieri ☐
altro: _____

d. Come scegli le tue letture?

a caso ☐
sulla base di recensioni lette ☐
su consiglio di altre persone ☐

Confronta le tue risposte con quelle di un compagno e, dove possibile, motivale.

Immagina di dover fare un lungo viaggio in treno. Che tipo di letture porteresti con te come compagnia durante il viaggio?

2 Di che parla?

1.

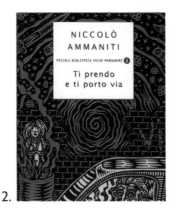

2.

3.

Ecco quattro brevi recensioni. Leggile e prova a indovinare a quali dei tre libri si riferiscono.

n° ___ Nessuno vuole ammetterlo ma a Bologna c'è un assassino: è l'Iguana, che assume di volta in volta l'identità delle sue vittime. Tocca a Grazia cercare di prenderlo, e più delle sofisticate tecnologie che usa, le serviranno l'intuito e la capacità di ascolto di Simone, cieco dalla nascita. Un thriller nervoso e impeccabile, una storia d'amore e solitudine.

n° ___ Vittorio è un killer professionista. Nessuno l'ha mai visto perché è abilissimo nei travestimenti e può essere contattato solo via Internet. Quando non uccide, passa il suo tempo a guidare in autostrada. Grazia è un poliziotto della Mobile di Bologna. Quando non è in servizio passa le sue giornate con un ragazzo cieco, di cui comincia a chiedersi se è davvero innamorata. Alex è uno studente che lavora part time in un provider. Quando non controlla le chat, passa il suo tempo ad ascoltare una triste canzone di Luigi Tenco, «Un giorno dopo l'altro».

n° ___ Una giornata di pioggia e di uccelli che sporcano le strade, una ragazza di quindici anni che scivola e cade dal motorino. Una corsa in ambulanza verso l'ospedale. Lo stesso dove il padre lavora come chirurgo. Timoteo, il padre, rimane in attesa in un salotto vicino alla camera operatoria. E proprio in questa attesa quest'uomo parla a sua figlia Angela, parla a se stesso nel silenzio che lo circonda. Con precisione chirurgica Timoteo rivela ora alla figlia gli scompensi della sua vita, del suo cuore.

n° ___ Il mare c'è ma non si vede a Ischiano Scalo, un paesino di quattro case accanto a una laguna piena di zanzare. Questo è lo scenario nel quale si svolgono due tormentate storie d'amore. Pietro e Gloria sono due ragazzini. Lei è bella, sicura e un po' arrogante, lui è timido, irresoluto, sognatore. Eppure un sentimento strano che assomiglia curiosamente all'amore li attrae ... Dopo anni di assenza, torna a Ischiano anche Graziano Biglia, logoro playboy. Qui conosce una donna sola e misteriosa. Dovrebbero appartenere a due universi lontani, ma in fondo è proprio tra i poli opposti che scoccano scintille, così...

Adesso ascolta il dialogo e verifica.

12 *Riascolta e segna con una X la risposta esatta.*

La donna che chiede consiglio
acquista un libro di jazz; ☐
pensa di regalare un romanzo poliziesco al padre; ☐
compra un romanzo d'amore; ☐
vorrebbe leggere un libro di letteratura italiana. ☐

L'amica le consiglia
un libro che è in parte comico; ☐
un libro molto triste. ☐

◆ Nadia, questo lo conosci?

▲ Sì, l'ho letto qualche anno fa, è molto bello, a patto che ti piacciano i gialli!

◆ Ah, è un giallo? Credevo che parlasse di jazz.

▲ No, è un romanzo poliziesco, si intitola «Almost blue» perché uno dei protagonisti, che è cieco, è un appassionato di musica jazz.

◆ Ah! Quasi quasi lo regalo a mio padre, lui ama i gialli!

▲ Tu potresti comprarti questo, guarda, è una delle più belle storie d'amore che abbia mai letto.

◆ Fa' vedere ... «Non ti muovere» ... ah, sì, sì, ne ho sentito parlare, è la storia di un padre che immagina di parlare con la figlia prima che lei muoia.

▲ No, la figlia non muore. Comunque sì, lui le parla mentre lei è in coma e le racconta della donna che ha segretamente amato.

◆ Ah, va bene. Lo prendo. E senti, un altro autore italiano che potresti consigliarmi?

▲ Ammaniti lo conosci?

E 1·2
3

◆ No, veramente no. Mai sentito.

▲ Ho letto un suo libro che mi è piaciuto molto, si chiama «Ti prendo e ti porto via».

◆ E di che parla?

▲ Sono due storie d'amore che in qualche modo si incrociano in un immaginario paesino italiano. È divertente e allo stesso tempo triste.

Quale di questi libri ti interesserebbe leggere e quale compreresti per fare un regalo?

A patto che		
Purché	ti piacciano i gialli.
A condizione che		

3 È il più bello che ...

Forma delle frasi secondo il modello.

«Il piccolo diavolo» di Benigni è uno dei film più divertenti che abbia mai visto.

storia	viaggio	triste	lungo
film	città	bello	caro
ristorante	canzone	avvincente	noioso
attore	giallo	brutto	divertente
romanzo	ragazza	buono	elegante
corso	automobile	emozionante	interessante

E 4·5

È una delle più belle storie d'amore che abbia mai letto.

4 Credevo che ...

In coppia fate le vostre ipotesi.

> Ah, è un giallo? **Credevo che parlasse** di jazz.

Quanti abitanti ha l'Italia?

      56 milioni ☐   63 milioni ☐   52 milioni ☐

Natalia Ginzburg era

      di Roma. ☐   di Palermo. ☐   di Trento. ☐

La festa del papà si festeggia

      il 19 marzo. ☐   il 25 aprile. ☐   il 15 agosto. ☐

Quante regioni ha l'Italia?

      21 ☐   20 ☐   19 ☐

Il risotto alla milanese si fa con

      lo zafferano. ☐   il peperoncino. ☐   i funghi. ☐

Qual è il regista del film «Ladri di biciclette»?

      Fellini ☐   Bertolucci ☐   De Sica ☐

Max Biaggi è

      uno sciatore. ☐   un motociclista. ☐   un cantante. ☐

«La voce del violino» è

      una raccolta di poesie. ☐   un giallo. ☐   un saggio musicale. ☐

Il Cannonau è un vino che si produce

      in Sicilia. ☐   in Sardegna. ☐   in Puglia. ☐

L'insegnante vi darà le risposte corrette. Segnate le vostre risposte errate e scrivete sul quaderno delle frasi secondo il modello.

> Credevamo che l'Italia avesse ...

5 Vorrei regalare un libro

In coppia scegliete un ruolo e improvvisate un dialogo.

A
È il compleanno di un tuo caro amico/una tua cara amica e hai deciso di regalargli/-le un libro, ma non sai ancora quale. Vai in una libreria e fatti consigliare.

B
Lavori in una libreria. Un/-a cliente (uno dei soliti/una delle solite con le idee poco chiare) ti chiede un consiglio per fare un regalo ad un amico/un'amica.

6 Per una biblioteca globale

*Prima di leggere il testo leggi il titolo
e fai delle ipotesi su quale potrebbe essere
il contenuto dell'articolo.*

Un sito Usa organizza un sistema di scambio internazionale.
A ogni volume viene associato un numero di riconoscimento.

Un libro (gratis) in ogni luogo dal Web ecco la biblioteca globale

Il tam tam su Internet: in un anno 45 mila volumi sono stati «sparsi» in cinque continenti

❶ Quando lo scorso giugno Judy Andrews trovò un libro abbandonato su una sedia dell'aeroporto di Los Angeles, pensò di essere stata fortunata. Dopo tutto si trattava di uno degli ultimi successi di John Grisham, uno dei suoi autori preferiti. Ma quello che la giovane Judy non sapeva è che si trattava di un incontro non casuale.

❷ E infatti guardando più accuratamente scoprì una piccola nota sulla copertina. Diceva: «Per favore leggimi. Non sono stato perduto. Sto girando il mondo in cerca di amici». Superata la sorpresa, Judy capì che si trattava di qualcosa di più di un semplice libro. Era un invito a partecipare ad un esperimento sociologico globale, organizzato da un sito Internet chiamato bookcrossing.com, il cui obiettivo è trasformare il nostro mondo in una enorme biblioteca. (...).

❸ L'idea è quasi banale, e forse proprio per questo rivoluzionaria. Sul sito si chiede a tutti i lettori che amano visceralmente la letteratura di registrare loro e i loro libri on line e cominciare poi a distribuirli nei bar, sulle sedie dei cinema, sui tavoli dei ristoranti. Insomma, ovunque.

❹ A ogni libro registrato su *bookcrossing* viene assegnato un numero di identificazione e un'etichetta di registrazione che può essere stampata e attaccata sul volume. La nota spiega brevemente il funzionamento del gioco e chiede a chi ritrova il libro di andare sul sito per indicare dove l'ha trovato e di quale volume si tratti. In questo modo il nuovo proprietario temporaneo può leggerlo e poi rimetterlo in circolo, mentre quello originario può sempre tenerlo sotto occhio e sapere se finisce in buone mani. (...)

❺ Da un anno a questa parte l'esercito degli scambia-libro è salito a 24.000 unità sparse in 50 Paesi del mondo, per un traffico di oltre 45.000 libri di tutti i tipi: novelle, racconti, saggi e romanzi sparsi ai quattro angoli del globo. E ogni giorno ci sono un centinaio di nuovi partecipanti. «Il trucco per far funzionare il sistema – spiega ancora Hoernbaker, uno dei fondatori del sito, – è associare il libro giusto al posto giusto. Per esempio ‹Sulla strada› di Jack Kerouac è stato lasciato in una stazione di benzina vicino a New York ed è arrivato di mano in mano fino al Messico».

Chiaramente non tutti i libri arrivano a destinazione. Al momento solo un 10 o un 15% dei volumi liberati viene trovato da una persona che si aggiunge alla catena.

(da *la Repubblica*, 5/08/2002)

Abbina i paragrafi ai seguenti titoli.

a. I risultati dell'esperimento
b. Il ritrovamento del libro
c. Come funziona la biblioteca globale

d. L'idea alla base del bookcrossing.com
e. La scoperta del messaggio sul libro

Trova per ogni significato l'espressione corrispondente nel testo, come nell'esempio.

espressione del testo	significato	n° paragrafo
abbandonato	lasciato	❶
	programmato	❶
	con molta attenzione	❷
	scopo	❷
	con passione	❸
	controllare	❹
	mondo	❺

E 6

7 Il passivo

Nell'articolo che hai letto ci sono alcuni esempi di verbi coniugati al passivo.
In coppia con un compagno cercali e scrivili nella tabella come nell'esempio.

forma passiva	tempo	ausiliare	verbo principale
viene associato	presente	venire	associare

Osserva la tabella precedente. Quanti e quali verbi ausiliari si possono usare
per formare il passivo? C'è una differenza tra loro? Quando si usa uno e quando
si usa l'altro? Discutine prima in coppia e poi in plenum.

E 7·8

8 Notizie, notizie ...

Ecco alcune brevi notizie tratte da un giornale.
Trasformale al passivo secondo l'esempio.

> Solo un 15% dei volumi liberati **viene trovato da** una persona.
> 45 mila volumi **sono stati sparsi** in cinque continenti.
> Il libro **verrà pubblicato** la prossima estate.

La prossima settimana il Governo presenterà la nuova legge sulla maternità.
La nuova legge sulla maternità sarà / verrà presentata dal Governo la prossima settimana.

E 9

a. Sophia Loren ha consegnato l'Oscar a Benigni.
b. Ogni anno più di 300.000 persone visitano la Biennale di Venezia.
c. Gli antichi Romani conoscevano già la pizza.
d. I giapponesi hanno inventato un melone quadrato.
e. La radio ha confermato la notizia dello sciopero nazionale.
f. Tutto il Paese ascolta il discorso del Presidente in TV.
g. La prossima settimana il sindaco inaugurerà la mostra sugli Etruschi.

9   W i libri!

«La biblioteca globale» è una proposta un po' «curiosa» per stimolare la lettura.
Secondo voi che cosa si potrebbe fare per far leggere di più la gente? Lavorate in piccoli gruppi, fate alcune proposte per stimolare la lettura ed esponetele poi in plenum.

10   Raccontami qualcosa ...

CD 13

Ti piacciono le fiabe? Ti capita ancora di leggerne? Secondo te oggi ha ancora senso leggerle? C'è una fiaba che ti piace, o ti piaceva, particolarmente? Parlane in plenum.

La fiaba che ascolterai si chiama «La ragazza mela» ed è tratta da una raccolta di antiche fiabe italiane. Ascolta e segna i personaggi, i luoghi e le cose nominate.

personaggi		luoghi		cose (astratte e no)	
regina / re	☐	palazzo	☐	polverina magica	☐
principessa / principe	☐	castello	☐	spada	☐
servitore	☐	bosco	☐	stiletto	☐
mago	☐	terrazzo	☐	incantesimo	☐
matrigna	☐	prigione	☐	pettine	☐
fata	☐	giardino	☐	vassoio	☐
strega	☐	pozzo	☐	chiave	☐

Riascolta e metti in ordine le sequenze del racconto.
Verifica poi con un compagno.

○ Il Re deve partire per la guerra.
○ Il Re, che abita di fronte ai genitori della ragazza, vede sul terrazzo
   la ragazza mela che si lava e si pettina.
○ La Regina diventa madre di una ragazza mela.
○ Il Re incarica il suo servitore di fare attenzione alla ragazza mela.
○ La matrigna ferisce la ragazza mela.
○ Il servitore va da sua zia che è una fata.
○ La matrigna entra nella stanza del Re.
○ Il re e la regina danno all'altro Re (loro vicino di casa) la loro «figlia».
○ Il servitore guarisce la ragazza mela.

E ora, in piccoli gruppi, provate a raccontare la fiaba.

E 10

11 Inventiamo una storia

Dettate all'insegnante alcune parole (sostantivi, verbi, aggettivi) – circa 10 –
che lui/lei scriverà alla lavagna. Con queste parole inventate e scrivete poi, in piccoli
gruppi, una breve storia.

12 Lettura

Leggi il seguente testo.

Un piacere perduto

Bologna. Bus-navetta che da Piazza Cavour percorre i viali di circonvallazione. Seduti accanto, due uomini molto anziani e altrettanto distinti. Uno indossa un completo marrone con camicia color burro e cravatta a strisce, scarpe in tinta, tirate a lucido. L'altro, più sportivo, una giacca a quadretti e una polo allacciata fino all'ultimo bottone. Pantaloni di gabardine e mocassini. Ha in mano uno di quei giornali gratuiti diffusi nelle stazioni. L'altro l'osserva perplesso.

Dice: «Che cosa leggi? Non l'ho mai visto, un giornale così.»

«Lo danno gratis.»

«Ah beh, ma c'è da fidarsi?»

«Cosa vuoi che ne sappia? Te l'ho detto: è gratis. E non sarà peggio del Carlino, che lo devi anche pagare.»

«Ohi, hai ragione.»

«E poi, sai che cosa c'è? Io leggo l'oroscopo e basta.»

«Fai bene. Che cosa dice?»

«Non lo so, non ho con me gli occhiali, lo leggo a casa.»

«Ce li ho io, da' qua che te lo leggo io.»

Il vecchietto senza cravatta passa il giornale all'altro, che s'infila con cerimoniosa lentezza un paio di mezze lenti da lettura.

«Di che segno sei?»

«Vergine.»

Il lettore consulta.

«Va mo' là, sei un fortunello!»

«Cosa dice?»

Scandendo le parole: «AMORE: Con il vostro partner riassaporerete un piacere che credevate perduto.»

 Abbassa gli occhiali, sorridendo ammiccante.

E 11·12 L'altro tace. Pensa. Dopo circa mezzo minuto dice: «Sta a vedere che mia moglie mi ha fatto
13 le lasagne.»

(di G. Romagnoli da: *la Repubblica* del 12/06/2002)

> **Che io sappia** non è ancora arrivato.

> C'è da fidarsi.
> C'è da aver paura.

13 La stampa

E 14 *Nella tua città ci sono dei giornali che vengono distribuiti gratuitamente?*
Che cosa pensi di questa iniziativa?

Per comunicare

Di che parla questo libro?
È bellissimo, a patto che ti piacciano i gialli!
Ah, è un giallo? Credevo (che) parlasse di jazz.
Questo lo conosci?
Sì, sì, ne ho sentito parlare. / No, mai sentito.
È uno dei libri più interessanti che abbia mai letto.
Ah, quasi quasi lo regalo a mio padre.

L'ultimo libro che ho letto tratta di …
Il mio autore preferito / la mia autrice preferita è …
Di solito quando leggo sottolineo /
leggo tutte le pagine / salto le parti non importanti.
Che io sappia non è ancora arrivato.
Cosa vuoi che ne sappia?

Grammatica

A patto che / purché / a condizione che

	a patto che	
È molto bello,	purché	ti **piacciano** i gialli.
	a condizione che	

Dopo le tre congiunzioni limitative si usa sempre il congiuntivo.

Il congiuntivo con il superlativo relativo

È **una delle più belle** storie d'amore che
(io) **abbia** mai **letto**.
Venezia è la città **più interessante** che
(lui) **abbia** mai **visto**.

Se una frase principale con un superlativo relativo è seguita da una frase relativa, allora in questa si usa il congiuntivo.

La forma passiva

Forme: vedi appendice della grammatica a pag. 211.

Oggi la posta elettronica **è usata da** milioni di persone.

*Per fare la forma passiva si può usare in italiano il verbo **essere** + il participio passato del verbo principale. Il participio passato concorda nel genere e nel numero con il sostantivo a cui si riferisce. La persona o la cosa che fa l'azione (agente) è preceduta dalla preposizione **da**.*

La biblioteca **è illuminata** da cinque grandi finestre.
Solo un 15% dei volumi **viene trovato** da una persona.

*Per fare la forma passiva si può usare anche il verbo **venire** + il participio passato del verbo principale. Di solito si usa **essere** per indicare uno stato, **venire** per indicare un processo.*

45 mila volumi **sono stati sparsi** in cinque continenti.
La nuova legge **verrà presentata** domani.
La notizia **venne confermata**.

*Si può usare **venire** solo con i tempi verbali semplici, non con i tempi verbali composti. Con questi si usa **essere**.*

5

La famiglia cambia faccia

 Ritratti di famiglia

Osserva le seguenti foto. Quale foto esprime meglio la tua «idea» di famiglia?
E quale, invece, esprime meglio il modello di famiglia moderno?

Quali delle seguenti parole associ all'idea di famiglia? Parlane in gruppo e
poi in plenum.

tradizione   solidarietà   competitività   disponibilità   severità

sicurezza   controllo   bambini   sincerità   conflitti

coppia   calore   nido   amicizia

2 La nuova famiglia

Leggi il seguente articolo e segna con una X i temi che vi vengono trattati.

☐ Divorzi e separazioni in Italia
☐ Natalità in Italia e nel mondo
☐ Aumento delle coppie di fatto
☐ Politiche familiari dello Stato

☐ Individualismo e struttura della famiglia
☐ Aumento degli anziani
☐ Il ruolo dei nonni
☐ Migrazioni e nuove strutture familiari

Nei giorni di sole, le nonne del quartiere Testaccio, a Roma, accompagnano i nipoti ai giardinetti per farli giocare con altri bambini. Maria Ceccani osserva con attenzione il nipotino Fabrizio di tre anni, mentre si azzuffa con un compagno per un autocarro ribaltabile. «Non ha né fratelli, né sorelle. E nemmeno cugini» spiega con rammarico. «Hanno sbagliato ad avere solo un figlio. Non faccio altro che ripeterlo a mio figlio: fanne un altro, fanne un altro». Ma il figlio e la nuora della signora Ceccani non sembrano affatto propensi ad avere un altro bimbo, e una delle ragioni è che vivono ancora con lei. «Una volta le famiglie italiane avevano molti bambini», continua la signora Ceccani, «ma oggi le mamme lavorano e non hanno tempo per una famiglia numerosa. È una vergogna». Quella della signora non è la semplice preoccupazione di una nonna. L'Italia, con una media di 1,18 bambini per donna, occupa il posto più in basso della classifica mondiale della natalità. (...)
Chi l'avrebbe mai detto? Trenta anni fa la maggiore preoccupazione era che il crescente aumento della popolazione mondiale decimasse le risorse

della Terra. Oggi nel mondo siamo 6 miliardi ma il tasso di crescita è sceso all'1,2 per cento. Una migliore contraccezione, maternità posticipate, un numero maggiore di donne nel mondo del lavoro e una diffusa migrazione dalle aree rurali del pianeta verso le aree urbane hanno giocato un ruolo decisivo nel decremento delle nascite. Esiste però anche un'altra ragione perché nascono meno bambini, anche se gli stressati genitori non lo ammettono: con un solo figlio tutto è più semplice e più economico.
Il sociologo francese Jean-Claude Kaufman attribuisce l'aumento delle famiglie con un figlio unico alla «crescita dell'individualismo». Con un figlio solo è più facile portare la famiglia in un ristorante a quattro stelle o in un safari in Tanzania. Vivere in un piccolo appartamento di una metropoli è più fattibile e se parliamo poi di educazione non c'è confronto: i figli unici hanno molte più possibilità dei loro amici con fratelli di frequentare prestigiose scuole private. (...). Anche l'età della popolazione mondiale aumenta rapidamente: il numero di ultrasessantenni nei prossimi 50 anni triplicherà e gli over 80 saranno cinque volte di più.

(da *Newsweek/la Repubblica* 19/04/2001)

Quali sono i cambiamenti all'interno della famiglia di cui parla il testo?
E quali sono le cause di questi cambiamenti?

Che cosa è cambiato o sta cambiando?   **Perché?**

E 1·2
3

> ribaltabile = che può essere ribaltato
> fattibile = che può essere fatto

> un numero **maggiore** = più grande
> i figli **minori** = più piccoli

Di' la tua!

Immagina di partecipare a una tavola rotonda il cui tema è il calo demografico.
Di' quali ne sono secondo te le cause e che cosa si potrebbe fare.

Ti faccio sentire una cosa!

Con l'aiuto dei fumetti, completa le frasi
usando la forma adeguata di fare + *infinito.*

> Le nonne accompagnano i nipoti ai
> giardinetti per **farli giocare**.
> I genitori **fanno vedere** troppa TV ai bambini.

1. Vieni, ti _____ _____ i miei giocattoli.

2. Esco. _____ _____ una passeggiata al cane.

3. Non gli _____ _____ troppa TV.

4. Guarda un po', si è rotta. Me la puoi _____ _____, per favore?

E 4·5 5. Che belli! Me li _____ _____?

5 Nonni e nipoti

Qui di seguito trovi alcuni passaggi tratti da un articolo del «Corriere della Sera». Leggili.

Oggi i nonni vanno in viaggio con gli amici, la sera cinema o ristorante, meno tempo e pazienza. Per i nipotini resta poco spazio, sebbene siano figure centrali nello sviluppo del bambino.

In Italia i nonni sono, secondo l'Istat, oltre 10 milioni e 800 mila, il 38% della popolazione. La metà ha uno o due nipoti. Nel 58% dei casi i nipoti hanno meno di 14 anni.

I grandi caricano di impegni i bambini, dalla ginnastica alle lingue straniere alle lezioni di musica. E i bambini hanno poco tempo per sé stessi, perfino per annoiarsi.

La popolazione dei figli si è ridotta perché le mamme ne fanno di meno e si decidono tardi. Una tendenza che dovrebbe facilitare il ruolo di nonno e di nonna.

E ora ascolta il seguente dialogo un paio di volte e di' a quale notizia o notizie in particolare si riferisce la discussione fra padre e figlia.

◆ Papà, hai letto questo articolo sui nonni?

▲ No. Oggi non l'ho ancora letto il giornale. Perché? Che dice?

◆ Dice che, nonostante i nonni oggi abbiano meno nipoti, non sono più così disponibili come una volta.

▲ Mah, guarda, a me sinceramente questi studi convincono poco. Io non credo proprio che i nonni siano meno disponibili, anzi!

◆ Sì, però non puoi negare che il ruolo dei nonni sia cambiato.

▲ E infatti non lo nego. Però certo non è cambiato in questo senso.

◆ Che vuoi dire?

▲ Voglio dire che secondo me è proprio il contrario. Se prima i nonni facevano solo i nonni, oggi fanno i nonni e i genitori.

◆ Hmmm ...

▲ Ad esser veramente cambiato invece è proprio il ruolo dei genitori. Sono stressati, troppo impegnati ... non hanno più l'energia per stare dietro ai bambini.

◆ Sì, però questo è anche colpa delle politiche familiari dello Stato che non sostiene per niente chi ha famiglia.

▲ Sì, indubbiamente. Però secondo me è proprio cambiato in generale il concetto e il bisogno di famiglia. La gente si sposa tardi se si sposa; fa i figli tardi se li fa; si separa con più facilità ...

6 Con un po' di fantasia

Forma delle frasi usando almeno una delle congiunzioni in neretto.

> **Nonostante** i nonni **abbiano** meno nipoti, non sono più così disponibili.
> **Sebbene siano** figure centrali nello sviluppo del bambino, i nonni non hanno più molto tempo per i nipotini.

***Benché / Malgrado / Nonostante / Sebbene** la struttura della famiglia sia cambiata, per molti la famiglia rimane ancora il valore più importante.*

E 6·7

_____
_____
_____
_____
_____
_____

7 Riflettiamo

Rileggi il dialogo e cerca le espressioni usate per

Non puoi negare che...

Secondo me è proprio il contrario.

Indubbiamente.

Anzi!

Che dice?

informarsi sul contenuto di un articolo di giornale _____

sottolineare la differenza con quanto espresso prima _____

chiedere conferma dell'esattezza della propria opinione _____

argomentare contro qualcosa _____

esprimere accordo _____

8 Discussione

Scegliete un ruolo e poi fate una discussione.

A

Il figlio del tuo vicino a 34 anni vive ancora con i genitori. Ieri sera l'hai visto tornare a casa un po' «brillo». A te la cosa sembra incomprensibile e sei convinto che il ragazzo resti a casa dei genitori solo per comodità, così come la maggior parte dei ragazzi d'oggi. Parlane con un tuo amico che è invece convinto del contrario.

B

Un tuo amico è convinto che i ragazzi d'oggi vivano con i genitori solo per comodità. Tu non sei affatto d'accordo, per te ci sono motivi concreti che spiegano la lunga permanenza dei ragazzi in famiglia. Anche tu, in fondo, sei andato via di casa a 29 anni.

9 Una statistica

Leggi la seguente statistica e discutine con i compagni.
Anche nel tuo Paese si assiste a un fenomeno simile?
Quali ne sono, secondo te, i motivi?

In Italia ci si sposa sempre meno e ci si separa di più		
Matrimoni, separazioni e divorzi negli anni 1988 – 1998		
	1988	1998
Matrimoni	338.296	276.570
Separazioni	37.224	60.737
Divorzi	30.778	33.510
		Fonte Istat 2000

> **Ci si** sposa sempre meno e
> **ci si** separa di più.

6

E 8·9

10 A che ora torni?

Secondo te quali sono i motivi di discussione più frequenti tra genitori e figli?
Segnali con una X e confrontati poi con un compagno.

differenti opinioni politiche	☐	questioni di soldi	☐
lavori di casa	☐	scuola / studio	☐
scelta degli amici	☐	modo di vestirsi	☐
tempo libero	☐	modo di truccarsi	☐
scelta del partner	☐	orari	☐

Il seguente testo è tratto dal romanzo «Jack Frusciante è uscito dal gruppo» di Enrico Brizzi. Il protagonista è uno studente liceale, soprannominato «vecchio Alex». Il linguaggio usato è quindi quello dei giovani.

(...) «Cristo», si disse il vecchio Alex. Controllò l'orologio al polso con l'espressione più da tigre che riuscì a trovare, disse: «Adesso sono le tre e tre quarti tre e cinquanta. Facciamo alle quattro e un quarto quattro e venti davanti a Feltrinelli?»

«Alle quattro e venti, d'accordo.»

«Davanti a Feltrinelli», ripeté, per essere sicuro non vi fossero dubbi. «Sotto le due torri.»

«Alle due torri», disse la voce all'altro capo del filo. (...)

Attraversò il tinello con la sua espressione da tigre. Disse: «Io faccio un salto da Feltrinelli». (...)

«È *chiusa* la Feltrinelli», considerò il Cancelliere da dentro la poltrona.

«Non devo andare in libreria», disse lui. «C'ho solo un appuntamento *davanti.*»

«Come sarebbe?» fece la mutter, senza distogliere gli occhi dalla Bologna's Chronicles. «Sei appena rientrato e già riesci?»

«Te l'ho detto, ho un appuntamento.»

«Con chi, un appuntamento.»

«Con una mia compagna, mutter.»

«Una compagna. Sarebbe a dire?»

«Non la conosci. Cosa ti cambia se ti dico un nome? Non la conosci, comunque.»

«Come si chiama», insistette lei. «Hai studiato abbastanza, per domani?» gli disse. Autocontrollo. Prova della volontà, prova della volontà. «Sì, ho studiato. Al massimo stasera ripasso. Si chiama *Adelaide*, va bene?»

«Adelaide. E a che ora torneresti?»

Prova della volontà, prova della volontà. «Rientro per cena, d'accordo?»

«Cancelliere, ma lo sentite? Il principino vuole rientrare per cena… Ascolta, pensi di vivere in un albergo, è così?»

«Dimmi tu, a che ora,» fece il vecchio Alex, infilando l'impermeabilizzato. «In ogni caso, no, non credo di vivere in un albergo, mutter. Ho solo un appuntamento da Feltrinelli.»

«Quale ti sembrerebbe un'ora giusta?» disse il Cancelliere, continuando a sprofondare impercettibilmente.

Prova della volontà, prova della volontà. «Va bene se torno alle sette?» (...)

(da *Jack Frusciante è uscito dal gruppo*, di E. Brizzi, Baldini & Castoldi, 1995)

Rileggi il testo e rispondi alle domande.

Quanti sono i personaggi con cui parla il protagonista?
Chi sono questi personaggi, come vengono chiamati, quale rapporto hanno
con il protagonista e qual è il tema della loro discussione / conversazione?

chi	soprannome	rapporto	tema conversazione

E 10

11 Domande e risposte

Abbina domande e risposte e completa con i verbi al gerundio.

> ... fece il vecchio Alex **infilando** (mentre infilava) l'impermeabilizzato.
> ... disse il Cancelliere **continuando** (mentre continuava) a sprofondare.

6

1. Hai visto Paola ultimamente?

2. Hai perso le chiavi della macchina?

3. E quando ti sei fatto male?

4. Oh, hai trovato finalmente la foto!

5. Ha detto veramente che vuole andare via?

a. Sì, l'ho trovata per caso (sfogliare) _____ un libro.

b. Sì, l'ha detto stamattina (uscire) _____ di casa.

c. Sì, mi devono esser cadute dalla tasca (fare) _____ jogging.

d. Sì, l'ho incontrata ieri (tornare) _____ a casa.

e. Eh, sabato pomeriggio, (giocare) _____ a tennis.

E 11

12 «Va bene se torno alle sette?»

*In coppia provate a scrivere una sceneggiatura. Raccontate che cosa succede, come
prosegue la discussione tra il vecchio Alex e i genitori e come si conclude la scena.*

13 E i piatti chi li lava?

Quali delle seguenti faccende domestiche ti piace fare? Quali no?

	sì	no
lavare i piatti	☐	☐
riempire la lavastoviglie	☐	☐
apparecchiare la tavola	☐	☐
stirare	☐	☐
passare l'aspirapolvere / spazzare	☐	☐
spolverare	☐	☐
pulire i vetri	☐	☐
pulire il bagno	☐	☐
cucinare	☐	☐
fare la spesa	☐	☐
portare fuori l'immondizia	☐	☐

Confronta, se possibile, i tuoi risultati con persone di sesso opposto al tuo e prova a cercare delle analogie. Poi confronta in plenum.

6

14 Una donna racconta

Ascolta l'intervista e completa la tabella.

CD 15

Dati personali:
Lavoro:
Organizzazione vita familiare:
Cosa pensa del contributo che gli uomini danno in casa?
Cosa pensa delle politiche familiari dello Stato?

E 12·13

Secondo te la situazione descritta dalla donna rispecchia quella del tuo Paese? Le donne di solito lavorano? Che tipo di aiuti ci sono per le coppie che hanno figli? Parlane in gruppo e poi in plenum.

Per comunicare

Non faccio altro che ripeterlo a mio figlio!
Io non sono propenso a … (+ inf.)
La mia preoccupazione è che … (+ cong.)
Chi l'avrebbe mai detto?
Io non credo proprio che siano meno disponibili, anzi!

Sì, però non puoi negare che …
E infatti non lo nego.
Secondo me è proprio il contrario.
Come sarebbe (a dire)?
Va bene se torno alle sette?

Grammatica

Comparativi e superlativi particolari

	comparativo	superlativo relativo	superlativo assoluto
buono	migliore	il miglior(e)	ottimo
cattivo	peggiore	il peggior(e)	pessimo
grande	maggiore	il maggior(e)	massimo
piccolo	minore	il minor(e)	minimo

Alcuni aggettivi hanno due forme di comparativo e superlativo: una forma regolare e una irregolare (vedi appendice grammaticale a pag. 194).

Il suffisso -bile

È una cosa **fattibile**. (= che può essere fatta)
Si tratta di una storia **credibile**.
(= che può essere creduta)

*Gli aggettivi in -**bile** hanno un significato passivo ed esprimono una possibilità.*

Fare + infinito

Mi **fai vedere** che cosa hai fatto? (Mi lasci vedere…)
Hai già **fatto riparare** il computer? (Hai già fatto in modo che…)
Non mi **fa usare** la sua bicicletta. (Non mi permette di…)

*Fare + infinito può avere in italiano 3 diversi significati: **lasciare**, **fare in modo che** e **permettere**.*

Proposizioni concessive

Nonostante i nonni **abbiano** meno nipoti, non sono più così disponibili come una volta.

*Le congiunzioni concessive **nonostante**, **sebbene**, **malgrado**, **benché** vogliono sempre il congiuntivo.*

Nonostante studi tanto la matematica, non capisce niente. = **Anche se studia …**

Anche se invece vuole l'indicativo.

Forma impersonale dei verbi riflessivi

Ci si sposa sempre meno e **ci si** separa di più.

*La forma impersonale del verbo riflessivo è **ci** + **si** + verbo alla 3ª persona singolare.*

Il gerundio presente

Disse **infilando** l'impermeabile. = Disse **mentre infilava** l'impermeabile.

Se le azioni espresse nella frase principale e nella frase secondaria succedono nello stesso momento e il soggetto delle due frasi è lo stesso, allora nella frase secondaria si usa il gerundio presente.

6

Feste e regali

1 Feste

*Guarda le seguenti foto. Sai di quali feste si tratta? Si festeggiano
anche nel tuo Paese? E a te piace festeggiarle? Parlane in plenum.*

In Italia spesso si fa ...

Ecco una serie di «usi» legati ad alcune feste. Sai a quali delle feste indicate si riferiscono? Lavora in coppia e poi in plenum.

Natale – Pasqua – Epifania – Capodanno – Carnevale – Festa della Donna

fare il presepio

regalare un mazzetto di mimosa

mangiare il panettone

riempire le calze dei bambini di dolci e carbone di zucchero

fare scherzi

aspettare la mezzanotte per brindare con lo spumante

giocare a tombola

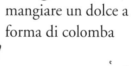

mangiare un dolce a forma di colomba

regalare uova di cioccolata

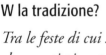

addobbare l'albero

mangiare il cotechino con le lenticchie

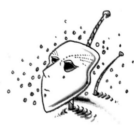

mascherarsi

Quali di questi usi ci sono anche nel tuo Paese? Quali no? Parlane in plenum.

 E 1

3 W la tradizione?

Tra le feste di cui si parla ce n'è una che ti piace particolarmente o una che non ti piace per niente? Perché? Conosci dei modi di festeggiarle in maniera «diversa» da quella nota a tutti? Ti sembra importante rispettare le tradizioni? Perché? Parlane in gruppo.

4 No, per carità!

In coppia provate a completare il dialogo con le seguenti espressioni.
Poi ascoltate e confrontate. Di quale festa parlano i due secondo voi? E perché?

> per carità   ti sbrighi   sembra brutto   calcolando che
>
> dai   mica   ci tengo

- ◆ Allora, Gianni, _____? Siamo già in ritardo!
- ▲ Ma se non è neanche mezzogiorno!
- ◆ Beh, vuoi che comincino a mangiare senza di noi?
- ▲ Magari cominciassero senza di noi! Così salteremmo qualche portata!
- ◆ Guarda che non sei _____ obbligato a mangiare tutto!
- ▲ No, certo!
- ◆ Siamo un po' ironici questa mattina, o sbaglio?
- ▲ No, no, _____!
- ◆ Che c'è che non va? Non ti va di venire?
- ▲ No, è solo che pensavo che per una volta avremmo festeggiato in maniera diversa!
- ◆ Sì? E come?
- ▲ Beh, mi avevi promesso che saremmo andati a sciare.
- ◆ Sì, ma non quest'anno! E poi, dai, lo sai che io _____ a festeggiare in famiglia!
- ▲ Sì, sì, va bene, va bene, ... però magari questa volta ce ne andiamo dopo pranzo, eh!
- ◆ Ma dai, non possiamo andarcene dopo pranzo. _____!
- ▲ Beh, _____ il pranzo dura almeno fino alle cinque, a me non sembra poi così brutto!
- ◆ Sì, però _____, poi si gioca a tombola, si mangia il panettone ...

> Non sei **mica** obbligato a mangiare tutto!

Riascoltate e controllate.

Nel dialogo compare due volte la parola magari *con due significati diversi.*
Cercate i due esempi e scriveteli accanto alla funzione corrispondente.

_____ = esprime possibilità

_____ = esprime speranza

> Mi avevi promesso che **saremmo andati a sciare!**
> (prima) (nel futuro)

5 Ma …

*Cosa direste in queste situazioni? In coppia scrivete delle frasi
usando il condizionale composto come nell'esempio.*

> mi avevi / aveva detto che… / mi avevi / aveva promesso che … / pensavo che …
> Mi avevi promesso che quest'anno saresti venuto!

1. Un tuo amico ti chiama per dirti che non potrà venire alla tua festa
   di compleanno (è già la seconda volta che succede).

   _____

2. Vai dal tecnico, ma il tuo computer dopo una settimana non è ancora stato riparato.

   _____

3. Un tuo amico arriva per l'ennesima volta in ritardo.

   _____

4. Una tua amica si dimentica di portarti un libro di cui hai assolutamente bisogno.

   _____

5. Il tuo migliore amico / La tua migliore amica arriva anche questa volta da solo/-a
   all'appuntamento (è da tanto che vuoi conoscere il suo partner).

   _____

6. Il negozio presso cui fai di solito la spesa ha rimandato di nuovo l'apertura
   (è chiuso da un mese per lavori di ristrutturazione).

   _____

E 5·6

6 E se invece …

In coppia scegliete un ruolo e fate un dialogo.

A Si avvicina Natale. Finalmente il pranzo
tradizionale, i regali, i giochi in famiglia.
Non vedi l'ora che arrivi il giorno in cui
festeggerai insieme a tutta la famiglia.
Tuo fratello / Tua sorella invece vorrebbe
fare qualcosa di completamente diverso.
Tu però …

B Sei stanco / -a del solito Natale. Quest'anno
hai proprio voglia di festeggiare in maniera
originale. In famiglia, sì, ma in modo diverso. Tuo fratello / Tua sorella però …

7 Regali ...

Intervista un compagno/una compagna. Chiedigli/Chiedile

in quali occasioni fa dei regali,
se gli/le piace farli o se lo trova stressante o superfluo,
qual è il regalo più bello che abbia mai ricevuto,
qual è il più brutto o inutile.

8 Se mi accorgessi che ...

Leggi velocemente i tre testi. Che tipo di informazioni ti vengono date?

a. Consigli pratici sui regali da fare per il compleanno ☐
b. Riflessioni su cosa significa «regalare» ☐
c. Consigli pratici per non fare brutte figure in caso di «riciclaggio» di regali ☐
d. Opinioni ed esperienze sul «riciclaggio dei regali» ☐

E ora leggi più attentamente.

Rispetto coloro che non amano i regali riciclati, ma mi sembra superfluo valutare l'origine del regalo in senso assoluto. Certo che se mi dessero una bottiglia di profumo usata non sarei molto felice, ma allo stesso tempo sarei anche felice, perché qualcuno ha pensato a me. Forse bisogna distinguere due tipi di regalo, quello formale e quello informale. Il primo riguarda le feste e le ricorrenze, il secondo la quotidianità. La formalità richiede delle regole particolari (in genere) come l'incarto perfetto e spesso un oggetto nuovo, anzi se fosse usato si farebbe una figuraccia. Io comunque anche se mi regalassero un oggetto riciclato sarei felice, perché non è detto che tutti amino le stesse cose, e cose che ad altri non piacciono, a me, invece, possono piacere tantissimo.

Se mi accorgessi che mi hanno regalato una cosa riciclata non so se ci rimarrei male, dipende dalla persona e dal regalo: cambia la reazione se viene da una persona che non t'interessa proprio, o se viene da una persona a cui tieni e ti accorgi che non aveva di meglio che rifilarti qualcosa che aveva in casa tanto per «farti il regalo», o se una persona cara ti regala un oggetto che aveva cui teneva molto e per dimostrarti che ci tiene a te se ne priva «regalandotelo». Se invece dovessi fare io il regalo, deciderei se riciclarne uno in base alla persona a cui lo dovrei fare. Se è un regalo cosiddetto «di circostanza», va fatto perché si deve fare, allora le cose possono cambiare. Se in casa dovessi avere qualcosa che posso riciclare è probabile che lo farei!

No, per carità non riciclate! O vi capiterà di fare una figuraccia come è successo alla sottoscritta proprio il giorno di Natale. Il giorno prima un'amica di nonna mi aveva regalato una sciarpa arancione! Già odio il colore, comunque la apro, ringrazio sorridendo e me la porto a casa. Quante sciarpe ricevete a Natale? Io almeno due o tre. Poi arancione!!!! Comunque la metto in un cassetto e non ci penso più! Il giorno di Natale mi chiama Daniela, un'amica, dicendo che sarebbe passata dopo mezz'ora a portarmi il regalo. Io però non le avevo fatto il regalo, allora corro in camera, prendo la sciarpa e la impacchetto. Ci scambiamo i regali e ... sulla sciarpa era stato cucito a mano il mio nome! Sarei voluta sprofondare!

Che pensano le tre persone dell'uso di riciclare regali?

	è decisamente contraria	ha una posizione neutra /dipende	è favorevole	perché?
1ᵃ persona				
2ᵃ persona				
3ᵃ persona				

E 7·8
9

E tu? Con quale persona sei più d'accordo?
E perché? Parlane in gruppo.

> Se ne priva «regalandotelo». =
> Si priva dell'oggetto e te lo regala.

9 Se ...

La seconda persona dice: «Se mi accorgessi che mi hanno regalato una cosa riciclata, non so se ci rimarrei male». Fa cioè un'ipotesi su come reagirebbe in una certa situazione. Cerca nei testi altre frasi che esprimono secondo te un'ipotesi, scrivile su un foglio e confronta poi in plenum.

10 Come ti comporteresti se ...?

Intervista il tuo partner. Chiedigli come reagirebbe nelle seguenti situazioni.
Usa il periodo ipotetico.

qualcuno gli regala qualcosa che non gli piace per niente

Come ti comporteresti/cosa faresti se qualcuno ti regalasse qualcosa
che non ti piace per niente?

è l'unico/-a a essere vestito/-a elegantemente a una cena a cui è stato invitato/-a
il suo migliore amico/la sua migliore amica ha dimenticato il suo compleanno
arriva con un'ora di anticipo alla festa a cui è stato invitato/-a
al ristorante si accorge di non avere il portafoglio
si accorge che il regalo che gli/le ha fatto il suo migliore amico/la sua migliore
amica è riciclato

E 10·11
12·13

11 Cosa accadrebbe se ...?

In piccoli gruppi fate delle ipotesi. Alla fine votate le soluzioni più divertenti.

Cosa fareste se ...

1. ... una sera scopriste che non esiste più la TV.
2. ... tutti fossero obbligati a usare i mezzi pubblici.
3. ... doveste vivere per un anno in un' isola deserta.
4. ... vi poteste trasformare in un ...
5. ... poteste diventare invisibili per un giorno.

12 Sei festaiolo?

CD 17

Ascolta le interviste e completa. Confronta con un compagno e poi in plenum.

Nome: _____

Età: _____

Nome: _____

Età: _____

	lei	lui
Che tipo di feste le/gli piacciono?		
Una festa di cui si ricorda		
Che rapporto ha con le feste tradizionali?		
Come festeggia il compleanno?		
Se potesse organizzare una festa che tipo di festa farebbe?		

13 Tu e le feste

E 14

Ti piace festeggiare? Che tipo di feste preferisci?
Se potessi organizzare una grande festa, cosa ti piacerebbe fare?

Per comunicare

Allora, ti sbrighi? Siamo in ritardo!
Vuoi che comincino a mangiare senza di noi?
Magari cominciassero da soli!
Guarda che non sei mica obbligato a … (+ inf.)!
Che c'è che non va? Non ti va di … (+ inf.)?

Mi avevi promesso che saremmo andati a sciare!
Io ci tengo a … (+ inf.).
Non possiamo andarcene. Sembra brutto.
Calcolando che il pranzo dura fino alle cinque …

Grammatica

(Non) … mica

Non sei **mica** obbligato a mangiare tutto!
Mica sei obbligato a mangiare tutto!

L'avverbio (non) … mica si usa per negare qualcosa con enfasi.
Se mica è all'inizio della frase, allora non è necessario il non.

Magari

Sei già andato in vacanza? – **Magari!** (= Sarebbe bello)
Magari questa volta ce ne andiamo dopo pranzo.
(= Forse è meglio se...)

Magari può esprimere una possibilità o una speranza.

Magari cominciassero senza di noi!
(= Sarebbe bello se cominciassero …)
Magari mi **desse** una mano!
(= Sarebbe bello se lui mi desse …)

Le frasi in cui si esprime un desiderio irrealizzabile o non ancora realizzato possono essere introdotte da magari. Il verbo che segue è al congiuntivo imperfetto se l'azione è contemporanea.

Concordanza dei tempi dell'indicativo

Mi avevi promesso che **saremmo andati** a sciare.
Sapeva che **avrebbe lavorato** fino alla pensione.

Dopo una frase principale con un verbo all'indicativo passato, si usa nella frase secondaria il condizionale composto per esprimere un'azione posteriore.

Pronomi riflessivi con pronomi diretti

Se la fece ripetere. (= Si fece ripetere la frase.)
Se ne priva regalandotelo. (= Si priva di un oggetto.)

Quando un pronome riflessivo e un pronome diretto (lo/la/li/le) o la particella ne si trovano nella stessa frase, la -i del pronome riflessivo diventa -e.

La posizione del pronome personale atono con il gerundio

Se ne priva regalando**telo**.
(= regalando a te un oggetto).
Guardando**la** ... (= mentre la guardavo …)

Così come con l'infinito, con l'imperativo e con ecco, anche con il gerundio il pronome si mette sempre dopo il verbo.

Il periodo ipotetico della possibilità

Se mi **regalassero** qualcosa che non mi piace,
non **direi** niente.
Se si accorgesse che gli hanno regalato una cosa riciclata, **ci rimarrebbe** male.

Se la frase introdotta da se esprime una condizione poco probabile, ma possibile, il verbo è al congiuntivo imperfetto e il verbo della frase principale al condizionale presente.

Salviamo il nostro pianeta

 1 Un manifesto

Osserva la foto. Che cosa vedi? A che cosa ti fa pensare? Parlane in plenum.

In coppia scrivete un breve testo o uno slogan ispirato alla foto precedente. Confrontate poi in plenum.

 2 Ipotesi sul futuro

Che cosa succederà al nostro pianeta? Segna le cose che personalmente ti preoccupano di più.

cambiamenti climatici	☐	elettrosmog	☐
buco dell'ozono	☐	effetto serra	☐
siccità	☐	rischi di slavine	☐
inquinamento atmosferico	☐	alluvioni	☐
deforestazione	☐	piogge frequenti	☐
inquinamento dei mari	☐	scioglimento dei ghiacciai	☐
accumulo dei rifiuti	☐	altro: _____	

Confronta in gruppo.

> Secondo me / Per me uno dei problemi più gravi è / sono ...
> Una delle cose che mi preoccupa di più è / sono ...   l'inquinamento / le alluvioni.
> A me preoccupa / preoccupano ...
>
> Io ho paura / Temo che i ghiacciai si sciolgano / si scioglieranno ...

3 Che tempo fa?

Leggi che cosa dice l'articolo a proposito dei cambiamenti climatici.

(...) Per portare i bambini al mare, prenotare una settimana bianca, scegliere una casa confortevole non basterà rifarsi al buon senso: con le montagne senza neve, il sole estivo trasformato in lotteria, l'aria condizionata più importante del termosifone, le vecchie reazioni rischiano di farci sbagliare rotta. (...)

Prendiamo come esempio il tranquillo ménage familiare dell'ipotetico Mario Rossi, perfetto rappresentante delle abitudini italiche. I guai cominciano all'inizio dell'anno, quando i ragazzi premono per andare a sciare. Sciare sì, ma dove? E quando? Lo scenario disegnato dall'Onu, un aumento di 2 o 3 gradi di temperatura, ritarderebbe la prima nevicata e anticiperebbe lo scioglimento della neve di tre settimane. (...) Non avendo trovato stanze libere nei pochi alberghi vicini a piste dotate di neve, il signor Rossi prende per un attimo in considerazione l'ipotesi di una bella settimana di trekking. Ma, dopo aver letto le cronache dei giornali, cambia idea: l'aumento degli incidenti legati allo smottamento dei versanti alpini lo preoccupa. E non ha torto perché il permafrost, cioè il terreno permanentemente gelato, tenderà a cedere: sotto i 2.500-2.800 metri impianti e rifugi sono a rischio.

Dunque niente relax invernale: si aspetta l'estate per rifarsi al mare. Anche qui però la scelta non è facile: a governare il tempo saranno sempre più frequentemente i cosiddetti «eventi estremi», cioè alluvioni e piogge che somigliano più ai monsoni che ai vecchi temporali estivi. (...) In sostanza pioverà meno spesso e più violentemente. Probabilmente nell'arco di un anno ci cadrà in testa più o meno la stessa quantità di acqua, ma l'effetto sarà molto diverso: cambierà in maniera drammatica la violenza delle piogge e delle grandinate. Il che, in un territorio sempre più urbanizzato, significa vedere le strade trasformate in torrenti e i torrenti in una massa di fango che spazza via le case costruite sull'alveo dei fiumi. Sconfortato da tutte queste notizie, il signor Rossi si abbatte su un divano e gli capita in mano l'ultimo numero della rivista «Nature» su cui legge che nei prossimi 50-100 anni le precipitazioni invernali estreme aumenteranno di 5 volte in alcune aree dell'Europa centrale e tra il 50 e il 350 per cento in Italia. E allora comincia a preoccuparsi sul serio.

(da *la Repubblica* 31/08/2002)

Quali sono i cambiamenti del clima di cui si parla nell'articolo? E quali le conseguenze?

Cambiamenti	Conseguenze

E 1·2

4 Completa

*Scrivi delle frasi secondo il modello. Decidi se usare il gerundio passato
(frase causale) o l'infinito passato (frase temporale). Confronta con un compagno
e poi in plenum.*

Dopo aver letto il giornale ha cambiato idea.

Non avendo trovato stanze libere ... =
Poiché non ha trovato stanze libere ...

non trovare stanze libere – (noi) andare in campeggio
Non avendo trovato stanze libere, siamo andati in campeggio.

cercare invano una stanza in albergo – (noi) andare in campeggio
Dopo aver cercato invano una stanza in albergo, siamo andati in campeggio.

1. non mangiare niente tutto il giorno – venirmi una fame terribile

   _____

2. vedere la cena che avere preparato mia madre – venirmi una fame terribile

   _____

3. non fare mai sport – Franco avere difficoltà a muoversi

   _____

4. usare i fogli di carta da entrambe le parti – (noi) buttarli via

   _____

5. leggere una recensione sul giornale – (io) comprare il libro

   _____

6. abitare sempre con i genitori – Paolo non essere abituato a fare i lavori di casa

   _____

E 3·4
5·6

5 «Eco-consigli»

*Pensate di rispettare l'ambiente? Quali dei seguenti consigli seguite? Confrontate in piccoli
gruppi e in base ai risultati decidete chi di voi è il più «ecologico». Riferite poi in plenum.*

☐ fare la raccolta differenziata dei rifiuti
☐ controllare sempre la provenienza dei prodotti
   che si acquistano
☐ limitare l'uso dei detersivi
☐ spegnere sempre le luci quando non necessarie
☐ acquistare oggetti prodotti con materiali
   riciclati

☐ comprare solo prodotti locali
☐ limitare l'uso di acqua
☐ acquistare prodotti biologici
☐ rinunciare alla macchina il più spesso possibile
☐ preferire il treno all'aereo (quando possibile)
☐ preferire contenitori in vetro

6 Se l'avessi saputo ...

8

Ascolta il dialogo una prima volta e segna quello che secondo te è il problema intorno a cui ruota la conversazione. Puoi segnare più di una risposta.

la difficoltà ad alzarsi presto la mattina	☐	la scomodità dei mezzi pubblici	☐
un incidente stradale	☐	il traffico	☐
l'inquinamento atmosferico	☐	la scarsità dei mezzi pubblici	☐

Riascolta il dialogo.

■ Ah, buongiorno! Che c'è? Non hai sentito la sveglia stamattina?

▼ Guarda, lascia perdere che sono nero! È dalle sette che sto in macchina!

■ Però! E com'è che ci hai messo così tanto? C'era un incidente?

▼ No, è che il centro era chiuso, così ho dovuto fare un giro lunghissimo.

■ Eh ... capita, se si va a lavorare con la macchina!

▼ Sì, però ieri al TG non hanno detto nulla, perché insomma, se l'avessi saputo, sarei venuto in metropolitana!

■ A parte il fatto che al TG regionale l'hanno detto, non capisco perché continui a venire in macchina quando potresti benissimo prendere i mezzi pubblici!

▼ Beh, perché preferisco stare comodamente seduto piuttosto che pigiato come una sardina in metropolitana!

■ Sì, però se prendessi la metro, arriveresti innanzitutto meno stressato e poi contribuiresti a diminuire lo smog ...

▼ Mah, non sarà certo la mia macchina a far la differenza!

■ Beh, guarda, se tutti la pensassero come te, anziché chiuderlo una volta alla settimana, bisognerebbe chiuderlo tutti i giorni il centro!

7 Riflettiamo

In coppia confrontate queste tre frasi e provate a spiegarne la differenza. Discutetene poi in plenum.

Se si va a lavorare con la macchina, capita di trovare traffico.
Se prendessi la metro, arriveresti meno stressato.
Se avessi saputo che il centro era chiuso, sarei venuto in metropolitana.

8 Troppo tardi!

Cosa dici in queste situazioni? Insieme a un compagno scrivi delle frasi usando il periodo ipotetico del 3° tipo.

> Se l'**avessi saputo, sarei venuto** in metropolitana.

Inviti degli amici a cena e prepari della carne. Uno degli ospiti ti confessa che è diventato vegetariano.

_____

Hai una riunione di lavoro. Ti sbrighi per arrivare in tempo. Quando arrivi però il tuo collega ti dice che la riunione è stata rimandata al giorno dopo.

_____

Ti sei dimenticato/-a di giocare al lotto i numeri che ti ha dato un amico. Il giorno dopo vedi in TV che sono usciti proprio quei numeri.

_____

E 7·8
9

Hai comprato un cappotto molto caro. Due mesi dopo il negozio in cui l'hai comprato chiude e svende tutto a prezzi incredibili, anche quel cappotto.

_____

La località turistica consigliatati dalla tua collega è una vera delusione. La spiaggia è minuscola, ci sono troppi turisti, il posto è caro.

_____

9 Ipotesi

In coppia fate delle frasi usando, di volta in volta, il periodo ipotetico adeguato (a volte sono possibili più alternative). Confrontate poi in plenum.

> Se avessi dei giorni di ferie, andrei a trovare i miei amici.
> Se avessi avuto dei giorni di ferie, sarei andato/-a a trovare i miei amici.

avere dei giorni di ferie
vincere al totocalcio
nevicare in estate
fumare meno
guardare prima su Internet
non esistere più il cellulare

fare più sport
avere più soldi / più tempo
prenotare più tardi la vacanza
fare bel tempo
dal mondo scomparire i soldi
cominciare prima a studiare l'italiano

10 Role-play

In coppia scegliete un ruolo e fate un dialogo.

A

Sei in macchina con B. State andando al cinema, ma siete rimasti bloccati nel traffico. Oggi è l'ultimo giorno in cui danno il film che volevi vedere da tanto tempo. Avevi proposto a B di andare in autobus, ma B ha insistito per prendere la macchina. E ora mancano solo cinque minuti all'inizio dello spettacolo.

B

Sei in macchina con A. State andando al cinema, ma siete rimasti bloccati nel traffico. Il film comincia fra cinque minuti e A è abbastanza arrabbiato/-a, perché sarebbe voluto/-a andare con i mezzi pubblici. Tu hai insistito per prendere la macchina, perché ritornare a casa in autobus di sera è veramente un'avventura. Gli autobus passano raramente e poi non si può essere così flessibili come con la macchina.

11 Ma cosa mangiamo??

Guarda i disegni. Cosa ti viene in mente? Se li dovessi usare per una campagna pubblicitaria, per quale campagna li useresti? Parlane in coppia e poi in plenum.

E ora leggi il seguente articolo.

Anche questa settimana è arrivato il tanto atteso week-end. È sabato e come al solito mi avvio verso il mio supermercato di fiducia, quello da cui, da ormai molti anni, compro carne, verdure, frutta e ogni genere alimentare che finisce sulla mia tavola. (...) C'è un po' di fila oggi, più del solito, già all'ingresso del supermercato. Che abbia a che fare con quel banchetto giallo lì fuori, vicino alla porta? In fondo poco me ne importa, io ho fretta e sono in ritardo. Sarà la solita associazione che raccoglie firme per chissà quale nobile causa. Meglio non pensarci e tirar dritti.

I miei dubbi erano fondati: il gruppo che ostacola il mio passaggio sta ascoltando una persona con una pettorina gialla, con su scritto Greenpeace, lo stesso nome che campeggiava sul banchetto. Sembrano tutti molto presi ed interessati. La cosa comincia ad incuriosirmi. Inizio ad ascoltare cosa sta dicendo il volontario di Greenpeace:

Oggi si sente molto parlare di agricoltura transgenica, di ingegneria genetica, di organismi geneticamente manipolati (OGM). Spesso ne sentiamo parlare come un rivoluzionario ed innovativo modo di intendere l'agricoltura. Spesso ci dicono che sarà la soluzione per risolvere la fame del Mondo, e per avere sui nostri piatti cibi migliori, più belli e più economici. In realtà non è così. Il problema è che nessuno, compresi gli scienziati, sa con esattezza come funziona il meccanismo genetico e nessuno può prevedere cosa possa accadere a lungo termine manipolando le istruzioni per la vita.

Mi cominciano a venire in mente alcuni dubbi e tante domande: cosa c'entra l'ingegneria genetica con quello che trovo ogni giorno sulla mia tavola? Con tanti interrogativi irrisolti in testa seguo il gruppo, che nel frattempo si è spostato nel reparto scatolami, e colgo l'occasione di una breve pausa per porre le mie domande al volontario...

A parte il problema dell'uso di veleni chimici, gli OGM hanno il grande difetto di non essere stati sperimentati adeguatamente: solo dieci settimane di test su topi, polli e pesci gatto sono state ritenute sufficienti per dimostrare la loro validità. Un periodo ridicolo se consideriamo che l'ingegneria genetica è un campo ancora quasi del tutto sconosciuto, di cui poco si sa, soprattutto sugli effetti a lungo termine negli organismi. (...)

Il volontario di Greenpeace si sposta nel reparto surgelati e ci dice che è qui che i rischi sono massimi: pizze pronte, pasta surgelata, cibi precotti sono i prodotti che più facilmente possono contenere ingredienti manipolati geneticamente. Andiamo infine nel reparto carni. Anche qui ci sono pericoli? Pensavo che dopo il caso mucca pazza potevamo stare tranquilli. Invece vengo a sapere che quasi tutta la carne che mangiamo viene da animali che hanno mangiato prodotti OGM. Il tour giunge alla fine ed il volontario ci dà delle ultime raccomandazioni.

La diffusione di prodotti a base di OGM può essere fermata, da noi consumatori. Dobbiamo però impegnarci in prima persona e far sentire la nostra voce. Se non lo faremo il mercato alimentare rimarrà in futuro in mano a poche multinazionali, detentrici dei brevetti OGM, che sperimenteranno su di noi i loro prodotti (...)

Sono amareggiato e allo stesso tempo pieno di voglia di fare qualcosa. Guardo sconsolato nel mio carrello, quasi vuoto. Solo qualche mela e due barattoli di cibi in scatola mi guardano minacciosamente dal fondo. Torno all'ingresso e rimetto le mele al loro posto. Poi prendo in mano le due scatole e leggo gli ingredienti: la microscopica etichetta indica che contengono olio vegetale. Inorridito le lascio sullo scaffale e mi avvio all'uscita. Con il carrello vuoto ma con una nuova coscienza.

8

A una prima lettura il testo ti sembra

ironico ☐   a favore degli OGM ☐   neutro ☐

sarcastico ☐   contrario agli OGM ☐   divertente ☐

Segna con una X l'affermazione esatta.

a. L'uomo fa la spesa durante la settimana. ☐

b. È solito andare sempre nello stesso supermercato. ☐

c. Incontra dei volontari di un'associazione ambientalista. ☐

d. Mostra subito interesse per quello che sta succedendo nel supermercato. ☐

e. Ritorna a casa con le buste piene. ☐

f. Decide d'ora in poi di fare più attenzione a quello che compra. ☐

E 10·11
12·13

> Spesso ci **dicono** che ...

> **Che abbia a che fare** con quel banchetto giallo lì fuori?

12 E tu?

E tu come ti comporti quando vai a fare la spesa al supermercato? Controlli le etichette? Cosa pensi degli OGM? Compri dei prodotti OGM? Parlane in gruppo.

8

13 Una boccata d'aria pulita

L'inquinamento atmosferico è sicuramente uno dei problemi più gravi per il nostro ambiente. Fra le seguenti proposte quali ti sembrano sensate e attuabili e quali no? Ne aggiungeresti altre? Parlane in gruppo e poi in plenum.

chiudere il centro alle macchine ☐
aumentare il numero dei trasporti pubblici ☐
andare in giro con le mascherine ☐
aumentare il numero delle zone verdi ☐
creare delle zone dove si può andare a respirare ossigeno ☐
andare tutti in bicicletta ☐
fare dei regali a chi lascia la macchina a casa ☐
altro: _____

CD 19

E ora ascolta cosa hanno inventato per «risolvere» il problema. La soluzione proposta è tra quelle indicate sopra?

Riascolta l'intervista e rispondi alle seguenti domande.

Dove si trova l'Oxi Bar?

_____

Quanto costa una «seduta»?

_____

Come funziona?

_____

E 14

Che cosa offre il bar, oltre alle sedute d'ossigeno?

_____

Per comunicare

Lascia perdere che oggi sono nero!
Com'è che ci hai messo così tanto?
È che il centro era chiuso!
Se l'avessi saputo, sarei venuto in metropolitana.
A parte il fatto che ...

Non sarà certo ... a ... (+ inf.).
Guarda, se tutti la pensassero come te, anziché ...
Spesso ci dicono ...
Che abbia a che fare con ...?

Grammatica

Il gerundio passato

Non **avendo trovato** nessuno, ritornò a casa.

*Il gerundio passato/composto si forma con il gerundio presente di **essere** o **avere** (**essendo**, **avendo**) + il participio passato del verbo principale. Sostituisce una frase secondaria causale e si usa quando l'azione della frase secondaria è anteriore a quella della frase principale.*

Non **essendo andata** al corso, Mara la volta dopo non capì niente.

*Se l'ausiliare è **essere**, il participio passato concorda in genere e numero con il soggetto.*

Avendolo incontrato, lo invitò a bere un caffè.

I pronomi complemento oggetto seguono il verbo come con il gerundio presente.

Dopo + infinito passato

Dopo **aver letto** il giornale ha cambiato idea.
Dopo **esser(e) uscito** si accorse di aver dimenticato l'ombrello.

*L'infinito passato si forma con l'infinito presente di **avere** o **essere** + il participio passato del verbo principale. Spesso nell'infinito passato **avere** diventa **aver**.*

Dopo esser stati in ufficio, siamo tornati a casa.
(= dopo che noi ... noi)

Dopo + infinito passato indica che l'azione della frase secondaria avviene prima di quella della frase principale. Questa costruzione è possibile solo se il soggetto delle due frasi è lo stesso.

Il congiuntivo trapassato

Pensavo che l'**avessi** già **letto**.
Credevo che **fosse** già **partito**.

*Il congiuntivo trapassato si forma con il congiuntivo imperfetto di **essere** o **avere** + il participio passato del verbo principale (forme: vedi appendice della grammatica a pag. 203).*

Il periodo ipotetico dell'impossibilità

Se avessi saputo che venivi, ti **avrei aspettato**.
Se fosse venuto, ne **sarei stata** felice.
Se (in passato) **avessi lavorato** di più, (oggi) **avrei** meno problemi.

*Se la frase introdotta da **se** esprime una condizione che non si è potuta realizzare nel passato, il verbo è al congiuntivo trapassato e il verbo della frase principale al condizionale composto.*

Il congiuntivo in una frase indipendente

Che abbia a che fare con quel banchetto?
Che sia già **uscito**?

Il congiuntivo si usa anche in frasi indipendenti. Si usa per esprimere un dubbio e ha la forma di una frase interrogativa.

La forma impersonale

Spesso **dicono** che ... (= si dice)

In alcuni casi la forma impersonale può essere espressa con la terza persona plurale.

8

Noi e gli altri

1 Test

Intervista un compagno e poi in plenum l'insegnante.
Le risposte indicate sono quelle date dalle autrici del libro.

	Luciana	Maria	il tuo compagno la tua compagna	il tuo/la tua insegnante
un Paese che vorrebbe visitare	la Groenlandia	l'India		
una città dove vorrebbe vivere	quella in cui abito	Roma		
un film che vorrebbe rivedere	Il miglio verde	Colazione da Tiffany		
il libro che non ha ancora avuto tempo di leggere	Guerra e pace	Don Chisciotte		
una cosa che lo/la rilassa	andare a funghi	fare il bagno		
una cosa che lo/la fa ridere	i discorsi dei politici	la trasmissione televisiva Blob		
una cosa che lo/la fa arrabbiare	la mancanza di rispetto	la maleducazione		
una cosa che lo/la innervosisce	i pettegolezzi	la gente che arriva in ritardo		
una cosa che lo/la mette di buon umore	il sole la mattina	il profumo del caffè la mattina		
un sogno nel cassetto	fare un corso di parapendio	comprare una casa a Roma		

> **Mi fanno ridere** i film di Benigni.
> **Mi innervosisco** quando devo andare dal dentista.
> **Mi mette di buon umore** il profumo del caffè la mattina.

2 Qualità e difetti

Quali sono le qualità che apprezzi di più? E i difetti che sopporti di meno?
Esprimi il tuo parere (dando un voto da 1 a 5) e confrontati poi con un compagno.

sincerità	___	ipocrisia	___
onestà	___	disonestà	___
disponibilità	___	egoismo	___
correttezza	___	scorrettezza	___
flessibilità	___	inflessibilità	___
ottimismo	___	pessimismo	___
pazienza	___	impazienza	___
generosità	___	avarizia	___
sensibilità	___	superficialità	___
modestia	___	superbia	___
fedeltà	___	infedeltà	___
tolleranza	___	intolleranza	___

In piccoli gruppi discutete su quali qualità sono importanti o quali difetti sono gravi in

	un rapporto di amicizia	un rapporto di lavoro	un rapporto di coppia
qualità importanti			
difetti gravi			

Confrontate i risultati in plenum.

3 Non è che io sia poi così ...

20 *Ascolta il dialogo e completa la tabella.*

Quali cose non trova l'uomo?	Cosa ne ha fatto la donna?	Perché?

■ Senti, Lucia, hai visto «Panorama», per caso?

▼ Hmmm, sì, l'ho buttato via ...

■ Ma possibile che devi buttar via sempre tutto?

▼ Scusa, pensavo che l'avessi letto.

■ E infatti l'avevo letto. Solo che c'era un articolo
  che volevo conservare.

▼ Mi dispiace. Se vuoi provo a chiedere a mio padre.
  Credo che ogni tanto lo compri anche lui.

■ No, lascia stare, provo a cercarlo su Internet. Però, per favore, la prossima
  volta, prima di buttar via qualcosa, preferirei che me lo chiedessi.

▼ D'accordo!

■ Anche il vaso cinese che ci ha regalato mia zia, che fine ha fatto?
  L'hai buttato via immagino!

▼ No, quello no. L'ho solo portato in cantina!

■ E la maglietta della Roma, hai eliminato anche quella?
  Perché non la trovo più!

▼ Beh, pensavo che non ti servisse più ... era tutta scolorita ormai ...

■ Non lo so, guarda, penso che la tua sia una mania. Perché in fondo
  non è che io sia poi così disordinato ...

▼ Sì, lo so, è solo che volevo mettere un po' in ordine ...

■ Però scusa, una cosa è mettere in ordine e un'altra è buttar via! E poi,
  anche questa cosa di mettere sempre tutto a posto. Se tu metti sempre
  in ordine le mie cose, io poi non le trovo più!

> **Preferirei** che me lo **chiedessi**.

---

4 Preferirei che ...

Completa le frasi e confronta poi in coppia.

Mi piacerebbe che i miei amici _____

Preferirei che i miei vicini _____

Mi farebbe piacere se l'insegnante _____

Vorrei che gli altri _____

 Mi piacerebbe se nella mia città _____

E 1 Sarei contento se per il mio compleanno _____

> **Penso** che **abbia** ancora la sua vecchia 500.
> **Credo** che non **siano** ancora **partiti**.
> **Pensavo** che non ti **servissero** più.
> **Pensavo** che l'**avessi letto**.

5 Combina le frasi

Combina le frasi coniugando il verbo tra parentesi al tempo opportuno del congiuntivo (presente/passato/imperfetto/trapassato).

1. Beh, visto che faceva tanto sport non immaginavo proprio che

2. No, oggi non l'ho visto ancora, credo che

3. Scusami se non ti ho aspettato, ma pensavo che tu

4. Mi sono sbrigata a tornare perché temevo che i miei

5. Ci siamo portati un sacco di maglioni perché pensavamo che

6. Non sono sicurissimo, ma a giudicare dall'accento penso che

7. Ah, meno male, temevo che il film

a. Carole (essere) _____ francese.

b. (fare) _____ molto più freddo.

c. (lui/soffrire) _____ di cuore.

d. (rimanere) _____ a casa, perché ieri non si sentiva tanto bene.

e. (mangiare) _____ già _____ qualcosa in mensa.

f. non (avere) _____ le chiavi.

g. (cominciare) _____ già _____!

E 2·3

6 Ma tu conservi sempre tutto!

Scegliete un ruolo e improvvisate una conversazione.

A Sei una persona molto ordinata e non sopporti di vedere cose fuori posto. La persona con cui dividi l'appartamento, invece, non solo è estremamente disordinata, ma ha anche la mania di conservare tutto: vecchi giornali, tazze rotte, bottiglie vuote, biglietti usati. Dopo aver trovato nella credenza la terza macchinetta del caffè – tra l'altro mezza rotta – decidi di parlare con lui/lei.

B Il tuo coinquilino / la tua coinquilina ha la mania dell'ordine. Vorrebbe buttar via sempre tutto! Per te, invece, ogni oggetto ha una piccola storia, una sua memoria, e ti sembra un peccato buttar via le cose, anche perché così si rischia di diventare consumisti. Stamattina poi A vuole convincerti a buttar via la caffettiera di tua nonna.

7 Siete ordinati?

Lavorate in coppia. Chiedete a un compagno se ricorda con esattezza dove sono questi oggetti e decidete poi chi dei due è il più ordinato.

il passaporto   gli occhiali da sole
i documenti della macchina   il walkman
le ultime foto delle vacanze   l'agenda
l'ombrello   l'apribottiglie
il lucido per le scarpe   la tuta da ginnastica
i fazzoletti (di carta)   il cellulare
le bollette del telefono   il libro di italiano

In piccoli gruppi dite qual è il vostro «sistema» per mantenere l'ordine.

8 Luna Avogadro

Leggi il seguente testo.

1   Luna Avogadro è stata a lungo la mia migliore amica; la conoscevo da quando andava-
    mo allo stesso liceo. Suo padre faceva l'astronomo, era per questo che l'aveva chiamata
    così, molto prima che la cultura alternativa desse una piccola diffusione a quel nome.
    Per anni è stata l'unica Luna che conoscevo. Era una tipa incredibilmente spiritosa e
5   comunicativa, tonda e con i capelli rossi e la pelle molto chiara, forse l'unica donna di
    cui io sia riuscito a diventare amico senza passare attraverso qualche genere di coinvol-
    gimento sessuale o sentimentale. Non so se per lei sia stato esattamente lo stesso,
    perché tra tutti gli argomenti in cui ama tuffarsi con irruenza leggendaria la sua vita
    interiore è uno degli ultimi. (...)
10 Andava in giro con il suo motorino Zundapp che sembrava un mezzo militare leggero
    e guardava le facce e ascoltava le voci, si buttava nelle mischie e arrivava a distanza
    zero, parlava e rideva, metteva in gioco tutto quello che aveva. Non pensava neanche di
    poter essere invadente, perché la sua fame di contatto le faceva spargere intorno a sé
    segnali di amicizia e gratitudine e disponibilità con tale profusione da travolgere qua-
15 lunque resistenza. Era disposta a fare la buffona, pur di diventare amica di qualcuno;
    era disposta a recitare poesie e cantare canzoni in piedi su un tavolo. (...)
    Ovunque andasse e in qualunque situazione si trovasse, le sembrava di incontrare per
    miracolo persone che senza la minima esitazione definiva «grandi» o «fantastiche» o
    «stupende». La sua incapacità di discriminare le impediva di cogliere tratti negativi che
20 avrebbero tenuto lontano chiunque altro, finché non le capitava di andarci a sbattere
    contro lei stessa. Ogni tanto cercavo di farle capire che si sbagliava, ma non c'era verso;
    e anzi uno dei suoi grandi dispiaceri ricorrenti era proprio il fatto che tutti i suoi amici
    non andassero d'accordo tra loro.

    (da *I veri nomi* di A. De Carlo)

*Scrivi tutte le informazioni che trovi su Luna Avogadro
e confrontati poi con un compagno.*

nome	Luna Avogadro
origine del nome	
caratteristiche fisiche	
carattere	
rapporto con il narratore	

9 Un po' di lessico

*Ecco alcune espressioni presenti nel testo con l'indicazione della riga in cui si trovano.
Uniscile ai loro significati.*

a. buttarsi nelle mischie (r. 11)   cercare di essere divertente
b. arrivare a distanza zero (r. 11)   rischiare
c. mettere in gioco (r. 12)   avvicinarsi molto a qualcuno
d. fare il buffone (r. 15)   non esserci niente da fare
e. non esserci verso (r. 21)   andare in mezzo alla gente senza paura

E 4

10 Riflettiamo

*Rileggi il testo e sottolinea le sei forme al congiuntivo, scrivile poi nella
colonna di destra della tabella. Scrivi nella colonna di sinistra l'elemento della
frase che determina l'uso di ogni congiuntivo.*

il congiuntivo è determinato da ...	forme al congiuntivo

E 5·6

11 I migliori amici sono ...

*Metti una X sulle affermazioni con cui sei d'accordo e confrontati
poi in gruppo, motivando, dove possibile, le tue risposte.*

I migliori amici sono quelli che

- ☐ sono disposti sempre ad ascoltarti
- ☐ ti danno sempre ragione
- ☐ sono sempre disponibili
- ☐ sanno capire anche i tuoi momenti no
- ☐ ti accettano per quello che sei
- ☐ hanno i tuoi stessi interessi
- ☐ sono disposti a dire una bugia per te
- ☐ ti accompagnano a fare shopping

- ☐ tollerano le persone a te care
- ☐ sopportano i tuoi difetti
- ☐ hanno un carattere simile al tuo
- ☐ sono disposti a prestarti soldi o altre cose
- ☐ sanno mantenere un segreto
- ☐ hanno i tuoi stessi gusti
- ☐ ti criticano, quando necessario
- ☐ sono sempre solidali con te

E 7

12 Una persona «speciale»

*Descrivi – per iscritto – una persona «speciale» (un amico, un collega, un vecchio
compagno di giochi, ecc.). Ispirandoti al testo di De Carlo racconta come e dove
hai conosciuto questa persona, descrivine il carattere e l'aspetto fisico e racconta
che tipo di rapporto hai o avevi con lei.*

13 Hai saputo che ...?

*Ascolta e completa la tabella.
In quale conversazione si parla di ...*

CD 21

	a.	b.	c.	d.
un litigio				
una separazione				
un'assunzione				
un nuovo incontro				
un licenziamento				
una vacanza				
un trasferimento				
un rapporto d'amicizia				

14 Gli ha detto che ...

E ora ascolta di nuovo i primi tre dialoghi e completa con le forme mancanti.

Discorso diretto	**Discorso indiretto**

Discorso diretto

«Dovrà cambiare sede, dovrà andare a lavorare a Latina.»

«La cosa mi stupisce molto perché io qui mi trovo bene e sinceramente pensavo che anche voi foste contenti di me.»

«Mi presti qualcosa per il matrimonio di Daniela?»

«Beh, perlomeno per il matrimonio di un'amica qualcosa te la potresti pure comprare!»

«Trovati subito un'altra casa!»

Discorso indiretto

Il capo gli ha detto che _____ _____ cambiare sede, che _____ _____ andare a lavorare a Latina.

Lucio gli ha risposto che la cosa ____ _____ molto perché ____ ____ ____ _____ bene e sinceramente _____ che anche _____ _____ contenti di _____.

Catia le ha chiesto ___ ____ _____ qualcosa per il matrimonio di Daniela.

Francesca le ha risposto che perlomeno per il matrimonio di un'amica qualcosa ___ ____ _____ pure _____ comprare.

Pare che Giulia gli abbia detto ___ _____ subito un'altra casa.

9

E 8·9
10·11

15 Hai sentito ... ?

In coppia scrivete un dialogo per una delle seguenti situazioni. Riferite poi a un terzo compagno gli scambi di battute. Raccontate cosa è successo, cosa si son dette le persone e come è andata a finire la storia.

E 12

Per comunicare

Mi fanno ridere/mi mettono di buon umore
(i film di Benigni).
Mi innervosisco quando (la gente arriva in ritardo).
Ma possibile che (devi buttar via sempre tutto)?
La prossima volta preferirei che tu me lo chiedessi.
Che fine ha fatto (il vaso della zia)?
Non è che io sia poi così disordinato!
Una cosa è (mettere in ordine) e un'altra (buttar via)!
Hai saputo/sentito che ...?
Pare/Sembra che gli abbia detto …

Grammatica

L'uso dei tempi del congiuntivo

Penso che **abbia** ancora la sua 500.
(nello stesso momento)
Penso che **sia** già **partito.**
(prima)

*Dopo una frase principale con un verbo all'indicativo
presente o futuro e all'imperativo, nella frase secondaria
si usa il congiuntivo presente per esprimere un'azione
contemporanea e il congiuntivo passato per esprimere
un'azione anteriore a quella della frase principale.*

Pensavo che **avesse** ancora la sua 500.
(nello stesso momento)
Pensavo che **fosse** già **partito.**
(prima)

*Dopo una frase principale con un verbo all'indicativo
passato, nella frase secondaria si usa il congiuntivo
imperfetto per esprimere un'azione contemporanea
e il congiuntivo trapassato per esprimere un'azione
anteriore a quella della frase principale.*

Preferirei che me lo **chiedessi.**

*Dopo una frase principale con un verbo o un'espressione
che indica volontà, dubbio o insicurezza al condizionale
presente, nella frase secondaria si usa il congiuntivo
imperfetto per esprimere un'azione contemporanea.*

Uso del congiuntivo

Il congiuntivo si usa

→ *con gli indefiniti come* **qualunque, qualsiasi,
chiunque, dovunque**

In **qualunque/qualsiasi** situazione **si trovasse,**
incontrava persone stupende.
Comunque vada l'esame, si è meritato questa vacanza.

→ *con le congiunzioni* **prima che, come se, sebbene, a
condizione che** ...

Gli telefono **prima che parta.**
Il padre l'aveva chiamata così, molto **prima che** la
cultura alternativa **desse** una diffusione a quel nome.

→ *nelle frasi relative se nella frase principale compare
l'aggettivo* **unico/solo**

Era l'**unica**/la **sola** donna **di cui sia riuscito** a
diventare amico.

→ *dopo l'espressione* **il fatto che**

Le dispiaceva **il fatto che** gli amici non **andassero**
d'accordo.

Prima che – prima di

Ti telefono **prima di partire**.   (io … io)
Ti telefono **prima che** tu **parta**.   (io … tu)

*Se il soggetto della frase principale e di quella secondaria
temporale è lo stesso, si usa **prima di** + **infinito**, se il
soggetto è diverso si usa **prima che** + **congiuntivo**.*

Discorso indiretto (2)

«La cosa mi **stupisce**.»
Giulia **rispose** che la cosa la **stupiva**.

«**Sei stato** bravo.»
Giulia **rispose** che **ero stato** bravo.

«**Dovrò** cambiare sede.»
Giulia **rispose** che **avrebbe dovuto** cambiare sede.

«**Potresti** comprarti qualcosa.»
Giulia **rispose** che l'amica **avrebbe potuto** comprarsi
qualcosa.

«**Trovati** subito un'altra casa!»
Giulia **rispose di trovarsi** subito un'altra casa.
Giulia **rispose che si trovasse** subito un'altra casa.

«Pensavo che **foste** contenti di me.»
Giulia **rispose** che pensava che (loro) **fossero** contenti
di lei.

*Quando si passa da un discorso diretto a un discorso
indiretto possono cambiare alcuni elementi del discorso.
Se il discorso indiretto è introdotto da una frase
principale al passato, cambiano anche i tempi verbali.*

presente	→	imperfetto
(indicativo/congiuntivo)		(indicativo/congiuntivo)
passato prossimo	→	trapassato prossimo
futuro semplice	→	condizionale passato
condizionale presente	→	condizionale passato
imperativo	→	di + infinito
		che + congiuntivo imperfetto
imperfetto	→	imperfetto
(indicativo/congiuntivo)		(indicativo/congiuntivo)

*Cambiano inoltre alcune espressioni di tempo e altre
parti del discorso.*

pronomi personali	io →	lui/lei
pronomi possessivi	mio →	suo
avverbi	qui/qua →	lì/là
	ieri →	il giorno prima/ precedente
	oggi →	quel giorno
	domani →	il giorno dopo/ seguente, l'indomani
pronomi dimostrativi	questo →	quello
l'aggettivo **prossimo**	prossimo →	seguente
espressioni con **fra** (temporale)	fra 2 giorni →	dopo 2 giorni

Frase interrogativa indiretta

«Mi presti qualcosa?»
Catia le **ha chiesto** se le **prestava** qualcosa.

*Per le frasi interrogative indirette valgono le stesse regole
del discorso indiretto. In questo caso la frase secondaria è
introdotta dalla congiunzione **se**.*

«Ti trovi bene qui?»
L'amica le chiese se **si trovava** bene lì.
L'amica le chiese se **si trovasse** bene lì.

*In una frase interrogativa indiretta può cambiare anche
il modo del verbo, un indicativo può diventare un
congiuntivo. Si tratta comunque di una scelta stilistica
della persona che parla.*

9

Italia da scoprire

 1 Quiz

*Qui di seguito trovi alcune domande sull'Italia. Rispondi, dove puoi,
o formula la domanda appropriata.*

	risposta	domanda
il numero delle regioni italiane	*20*	*Sai quante regioni ha l'Italia?*
le regioni non bagnate dal mare		
la regione più piccola		
la regione con Potenza		
la regione a cui appartengono Capri e Ischia		
le regioni a cui appartiene il Lago di Garda		
la città in cui ha sede il Governo		
il partito attualmente al Governo		
l'attuale Presidente della Repubblica		
i due Stati che appartengono geograficamente, ma non politicamente all'Italia		
l'anno della riunificazione dello Stato italiano		

E 1

*Poni adesso le domande a diversi compagni e completa la tabella con
le risposte che ti mancano. Confronta poi in plenum.*

2 Consigli di viaggio

Leggi il seguente testo e completa la tabella.

Chi viene da Milano raggiunge Orta, la «capitale», dopo circa 70 chilometri percorsi con l'autostrada A8 dei Laghi (uscita Arona). In alternativa, si può seguire l'autostrada Milano-Torino fino a Novara, prendendo poi la statale 229 in direzione Gozzano. Per arrivare quindi all'isola di San Giulio, si prendono i battelli della Società di navigazione lago d'Orta (0322/84.48.62), in partenza da Orta o Pella.

Nel centro di Orta non si può entrare con le auto, che vanno lasciate nei parcheggi a nord dell'abitato. Il divieto rende ancora più bello passeggiare per il paese, la cui scoperta è una vera sorpresa, soprattutto per i tanti palazzi signorili, con cortili e giardini. In piazza Motta il gioiello è il palazzo della Comunità, affrescato nel '500. La parte superiore di Orta ruota invece intorno alla Scalinata della Motta, a sua volta costeggiata da begli edifici. In cima alla scalinata scenografica c'è la chiesa di Santa Maria Assunta.

La regione del lago d'Orta è un'ideale palestra per molteplici attività sportive. Tra esse spiccano le gite in bicicletta, anche se non esistono piste apposite. Per informazioni sul noleggio delle bici: 0322/ 967415.

All'imbarcadero di piazza Motta il signor Piero noleggia barche a remi; per quelle a motore niente da fare: il lago d'Orta non le ama. Tante le opportunità per coloro che amano le passeggiate. La più frequentata è quella che porta al colle della torre di Bucciona, un torrione in pietra risalente al XII secolo che sovrasta il paese di Orta, la sua penisola e l'intero lago.

Belli e interessanti i libri antichi offerti da Scriptorius, in via Olina 20; invece da Penelope, in Piazza Motta 26, si possono trovare tessuti artigianali. Nico's è un negozio elegante con pezzi d'antiquariato e oggettistica d'epoca.

(da *Bell'Italia* n° 192, aprile 2002 di Auretta Monesi)

10

Come si raggiunge	Cosa si può vedere	Cosa si può fare	Informazioni utili

E 2·3
4

> Le auto **vanno lasciate** nei parcheggi. = devono essere lasciate

> Il divieto rende ancora più bello passeggiare per il paese, **la cui scoperta** è una vera sorpresa.

3 Dove ...?

In coppia e a turno, formulate delle domande secondo il modello.

lasciare la macchina   nel parcheggio

■ Dove si deve lasciare la macchina?
▼ La macchina va lasciata nel parcheggio.

comprare i biglietti	ad Arona
pagare la multa	alla cassa automatica
depositare i bagagli	a nord dell'abitato
lasciare le macchine	in portineria
prendere l'uscita per Orta	fuori dalla zona pedonale
parcheggiare le moto	al Comando di Polizia Municipale

4 Impressioni

Formate dei gruppi di persone che hanno visitato gli stessi posti in Italia (o in un altro Paese). Confrontate gli itinerari fatti, i monumenti visitati, le impressioni, ecc.

CD 22

5 Alla scoperta di ...

Ascolta e segna sulla cartina le attrazioni turistiche che vengono nominate.

(© GEOnext -
Istituto Geografico
De Agostini, 2003)

Quali informazioni vengono date sui seguenti luoghi? Riascolta e completa la tabella.

Palazzo Reale	Duomo	Museo Egizio	Mole Antonelliana

Ascolta ancora una volta e rispondi alle seguenti domande.

Che cos'è «il bicerìn»?
Quali manifestazioni culturali hanno luogo a Torino?

6

Sai che cos'è ...?

Abbina le parole alla spiegazione corrispondente.

1. Confetti	a. Carne di manzo salata ed essiccata. Specialità della Valtellina.
2. Pinzimonio	b. Bibita analcolica preparata con acqua, zucchero e aromatizzata a base di un frutto.
3. Bresaola	c. Dolce di mandorle tostate in un impasto di miele, zucchero e bianco d'uovo.
4. Stracchino	d. Piccolo dolce di zucchero cotto, di forma ovale contenente mandorle, pistacchi o nocciole.
5. Chinotto	e. Condimento di olio, pepe e sale in cui si intingono alcune verdure tipo finocchi e carote.
6. Torrone	f. Formaggio tenero prodotto con latte di vacca tipico della Lombardia.

E 5

7

L'ufficio del turismo

*A turno fate finta di lavorare per l'ufficio del turismo di una città a vostra scelta
(la vostra o un'altra che conoscete bene). Informate l'altro – il turista – su ciò
che può vedere, visitare, fare, comprare, ecc.*

8 I luoghi del cuore

Il quotidiano «la Repubblica» ha promosso un'iniziativa chiamata «I luoghi del cuore», un forum in cui si invitano i lettori a segnalare luoghi, a loro cari, minacciati dalla speculazione, dal turismo di massa o dall'incuria dello Stato. Qui di seguito trovi alcune segnalazioni. Leggile.

Conero

Stretto di Messina

Valle alpina

10

CONERO (ANCONA)

Viva il Conero: ho vissuto ad Ancona per nemmeno un anno, ma è stato abbastanza per farmi innamorare. Ora vivo a Londra e quei magici colori mi mancano ogni giorno e tornano a perseguitarmi nelle tante giornate grigie e di pioggia. Dobbiamo fare di tutto affinché quel paradiso terrestre rimanga tale, a dispetto delle carrette del mare e di coloro che non hanno rispetto per la natura.
Francesca

NURRA (SASSARI)

Vorrei segnalare uno dei luoghi che più mi ha fatto vivere l'impressione del primitivo rapporto tra uomo e mare. Si tratta del villaggio Nurra, in provincia di Sassari. Luogo di bellezza struggente, isolato, ma non lontano. Si è riusciti ad evitare fino ad ora che la speculazione edilizia avesse la meglio su quel paradiso, ma quest'estate ho avuto modo di notare curiosi movimenti di mezzi, tipo ruspe e gru. Evitiamo di perdere quel poco che ci rimane.
Giovanni, Oristano

LO STRETTO DI MESSINA

Reggio Calabria (Calabria)
È un luogo paesaggistico unico nel suo genere che comprende ben due regioni, due coste marine, una parte composta da laghi (Ganzirri) e una flora e fauna che meritano di essere preservate. Verrà tutto compromesso dal ponte che, stante l'esperienza del tunnel nella Manica, rischia di essere assolutamente inutile.
Clelia

LAGO DI VICO (VT)

Desidero segnalarvi il luogo a cui, in questo momento, sono più legata. Si tratta del Lago di Vico, sui Monti Cimini, tra Viterbo e Roma. Solo per 3/4 è una riserva naturale ricca di fauna tipica; il resto è un centro residenziale in continua espansione.
Annalisa

VAL JUMELA (TRENTO)

La Val Jumela è una valle alpina incontaminata (laterale della Val di Fassa – Trentino) di ricchissimo patrimonio ambientale. La Provincia Autonoma di Trento ne sta programmando la devastazione attraverso la realizzazione di impianti di risalita e nuovi comprensori sciistici. La zona è già economicamente ricca ed abbonda di strutture turistiche, quindi non necessita di ulteriori speculazioni. Salviamo la natura propria delle Dolomiti!
a.b.

PONT (VAL SAVARANCHE)

Vi segnalo la località Pont in alta Val Savaranche (AO). È un prato, dove finisce la strada, un parcheggio e un piccolo albergo. In estate il prato è un campeggio piccolo e ordinato. Vi si trova solo gente amante della montagna, silenziosa, motivata e rispettosa. In primavera gli stambecchi popolano lo spiazzo che serve da parcheggio. Le volpi vengono alla porta del camper a chiedere cibo. Di notte c'è solo il rumore del torrente. È il posto più bello del mondo.
Gianni

Si è riusciti ad evitare la speculazione edilizia.

Completa la tabella.

luogo segnalato	regione in cui si trova	aspetti positivi segnalati	aspetti negativi/pericoli segnalati

E 6·7
8

9 Mare, monti ...

Osserva il disegno e abbina le parole al numero corrispondente.

E 9

collina ☐   costa ☐   isola ☐

lago ☐   montagna ☐   ponte ☐

spiaggia ☐   torrente ☐   valle ☐

> Dobbiamo fare di tutto **affinché/perché** quel paradiso **rimanga** tale.

10 Affinché ...

In coppia scrivete, per ogni situazione, una frase secondo il modello.

> la gente imparare ad apprezzare la propria regione ...
> Affinché la gente impari ad apprezzare la propria regione
> si possono / si potrebbero organizzare visite guidate.

la gente rispettare la natura   _____

la vacanza andare bene   _____

gli altri capirci   _____

il lavoro non essere troppo noioso   _____

E 10
11   la lezione essere divertente   _____

12   una festa riuscire   _____

11 Il tuo luogo del cuore

E 13

Il giornale della tua città ha promosso un'iniziativa simile a quella del quotidiano la Repubblica. Intervieni e segnala – per iscritto – il tuo luogo del cuore.

Per comunicare

Dove va lasciata la macchina/vanno depositati i bagagli?

Dobbiamo fare di tutto per (+ inf.)/affinché (+ cong.)

Si deve fare in modo che la speculazione non abbia la meglio su (…).

È in continua espansione.
A quel luogo sono molto legato.
Non necessita di …
Abbonda di …
Serve da …
È unico nel suo genere.

Grammatica

Forma passiva con il verbo *andare*

Le auto **vanno** lasciate nei parcheggi.
(= **devono essere** lasciate)
Il problema **andrà** discusso. (= **dovrà essere** discusso)
L'errore **andava** corretto. (= **doveva essere** corretto)

*Per formare il passivo si può usare anche il verbo **andare** + il participio passato del verbo principale. Questo passivo ha però un significato di dovere o necessità e può essere usato solo con i tempi semplici (ad eccezione del passato remoto).*

Il cui/la cui/i cui/le cui

Il divieto rende ancor più bello passeggiare per il paese, **la cui scoperta** è una vera sorpresa.
(la scoperta del paese)

Il cui/la cui/i cui/le cui significa del quale/della quale/dei quali/delle quali.

Perché / affinché

Dobbiamo fare di tutto **perché/affinché** quel paradiso **rimanga** tale.

*La congiunzione **perché** può avere il significato di **al fine di, allo scopo di**. In questo caso può essere sostituita da **affinché** e il verbo che segue è sempre al congiuntivo.*

La forma impersonale dei tempi composti

A quella festa **si è** proprio **bevuto** molto.   (**ho** bevuto)
Si è riusciti a evitare la speculazione edilizia.
(**sono** riuscito)

*I tempi composti della forma impersonale si formano sempre con l'ausiliare **essere**. Il participio passato resta invariato se il verbo principale nella forma personale forma il passato prossimo con **avere**. In caso contrario il participio passato si declina al maschile plurale.*

A quella festa **si sono bevute** molte bottiglie di vino.
(**ho** bevuto + oggetto diretto)

Se nella frase compare l'oggetto, allora il participio passato concorda con questo.

La forma impersonale con *essere*

Se **si è amici**, ci si dovrebbe aiutare.
Non **si** dovrebbe essere troppo **categorici**.

*Con il verbo **essere** i sostantivi e gli aggettivi si usano al plurale.*

10

Ieri, oggi ...

Alcuni oggetti come la macchina, il telefono, la TV, il computer, la lavatrice hanno cambiato in modo determinante la nostra vita.
Oltre a queste grandi invenzioni ce ne sono tante altre, forse più piccole, ma altrettanto importanti, che appartengono oggi al nostro quotidiano.
Leggine la descrizione e abbinala alla foto corrispondente.

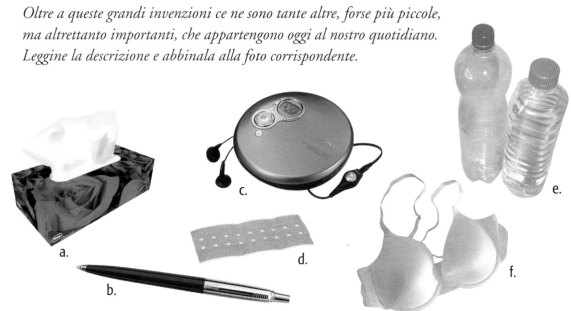

a. b. c. d. e. f.

3

_____ Pare che la creazione del celebre indumento femminile si debba all'americana Mary Jacob. Nel 1913 a Parigi, alla signora, invitata a una festa elegante, non piaceva come l'abito le aderiva al seno. Così prese due fazzoletti, li unì con un nastro e li usò per sorreggere il seno.

_____ Fu il giornalista ungherese Laslo Biro a inventare, nel 1938, il meccanismo composto da un piccolo serbatoio d'inchiostro, con alla base una sfera che, ruotando, lascia tracce sulla carta.

_____ Durante la prima guerra mondiale, nelle infermerie, al posto del poco cotone si usava una carta morbida e molto assorbente prodotta dalla cartiera Kimberly-Clark. Soltanto nel 1924, però, si scoprì che questa carta era perfetta anche per soffiarsi il naso.

_____ Comparve per la prima volta sul mercato nel 1975 e divenne ben presto sinonimo di praticità. È fatta di politene, un materiale messo in commercio nel 1933 negli Stati Uniti. Oggi è sotto accusa come una fra le principali responsabili dell'inquinamento.

_____ Si deve la sua scoperta alla moglie distratta di un ricercatore della Johnson & Johnson. La signora, infatti, non faceva che tagliarsi in cucina. Così il marito, per medicarla, decise di mettere insieme garza e nastro adesivo. Era il 1920.

_____ Akio Murita, il fondatore della Sony, amava ascoltare musica e al tempo stesso giocare a golf. Due passioni inconciliabili, almeno fino a quando la sua società non inventò un piccolo apparecchio alimentato a batterie, capace di riprodurre musicassette. Il successo fu strepitoso.

Indovina cos'è?

In piccoli gruppi scrivete un testo simile a quelli letti. Descrivete uno degli oggetti rappresentati qui sotto o un altro a vostra scelta. Spiegatene la funzione, eventualmente la storia ecc. Gli altri dovranno indovinare di cosa si tratta.

3

Gesti

Che cosa significano questi gesti? Abbinali al significato corrispondente.

___ Indica minaccia. È un gesto informale e si usa spesso con i bambini per minacciare una punizione o con amici e conoscenti in tono scherzoso.

___ Indica il proprio allontanamento o quello di altre persone.

___ Indica amicizia, accordo o intesa tra due persone.

___ Indica indifferenza.

___ Indica stupidità o pazzia di altri o nega la propria.

___ Usato per augurare fortuna.

___ Usato per scongiurare qualcosa.

___ Indica inimicizia, disaccordo tra due persone.

Quali delle seguenti frasi potrebbero accompagnare i gesti che hai visto?

«Quei due se la intendono!»   «In bocca al lupo!»

«Io taglio la corda ...»   «Quei due sono come cane e gatto!»

«Chi se ne importa!»   «Tie'!»

«Ma fossi scemo?»   «Guarda che le prendi!»

*Conosci altri gesti tipici degli italiani? Ci sono, nel tuo Paese,
dei gesti simili che hanno però un significato completamente diverso?
Parlane in plenum.*

Stampa italiana

Hai mai letto, o leggi, giornali italiani?
Conosci alcuni dei seguenti quotidiani o riviste?

A che tipo di stampa appartengono?

periodici di economia	
quotidiani	
riviste settimanali di carattere generale (politica, economia, cultura, società)	
riviste femminili	
riviste di tipo specialistico	

E adesso intervista un compagno. Chiedigli

quali giornali o riviste legge abitualmente
quali parti del giornale sono più interessanti per lui (politica interna, politica estera, cronaca, sport, commenti, lettere dei lettori, economia, pagina culturale, previsioni del tempo, oroscopo)
quali salta completamente
se ha mai sfogliato un giornale o una rivista italiani (se sì, cosa ne pensa)

5

Fare e ricevere regali

Rispondi a queste domande e confronta poi in plenum.

	sì	no	dipende
Nel tuo Paese normalmente			
si porta una bottiglia di vino quando si è invitati a pranzo/cena.	☐	☐	☐
si regalano dei dolci quando si è invitati a pranzo/cena.	☐	☐	☐
si portano dei fiori a una persona che sta in ospedale.	☐	☐	☐
il regalo che si riceve si scarta subito.	☐	☐	☐
si scrive un bigliettino di ringraziamento dopo un invito a pranzo/cena.	☐	☐	☐
si regalano fiori anche a uomini.	☐	☐	☐

E adesso leggi cosa dice il Galateo a proposito del fare o ricevere regali.

Cosa regalare o non regalare:

• non si regalano oggetti attorno a cui aleggia una superstizione negativa: pettini, fazzoletti, forbici, spille e oggetti appuntiti, piume, lampade. Le saliere invece godono fama di portafortuna;
• non si mandano bottiglie alle signore, né fiori o piante agli uomini;
• i regali molto personali (creme e prodotti di bellezza, biancheria) qualche volta imbarazzano chi li riceve, se non è molto in confidenza con il donatore; i profumi invece non sono considerati «intimi»;
• non si inviano regali a persone influenti che ci hanno fatto un piacere, meglio esprimere la nostra riconoscenza con una breve lettera di ringraziamento;
• sempre graditi sono i cestini di specialità gastronomiche, formaggi, salumi, dolci tradizionali, frutta. Se li offriamo come ringraziamento per un invito dobbiamo accompagnarli con un bigliettino.

Chi consegna un regalo di persona

• non lo dà in presenza di altri ospiti, per non imbarazzare quelli che si sono presentati a mani vuote;
• non lo commenta, né motiva la propria scelta né tanto meno accenna al prezzo o al valore dell'oggetto.

Chi riceve un regalo

• se è a quattr'occhi con il donatore, apre subito il pacco e ringrazia calorosamente;
• se invece sono presenti altri ospiti, ringrazia a bassa voce aggiungendo che aprirà il pacco non appena possibile. Più tardi troverà un momento per farlo e per rinnovare i ringraziamenti; oppure telefonerà l'indomani.

Ci sono delle differenze con le abitudini del tuo Paese? Ci sono delle «regole» che ti sembrano superate? Parlane in plenum.

1   Metterci o mettersi?

Completa le frasi con il verbo e il tempo appropriato.

1. Filippo, quante ore _____ ieri a studiare tutti quei vocaboli a memoria?
2. Se Mario _____ a studiare un po' di più, non ha di certo difficoltà!
3. Ma _____ sempre così tanto a prepararvi?
4. L'anno scorso Linda _____ a frequentare un corso di cinese.
5. Adesso vogliamo _____ a studiare con più impegno.
6. È fondamentale che (Lei) _____ a lavorare con i nostri partner tedeschi.

2   Prima di ...

Trasforma le frasi secondo il modello.

Mi lavo le mani e poi mi metto a tavola.   `Prima di mettermi a tavola mi lavo le mani.`

1. Faccio benzina e poi parto.   _____
2. Mi lavo i denti e poi vado a letto.   _____
3. Spegne la TV e poi va a dormire.   _____
4. Abbiamo controllato bene i bagagli   _____
   e poi siamo partiti.   _____
5. Si è riposato un po' e poi ha cominciato a studiare. _____
6. Ci informeremo sul prezzo e poi prenoteremo _____
   il biglietto.   _____

3   Povero direttore!

Completa con il trapassato prossimo.

Il dottor Fantozzi, prima di partire per un congresso all'estero, ha lasciato alla sua

segretaria una lista di cose da fare. Quando è tornato ha scoperto che la signorina Rossi

non (aprire) _____ la posta, (dimenticarsi) _____

di contattare il dottor Fronza, non (leggere) _____ le mail, (trascorrere)

_____ il tempo facendo solo parole incrociate, non (andare)

_____ in banca e (usare) _____ l'ufficio per fare dei festini.

4 Cos'era successo prima?

Completa le frasi con i seguenti verbi al trapassato prossimo, come nell'esempio.

arrangiarsi – essere – f~~ar~~e – leggere – mangiare – prendere – uscire – vedere

1. Quando Mary è arrivata qui, parlava bene l'italiano perché `aveva` già `fatto` dei corsi all'università.
2. Non era la prima volta che andavano all'estero. _____ già _____ in Brasile l'anno prima.
3. Aveva gli occhi tutti rossi, perché _____ _____ tutto il giorno.
4. Prima di andare dal medico, Carla _____ già _____ diverse medicine, ma inutilmente.
5. Oggi ho incontrato Giuseppe, ma l' _____ già _____ lunedì scorso.
6. Non l'ho trovata in casa. _____ già _____ alle 8.
7. Guido non ha voluto neanche un panino. _____ già _____ a casa sua.
8. Non c'è stato bisogno di aiutarli. _____ già _____ da soli.

5 Leggete testi in cui …

Sostituisci cui *con* il/la quale, i/le quali, *come nell'esempio.*

Leggete testi (in cui) `nei quali` la lingua sia usata in maniera naturale.

1. Trascrivete le frasi (di cui) _____ non capite esattamente il significato e chiedete poi all'insegnante.
2. Vi siete mai trovati in situazioni (in cui) _____ non siete riusciti a dire nemmeno una parola in italiano?
3. Quello è il ragazzo (di cui) _____ ti ho parlato ieri.
4. La discoteca è un luogo (in cui) _____ è semplice fare nuove conoscenze.
5. La famiglia (per cui) _____ ha lavorato per anni si è trasferita in Francia.
6. Ti presento gli amici (con cui) _____ sono stata in Giappone.
7. Secondo te è un posto di lavoro (per cui) _____ è necessaria la laurea?
8. Porsi degli obiettivi chiari e realistici, seguire il proprio ritmo è uno dei metodi (con cui) _____ si possono fare dei progressi nell'apprendimento delle lingue straniere.

6 Il quale/i quali

Completa con quale/quali. *Aggiungi anche l'articolo e
la preposizione adatta, come nell'esempio.*

1. Quella è una zona `nella quale` si vive davvero bene.

2. Conosco quell'uomo, _____ però non ricordo più il nome.

3. Sono persone socievoli, _____ però non mi trovo molto bene.

4. Sai che la ragazza, _____ mi hai parlato ieri, si è trasferita a Milano?

5. È un libro molto interessante, _____ si parla di arte moderna.

6. Il mio fidanzato è una persona _____ mi fido in modo assoluto.

7. Ho letto diversi articoli _____ si parlava di musica italiana.

7 Almeno credo …

Trasforma le frasi secondo il modello.

Forse la grammatica è nel primo scaffale.   `La grammatica` *dovrebbe essere* `nel primo scaffale.`

1. Forse domani c'è il sole.   _____

2. Forse il prossimo anno mi laureo.   _____

3. Forse in estate partiamo per le Maldive.   _____

4. Forse al corso si iscrivono 30 persone.   _____

5. Forse arrivano verso le 8.   _____

6. Forse oggi finisco questi esercizi.   _____

8 Pronomi combinati

Completa la tabella.

	+ lo	+ la	+ li	+ le	+ ne
mi	me lo				
ti		te la			
gli/le/Le			glieli		
ci				ce le	
vi					ve ne
gli	glielo				

9 Completa le frasi con i seguenti pronomi.

glieli – glielo – gliene – me l' – me li – te ne – ve lo

1. Questi tappeti _____ ha portati Rebecca dalla Turchia.
2. Questo quadro _____ hanno regalato al mio matrimonio.
3. Vorrebbe vedere i miei francobolli, ma _____ mostrerò quando avrò più tempo.
4. Vuole che gli restituisca il libro, ma io sono sicuro che _____ ho già ridato!
5. Ragazzi, venite, il caffè _____ offro io!
6. Ai miei genitori piace la birra e così, quando sono andata in Germania, _____ ho comprate due casse.
7. Dici di non saperne niente, ma io _____ ho già parlato!

10 Pronomi in coppia

Completa le domande con i pronomi combinati.

1. Ma a Gianni _____ avete detto che stasera io non ho tempo?
2. Scusi, quelle scarpe nere in vetrina non _____ potrebbe far vedere?
3. Paolo, il libro _____ sei dimenticato di nuovo?
4. Scusi, del dolce _____ potrebbe portare un altro pezzo?
5. Ma sentite, del mio problema non _____ avevo già parlato?
6. Professore, non abbiamo capito bene i pronomi combinati.

   Non _____ può spiegare di nuovo?

Infobox

Agli stranieri piace sempre più …

Sempre più stranieri scelgono l'italiano come materia di studio all'estero. Così, anche se è appena la 19esima lingua più parlata al mondo (da circa 120 milioni di persone), ben il 52% di questi «italofoni» sono stranieri. Il che significa che, tra le lingue più studiate dagli stranieri, l'italiano risulta al 4° posto a livello mondiale (dopo inglese, francese e spagnolo). Tanto che – dal '95 ad oggi – gli studenti che l'hanno scelta sono il 40% in più, i corsi organizzati dagli Istituti Italiani di Cultura sono ormai 4.000, le sedi all'estero della Società Dante Alighieri più di 500. Quali le ragioni di questo boom? La grande tradizione culturale del nostro Paese, la sua storia, il suo patrimonio artistico. E poi l'affermazione del made in Italy nella moda, nella musica, nella gastronomia. E, infine, la grande capacità di attrazione turistica della Penisola.

11 Ad ogni domanda la sua risposta

Abbina domande e risposte e completa queste ultime con i pronomi combinati.

1. Hai già spedito la lettera a tua sorella?
2. Lo dici tu ai tuoi che andremo insieme in vacanza?
3. Mara ti ha già accennato al* problema?
4. Dove mi hai lasciato la macchina?
5. Quando ci spedirete il libro?
6. Quando vi riporta i temi di matematica il professore?
7. Hai visto ieri quel film in TV?
8. Ma quante rose le hai regalato?
9. Scusi, dove sono i libri d'arte?

a. Sì, _____ ha parlato stamattina.

b. Un attimo, _____ faccio vedere subito.

c. _____ invieremo lunedì.

d. Sì, non _____ parlare! Bruttissimo!

e. _____ ha già riportati oggi!

f. No, _____ spedirò domani.

g. _____ ho parcheggiata** davanti a casa.

h. Chiaro, _____ parlerò io!

i. _____ ho regalate dodici.

* accennare a = parlare brevemente di qualcosa
** parcheggiare = fermare la macchina in un posto

12 Ancora pronomi

Completa le frasi con i pronomi combinati.

1. ■ Mi presti quel CD?

   ▼ Ah, ti piace? Se vuoi _____ regalo.

2. ■ Hai chiesto ai tuoi di lasciarti uscire la sera?

   ▼ Certo, _____ ho domandato mille volte, ma loro mi rispondono sempre che sono troppo giovane.

3. ■ Ti interessi di computer?

   ▼ Sì, _____ interesso da almeno 10 anni.

4. ■ Ti ha già accennato alla situazione?

   ▼ Sì, _____ ha parlato ieri.

5. ■ Vi avevo già detto che Luigi è arrivato?

   ▼ Sì, _____ hai già detto stamattina!

6. ■ Hai portato la macchina dal meccanico?

   ▼ Sì, e per fortuna _____ ha riparata in un paio d'ore.

7. ■ Hai visto il nuovo motorino di Piero?

   ▼ Sì, _____ ha fatto vedere l'altro giorno.

13 Contrari

Questi aggettivi ti sono già noti – nella loro forma negativa – da Espresso 1 o 2:
credibile – deciso – dipendente – finito – possibile – previsto – regolare – usuale – utile
Qual è il loro contrario? Scrivilo nella giusta colonna.

Dei seguenti, invece, conosci solo la forma positiva, ma riuscirai a inserirli al posto giusto
se prima completi la regola: il prefisso in- *diventa* im- *davanti a* ___, ___ *e* ___ . *Diventa*
ir- *davanti a* ___ .

adatto – capace – mangiabile – paziente – perfetto – popolare –
preciso – probabile – ragionevole

in-	im-	ir-

14 Ricapitoliamo

Perché stai studiando l'italiano? Qual è il tuo obiettivo? Quale il metodo
che preferisci? Cosa trovi divertente/utile/difficile/noioso nello studio di una lingua?
Studi l'italiano da molto tempo? Conosci altre lingue straniere? Cosa pensi
dell'uso del dialetto, dei regionalismi e dei vocaboli stranieri nella tua lingua?

Infobox

Le minoranze linguistiche in Italia

In Italia, soprattutto nelle zone di confine, per vari e complessi motivi storici, si parlano
delle lingue straniere: così in Alto-Adige si parlano il tedesco e in alcune vallate il ladino,
nel Friuli Venezia-Giulia lo sloveno, in Valle d'Aosta il franco-provenzale.
Ma esistono altri territori italiani, molto più limitati (a volte ad un solo paese), dove viene
parlato il catalano (Sardegna), l'albanese (Sicilia, Calabria e Basilicata), il serbo-croato
(Molise), il greco (Calabria e Puglia) e il sardo (Sardegna).

1 Come diciamo con altre parole?

Nel dialogo 4 a p. 22 appaiono le seguenti frasi. Collega ogni parola in corsivo con l'equivalente espressione della colonna di destra.

1. Mi *darebbe una mano*?   si deve (a)
2. Era così *comodo*!   invece di (b)
3. Così *mi tocca* andare a piedi. non ci sono (c)
4. *Bisogna* far la gimcana.   pratico (d)
5. *Anziché* costruire una banca … devo (e)
6. In effetti gli asili *mancano*!   aiuterebbe (f)

2 Mi tocca!

Sostituisci il verbo dovere *con il verbo* toccare, *o viceversa, come nell'esempio.*

Devo andare a piedi.   Mi tocca andare a piedi.

1. Oggi Sandro deve studiare tutto il giorno.   _____

2. È vero che ti è toccato stare a casa
   tutta la sera?   _____
                                                 _____

3. Domani dobbiamo partire anche se
   non ne abbiamo voglia.   _____
                                                 _____

4. Ieri a mia sorella è toccato tornare
   in ufficio dopo cena.   _____
                                                 _____

5. Spero che tu non debba ripetere l'anno!   _____

3 Cosa avresti fatto?

Completa le frasi con i verbi al condizionale passato secondo l'esempio.

guidare – ~~mangiare~~ – mettere – piacere – potere – preferire

1. La cena era stupenda. Al suo posto (io) avrei mangiato di più.

2. Italo ha avuto un incidente. Al suo posto (io) _____ più lentamente.

3. La minestra era troppo insipida. Io ci _____ più sale.

4. Davide ed Elisa sono andati in Groenlandia. Noi _____ un Paese del Sud.

5. Giuliana è andata a teatro. A Luciana _____ di più andare al cinema.

6. Dovevo studiare di più. Peccato! _____ diplomarmi con 100/100.

Esercizi

2

4 Ma purtroppo …

Ricostruisci le frasi e completale con i verbi al condizionale passato come nell'esempio.

~~andare~~   piacere   volere   dovere

accompagnare   prendere in affitto

1. Io _sarei andato_ volentieri a teatro,   ma purtroppo la mia macchina si è rotta! **(a)**

2. Carlo _____ pagare la bolletta del telefono,   ma purtroppo non c'erano più biglietti. **(b)**

3. A mia madre _____ andare in vacanza,   e invece hanno trovato solo due singole. **(c)**

4. Noi _____ quella casa al mare,   purtroppo però se ne era dimenticato. **(d)**

5. Ugo e Ada _____ una matrimoniale   purtroppo mio padre aveva troppo da fare. **(e)**

6. Signora, io L' _____ volentieri,   ma era troppo cara. **(f)**

Infobox

Così in Italia si combatte lo smog

Per cercare di risolvere il problema smog nelle (grandi) città, in Italia si stanno attuando vari provvedimenti: il blocco totale della circolazione in determinate giornate (di solito domenica); il sistema delle «targhe alterne»: in un certo giorno hanno la possibilità di circolare solo le macchine con la targa pari, il giorno seguente quelle con la targa dispari; il blocco dei veicoli non catalizzati; il «car sharing» (il sistema dell'«auto in comune, collettiva», di automobili prese in affitto che eliminerebbero dalla circolazione da 5 a 10 macchine private). Perché tutto ciò? Perché secondo recenti studi l'80% dell'inquinamento dipende dal traffico. Se si pensa che le giornate di superamento dei limiti di smog (50 microgrammi al metro cubo) nell'inverno 2002–03 sono state 52 nella sola Milano, si può capire perché la Lombardia intenda mettere fuori legge le auto non catalizzate, che inquinano 25–30 volte di più di quelle catalitiche e dare nuovi incentivi per l'acquisto di macchine ecologiche.

5 Riecco i nostri vecchietti

Completa il seguente testo, che è un riassunto del brano di p. 23,
e decidi quale parola manca.

Due vecchietti avevano deciso ___1___ attraversare una strada, per raggiungere un giardino pubblico
con un ___2___ laghetto. Ma c'era molto ___3___, perché era l'ora di punta, e i due non ___4___ ad
attraversare. ___5___ cercarono un semaforo, ma c'erano macchine anche sulle strisce pedonali e Aldo
e Alberto (questi i ___6___ nomi), anche se molto magri, non riuscivano proprio a passare.
Pensarono, dunque, di riprovare ___7___ tutti erano fermi, ma non ce la fecero ___8___ questa volta.
Così ad Aldo venne l'idea di sdraiarsi in mezzo ___9___ strada facendo finta di essere morto per permettere almeno all'amico di attraversare. Ma prima passò una macchina che lo mandò ___10___ e poi
una moto che lo riportò al punto di partenza.

1. (a) a   (b) ---   (c) di
2. (a) bell'   (b) bel   (c) bello
3. (a) traffico   (b) auto   (c) flusso
4. (a) riuscivano (b) potevano   (c) tentavano
5. (a) Mentre   (b) Allora   (c) Quando
6. (a) suoi   (b) suo   (c) loro
7. (a) quando   (b) quindi   (c) se
8. (a) nemmeno   (b) anche   (c) mai
9. (a) alla   (b) della   (c) per
10. (a) d'altra parte (b) dall'altra parte (c) da quella parte

---

Infobox

Il ticket parte tra le proteste

Dal 25 marzo 2002 è stata creata a Venezia una zona a traffico limitato per i bus turistici
(ZTL Bus). Per entrare nella città, dunque, gli autisti dovranno pagare un ticket giornalie-
ro. Il modello è analogo a quello introdotto a Firenze già nel 1999, ma ha causato molte
polemiche. Ma questa non è una novità solo italiana. Basti pensare alla zona di Londra
o a Oslo, dove il pedaggio per le auto esiste dal 1989, o a Singapore, dove il city pass
c'è già da 25 anni.

6 Passato remoto

Qui appaiono alcune forme (in parte a te sconosciute!) al passato remoto.
Inseriscile nella colonna corrispondente e completa poi la tabella.

ebbi   vedeste

venne   diede   prendemmo

chiedesti   vinse

dicemmo   scrisse

fece   fu

ottenne

vissero

	io	tu	lui, lei, Lei	noi	voi	loro
avere						
chiedere						
dare						
dire						
essere						
fare						
ottenere						
prendere						
scrivere						
vedere						
venire						
vincere						
vivere						

Completa ora la regola:

Le forme della (prima? seconda? terza?) _____ persona singolare e della _____ e _____

persona plurale sono sempre regolari.

Tutti i verbi irregolari hanno l'accento sulla (ultima? penultima? terzultima?) _____

sillaba. Solo la _____ persona _____ ha l'accento sulla terzultima sillaba.

Trascrivi ora la coniugazione di un verbo irregolare e segna con un puntino la vocale su cui cade l'accento:

rispondere: risposi, _____ , _____ , _____ ,

_____ , _____

Personaggi famosi

Completa con il passato remoto e scopri di quali personaggi stiamo parlando.

1. Donna famosa per la sua bellezza, (fare) _____ innamorare di sé molti uomini fra cui Cesare
   da cui (avere) _____ un figlio e Antonio a cui ne (dare) _____ tre. (Vivere) _____ in
   Egitto prima di Cristo.

2. Questo personaggio, nato nel 1928, (iniziare) _____ nel 1953 a prendere parte a trasmissioni
   radiofoniche dove (presentare) _____ proprie canzoni in dialetto siciliano. (Vincere)
   _____ due volte il Festival di Sanremo (nel 1958 con «Nel blu, dipinto di blu» – più nota
   con il titolo «Volare» – e nel 1959 con «Piove»). (Partecipare) _____ a vari film e più
   tardi (diventare) _____ presentatore televisivo.

3. Questa grandissima cantante lirica (essere) _____ molto famosa, ma non (avere) _____ una
   vita felice. (Sposare) _____ un italiano, ma (innamorarsi) _____ del greco
   Aristotele Onassis. Nel 1964 (lasciare) _____ il teatro. (Morire) _____ a Parigi 13 anni
   dopo.

4. Questo famoso scienziato* italiano (studiare) _____ il fenomeno dell'elettromagnetismo.
   Prima (trasferirsi) _____ in Inghilterra e poi (andare) _____ negli Stati Uniti dove
   (vivere) _____ a lungo. (Inventare) _____ la radio e per questo nel 1909 (ottenere)
   _____ il Nobel per la fisica.

* lo scienziato = lo studioso

8 Lettura

Leggi il seguente brano di Malerba.

Cesarino aveva una gran paura del passato remoto. Quando sentiva qualcuno che diceva «andai» oppure «caddi» o semplicemente «dissi», si tappava[1] le orecchie e chiudeva gli occhi. Il passato remoto secondo lui poteva andare bene sì e no quando si parlava di Nabucodonosor, di Alessandro Magno o di Federico Barbarossa, ma se lo sentiva in bocca ai suoi compagni li vedeva già morti e imbalsamati[2]. Per piacere non dire «arrivai», li pregava a metà discorso, ma nessuno gli dava retta[3]. Il passato remoto creava fra lui e i suoi amici, fra lui e il mondo, delle lontananze che lo spaventavano[4] come il buio della notte o la pioggia nella giungla[5]. (…) Era sicuro che si può vivere benissimo anche senza il passato remoto.

A scuola aveva tentato[6] in tutti i modi di rifiutarlo, ogni volta che ne trovava uno nei libri di testo lo sostituiva con un passato prossimo o un imperfetto. (…) Quando finalmente Cesarino, finita l'università, aveva incominciato a lavorare come ingegnere idraulico, il passato remoto era ormai scomparso definitivamente[7] dalla sua vita. Non lo usava mai né a voce né per scritto dimostrando che aveva ragione lui, che si può vivere benissimo senza il passato remoto, che si può ugualmente avere successo nella professione, che senza passato remoto si possono avere anche dei figli e vivere felici e contenti.

(*Il passato remoto* da *Storiette e Storiette tascabili* di Luigi Malerba)

[1] tapparsi (le orecchie) = chiudersi
[2] imbalsamati = simili a mummie
[3] dar retta a qualcuno = ascoltare
[4] spaventare qu. = mettere paura a qu.
[5] la giungla = bosco, foresta tropicale
[6] tentare di (fare) = provare a (fare), cercare di (fare)
[7] definitivamente = per sempre

Sostituisci – come fa Cesarino – il passato remoto con un passato prossimo.

passato remoto	passato prossimo
andai	
dissi	
arrivai	
chiedemmo	
deste	
ebbero	
dicemmo	
diedero	

9 Aggettivi e pronomi possessivi

a. Sottolinea i possessivi e di' se in queste frasi si tratta di aggettivi o di pronomi.

	agg.	pron.
1. Dov'è il mio ombrello?	☐	☐
2. I miei mi hanno detto che stasera non posso uscire.	☐	☐
3. Conosci l'espressione «Natale con i tuoi; Pasqua con chi vuoi»?	☐	☐
4. Mio padre mi parlava spesso della sua giovinezza.	☐	☐
5. Chi può prestarmi una penna? Non ho portato la mia.	☐	☐
6. Qui c'è solo il tuo cappotto. Il mio dov'è?	☐	☐

b. Ora rispondi. Vero o falso?

	v	f
1. Gli aggettivi possessivi (che accompagnano un nome) hanno le stesse forme dei pronomi possessivi (che sostituiscono un nome).	☐	☐
2. Gli aggettivi possessivi sono sempre preceduti dall'articolo.	☐	☐
3. Alla domanda «Di chi è / Di chi sono?» si risponde «È mio / nostro ecc.» (senza articolo).	☐	☐
4. In tutti gli altri casi i pronomi possessivi sono sempre preceduti dall'articolo (o dalla preposizione articolata).	☐	☐

10 Di chi è?

Inserisci l'articolo dove è necessario.

1. ■ Signora, scusi, è ____ Sua macchina questa?

   ▼ No, ____ mia è quella grigia piccola.

2. ■ Eva, non dirmi che questo computer è ____ tuo!

   ▼ Sì, l'ho comprato due giorni fa. E con ____ miei soldi. È proprio tutto ____ mio!

3. ■ Guardi, signora, credo che siano ____ Suoi questi occhiali.

   ▼ Oh, grazie, ____ miei occhiali! Stavo per dimenticarli.

4. ■ Senti, sono ____ tue queste forbici?

   ▼ Sì, sono ____ mie. Perché, ti servono?

5. ■ Sono ____ vostri bicchieri questi?

   ▼ No, ____ mio l'ho già portato in cucina e Paolo sta ancora bevendo.

6. ■ Non dirmi che questa foto è ____ tua!?

   ▼ Sì, sì, sono io da piccola. Anzi, è ____ mia foto preferita …

11 Perché non si fa gli affari Suoi?

Completa con un possessivo ed eventualmente l'articolo
(o la preposizione articolata), come nell'esempio.

- ■ Perché non si fa gli affari Suoi? ▼ (mio) Ai miei ci penserò io.
- ■ Di chi è questo cappotto? ▼ (mio) È mio.

1. ■ Prendiamo (tuo) _____ macchina?

   ▼ No, con (mio) _____ ci metteremmo troppo.

2. ■ Di chi sono questi occhiali?

   ▼ (Mio) _____ .

   ■ (Tuo) _____ ? E (mio) _____ allora dove sono?

3. ■ Allora, che ne dici (nostro) _____ appartamento?

   ▼ Splendido! È molto più grande (mio) _____ !

4. ■ Di chi è questa chiave?

   ▼ Credo che sia di Paolo.

   ● No, no ragazzi, non è (suo) _____ , è (mio) _____ !

5. ■ Scusi, ha già finito (mio) _____ pantaloni?

   ▼ No, signora, mi dispiace, ho avuto il tempo di finire solo quelli di

   (Suo) _____ marito.

6. ■ È (tuo) _____ questa sciarpa?

   ▼ No, (mio) _____ è a righe.

7. ■ Signora, ho perso la chiave del portone…

   ▼ Non c'è problema. Le presto (mio) _____ .

8. ■ Sai che cambieremo casa?

   ▼ Davvero? Ma allora potremmo trasferirci noi (vostro)

   _____ appartamento!

12 Vita in campagna

Dall'articolo di p. 27 sono stati eliminati gli indicatori di tempo.
Senza rileggere la lettera prova a inserirli al posto giusto.

appena

finché

mentre

nel 1963   dal 1985   dopo 18 anni   fino a 22 anni

dello scorso anno

da quando   quando

nel novembre   tutto il santo giorno

un anno sì e tre no

Sono nata a Milano _____ e qui ho vissuto _____, quando ho conosciuto e sposato un uomo di Caselle Landi, un paese di circa 1.700 abitanti del Sud Lodigiano, forse il più «basso» della Lombardia. Vivo lì _____ e, _____ da residente, ho un solo desiderio: quello di tornare a Milano. Abito in una bella villa con 1000 metri di giardino, ma non so cosa darei per vivere in un appartamento a Milano. La vita di campagna è la cosa più noiosa che ti possa capitare. Non c'è niente oltre la natura, che tra l'altro qui non è poi così bella. È tutto piatto e a pochi passi da casa mia il Po rischia di esondare _____, tanto che Caselle è stato uno di quei comuni che _____ _____ è stato evacuato. Non puoi andare al cinema, a teatro, a una mostra, a un concerto o anche solo a comprarti un bell'abito, salvo fare almeno 20 km per raggiungere la città più vicina: sapete che gioia in inverno _____ c'è una nebbia che si taglia col coltello? I milanesi si lamentano del traffico, ma quando io vivevo là, giravo tutta la città in metrò, _____ _____ sono qui ho in mano la macchina _____, anche solo per andare a fare la spesa o accompagnare i miei figli a praticare uno sport o a suonare la chitarra. Già, i figli … _____ sono piccoli, va anche bene. Qui, almeno, smog non ce n'è. Ma _____ oltrepassano la terza media, cominciano le noti dolenti.

13 Dove abitano queste persone?

Senza guardare la cartina, individua le seguenti regioni.

1. Abito nell'unica regione del Centro che non tocca il mare.   _____

2. La mia regione è molto piccola e confina con la Francia.   _____

3. Sono nata in una regione che è anche un'isola molto vicina alla Calabria.   _____

4. Da una delle mie finestre posso vedere il Vesuvio e
   da un'altra la costa e il mare.   _____

5. Abito nella regione chiamata il «tacco dello Stivale».   _____

6. Vivo in Italia, ma fuori Italia, in uno Stato che è ... e non è in Italia.   _____

14 Ricapitoliamo

Quali città/regioni italiane conosci? Cosa sapresti raccontare di ognuna di esse?
Abiti in città? Quali sono i vantaggi e quali gli svantaggi? Cosa avresti/non avresti fatto
al posto dei tuoi amministratori*? Preferiresti vivere in campagna? Se sì/se no, perché?
Dove abiti ci sono molti divieti? Quali? Li trovi giusti o li aboliresti?
Ne introdurresti degli altri?

* l'amministratore (pubblico) = persona che occupa una funzione pubblica

---

Infobox

Vado forte, sono bravo!
Da una ricerca condotta dalla facoltà di Sociologia dell'Università La Sapienza di Roma sui giovani fra i 14 e i 25 anni emerge che il modello culturale predominante è quello della «guida veloce» nel 40,7% dei casi, seguito da quello della «guida da padrone della strada» e della «guida spericolata». Le donne sono coinvolte in incidenti 7 volte meno degli uomini e cercano nella macchina comodità e praticità, a differenza dei maschi che la considerano ancora uno «status symbol» e ne richiedono potenza e prestazioni. I coniugati fanno meno incidenti dei single, il che viene spiegato con il fatto che i giovani ricorrono all'auto nelle ore notturne per recarsi in un luogo di ritrovo, mentre i coniugati fanno una vita più domestica. I giovanissimi sono portati a una guida pericolosa anche sulle due ruote: fra i 14 e i 18 anni ci si riunisce in gruppi, uniformando negativamente i propri comportamenti anche sulla strada.

1

Parole incrociate

Completa lo schema. Se le risposte sono esatte le caselle in celeste daranno un'altra parola per compere, spese.

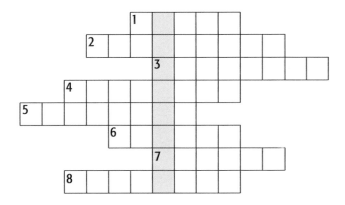

1. Di solito è impermeabile e comunque deve essere resistente. In genere ha varie tasche e chiusure lampo. È praticamente indispensabile per andare in montagna.
2. Possono essere d'oro o di perle e sono un elegante accessorio femminile.
3. È di carta, con le pagine a righe o a quadretti. È indispensabile a lezione per prendere appunti e a casa per fare gli esercizi.
4. Lo usiamo per spedire una e-mail o per navigare in Internet.
5. È di lino, di cotone o anche di plastica. La usiamo quando apparecchiamo* la tavola.
6. Può essere elettrico. Lo usano gli uomini per farsi la barba.
7. Serve per mangiare. Può essere quadrato, rotondo o rettangolare e di solito è in cucina.
8. Hanno forme, materiali e prezzi molto diversi. Possono essere da sole o da vista.

*apparecchiare (la tavola) = preparare la tavola per un pasto

---

Infobox

Settanta spot in due ore di programma, il più alto numero d'Europa

I bambini italiani sono bombardati dagli spot. Ogni anno le TV private italiane guadagnano dalla pubblicità televisiva 90 milioni di euro, mentre la TV di Stato ne incassa 18. Secondo un'indagine dell'Università La Sapienza di Roma, 40 genitori italiani su 100 «cedono alle richieste che arrivano dai figli». Per questo un deputato italiano ha chiesto l'abolizione della pubblicità durante le trasmissioni dedicate ai più piccoli, chiedendo di prendere a modello la legge australiana che proibisce gli spot nei programmi per i bambini in età prescolare e per quelli più grandi (fino a 14 anni) permette 5 minuti di pubblicità ogni 30 minuti di trasmissione. I nostri bambini detengono un primato: ogni anno si trasmettono spot nei programmi per l'infanzia pari a 250 ore.

2 Supposizioni

Completa le frasi dove possibile con il congiuntivo.

1. ■ Ha comprato la macchina due anni fa?

   ▼ Sì, non so esattamente se sono due anni, ma comunque credo che l'_____ _____ non molto tempo fa.

2. ■ Quella Ferrari gli è costata un patrimonio?

   ▼ Eh sì, temo proprio che gli _____ _____ tantissimo.

3. ■ Si sono già trasferiti?

   ▼ No, non penso che _____ già _____ casa!

4. ■ Chi le ha dato i soldi? I suoi?

   ▼ Sì, secondo me glieli _____ _____ loro.

5. ■ È già uscito dall'ufficio?

   ▼ Sì, credo che _____ _____ verso le 5.

6. ■ Ha già comprato la casa?

   ▼ Mah, può darsi che l' _____ _____ , ma non ne sono sicuro.

3 Congiuntivo. Presente o passato?

Elimina il tempo sbagliato.

1. Penso che per l'acquisto dei beni alimentari molta gente (sia disposta – ~~sia stata disposta~~) a spendere molto. L'importante è, infatti, che si (abbia – abbia avuto) la garanzia di consumare prodotti di qualità.

2. Credo che ormai il computer (sia – sia stato) un bene di consumo assolutamente necessario. Certo, può darsi che (ci siano – ci siano state) persone contrarie al suo uso, ma sono dell'opinione che certe categorie – come giornalisti, studenti, insegnanti, ecc. – non ne (possano – abbiano potuto) fare a meno* per il proprio lavoro.

3. Ho paura che mio figlio (abbia – abbia avuto) un incidente. Infatti è già due ore che l'aspetto! Oppure può darsi semplicemente che – come al solito – (rimanga – sia rimasto) senza benzina.

4. È proprio indispensabile che tutti (abbiano – abbiano avuto) un cellulare? Mi pare che questa del telefonino in Italia, negli ultimi anni, (diventi – sia diventata) una vera mania**.

5. Penso che (sia – sia stato) giusto spendere per abbigliamento e cosmetici. In fondo ognuno di noi deve curare il proprio aspetto fisico. Anche se trovo esagerato che ieri mia figlia (spenda – abbia speso) un patrimonio per dei jeans.

6. Credo che Anna, per le sue vacanze, la scorsa estate (paghi – abbia pagato) moltissimo.

7. Ma sei sicuro che ieri (acquisti – abbia acquistato) dei nuovi elettrodomestici?

* non poter fa▮ a meno di un▮ cosa = non p▮ far senza di u▮ cosa, che si ri▮ indispensabil▮

** la mania = idea fissa

4

Famiglie di parole

Prima cerca le 5 parole generali che includono le altre (es. animali: gatto, cane, uccello),
come nell'esempio. Inserisci poi le altre parole nel gruppo adatto. Le iniziali di quelle rimaste, lette
nell'ordine, daranno una parola nuova.

capi di abbigliamento – cornice – abito – autobus – calcio – orecchini – carta di credito –
nipote – cellulare – ~~pomata~~ – sci – ~~cosmetici~~ – sentimento – crema – uso – documenti –
matita – telefono – impermeabile – inizio – lettera – macchina – metrò – mezzi di trasporto –
mezzi di comunicazione – passaporto – pelliccia – profumo – sciarpa – spesa – metallo –
scooter – oro – sport

1. cosmetici: pomata, _____

2. _____ : _____

3. _____ : _____

4. _____ : _____

5. _____ : _____

6. _____ : _____

Soluzione: La parola __ __ __ __ __ __ __ __ __ significa «tendenza a spendere».

Infobox

L'inflazione galoppa, i prezzi salgono, ma …

Ma in Italia si continua a comprare, solo in un modo nuovo. Come? Un po'
meno auto (tranne le Ferrari che vanno sempre fortissimo), un po' meno
telefonini (ma tanto ce l'hanno già tutti), un po' meno profumi e giocattoli.
In compenso più spesa bio (il 54% degli italiani ha fatto questa scelta).
Un po' meno quantità a vantaggio della qualità. Soddisfatta Valeria Pezzetti,
dell'Osservatorio Consumi Europei che, riferendosi al consumatore italiano,
sostiene: «Si riflette di più, si valutano i prezzi, si confrontano.»

5 Come ci lavori?

Scrivi i diversi significati di ci, *come nell'esempio.*

Quando torni a Roma? – Ci vado la prossima settimana. (= a Roma)

1. Ci hanno telefonato per dirci che ritarderanno. (= _____)

2. Oddio, il computer si è rotto! Non ci posso più lavorare. (= _____)

3. Perché esci sempre con Carlo? – Mah, ci gioco volentieri a pallone. (= _____)

4. Sei già andato dai tuoi? – No, ma penso di andarci dopodomani. (= _____)

5. Mio padre è così testardo. Non ci posso discutere! (= _____)

6. Hai finalmente comprato il cellulare? – Eh sì, avevi ragione.
   Ci telefono davvero benissimo! (= _____)

7. Perché resti sempre a casa la domenica? – Perché ci sto molto volentieri. (= _____)

8. Ripensi con piacere alla tua infanzia? – Ci penso poco, ma quando ci penso, lo faccio
   con piacere. (= _____)

9. E che hai fatto con i miei soldi? – Ci ho comprato un paio di occhiali nuovi.
   (= _____)

6 Di nuovo …

*Leggi le seguenti frasi che contengono tutte un verbo (a te già noto) che inizia con
la sillaba* ri-. *Sottolinea solo i verbi con il significato di* di nuovo, ancora una volta.

1. Quando penso di non aver capito abbastanza rileggo i brani o riascolto le cassette.
2. Vuoi rimanere qui ancora un po'?
3. È stato splendido in Tunisia! Ripartirei volentieri anche domani!
4. Non capisco perché rifiuta sempre i miei inviti.
5. Dopo pranzo mi piace riposarmi un po'.
6. Stasera in TV danno «Colazione da Tiffany». Che dici, ce lo rivediamo?
7. I miei ricordi risalgono ai sette anni.
8. Cosa ritieni più probabile? Che si faccia sentire o no?
9. Ordinando un menù si può risparmiare.
10. Ha telefonato Mario e ha detto che ti richiama dopo cena.

7

Futuro, futuro

Trasforma le frasi secondo l'esempio.

Prima di uscire devo finire i compiti.

Dopo la partenza dei miei resterò solo.

`Quando avrò finito i compiti uscirò.`
`Quando i miei saranno partiti, resterò`
`solo.`

1. Prima di andare all'estero, devo laurearmi.

   Quando _____

2. Dopo l'arrivo del treno, telefoneremo a Sandra.

   Appena _____

3. Dopo la lettura dell'articolo, farete una discussione?

   Dopo che _____

4. Prima di partire Francesco deve finire di fare i bagagli.

   Quando _____

5. Dopo il ritorno dei nostri amici festeggeremo insieme.

   Appena _____

8

Futuro semplice o futuro anteriore?

Completa le frasi.

1. Franca mi ha detto che, solo dopo che (laurearsi) _____,

   (organizzare) _____ una grande festa.

2. Che fatica! (Volerci) _____ molta pazienza per finire questo lavoro.

   Ma dopo che (io) l' (finire) _____, (partire) _____
   per le ferie.

3. Dopo che il meccanico mi (riparare) _____ la macchina,

   prometto che (venire) _____ a trovarti.

4. Il prossimo anno molte ditte (mettere) _____ di sicuro in

   commercio dei nuovi modelli di PC.

5. Ho deciso che prima o poi (andare) _____ a vivere da sola.

6. Se un giorno io (avere) _____ bisogno di un amico ti prometto che

   (chiamare) _____ te!

7. (Lei – mettersi) _____ a studiare una nuova lingua straniera,

   quando (finire) _____ di studiare l'italiano?

9

Futuro semplice, futuro anteriore o condizionale composto?

Sottolinea nel dialogo il tempo/modo opportuno.

■ Giovanni, dove hai detto che vai stasera?

▼ Mah, non (andrò – sarò andato) da nessuna parte, temo. (Andrei – Sarei andato) volentieri a teatro, purtroppo però non c'erano più biglietti. Fra l'altro i miei (usciranno – uscirebbero) e quindi è probabile che debba rimanere a casa io.

■ Ma, scusa, per caso (sarebbe venuta – sarà venuta) anche Rita con te? Mi ha detto che stasera era occupata con un amico ... Eri tu?

▼ No, no. Purtroppo no ... Sai, Rita mi piace.(Uscirò – Sarei uscito) volentieri con lei ...

■ Invitala un'altra volta, no?

▼ Sì, certo, hai ragione. Penso che lo (avrò fatto – farò) uno dei prossimi giorni.

10

Test

Segna la tua risposta.

1. Devi comprare un prodotto alimentare.
   a. Vai in un supermercato. ☐
   b. Preferisci andare in un negozio di alimentari. ☐
   c. Vai in un negozio di prodotti biologici. ☐
2. Hai bisogno di un elettrodomestico.
   a. Ti fai consigliare da un'amica / da un amico. ☐
   b. Segui i consigli dati in TV o sui giornali. ☐
   c. Acquisti il prodotto in un negozio specializzato. ☐
3. Vuoi andare a teatro.
   a. Scegli di andare in autobus perché rispetta l'ambiente. ☐
   b. Prendi la macchina perché è più pratica e ti senti più libero/a. ☐
   c. Chiami un tassì, perché è il mezzo più comodo. ☐
4. Stai guardando un film alla TV. Viene interrotto dalla pubblicità.
   a. Reagisci con estremo fastidio. ☐
   b. Capisci che gli spot sono indispensabili. ☐
   c. Pensi: «Beh, non importa. Ne approfitto per andare in bagno ...» ☐

Calcola ora i punti ottenuti.

Punti:

1 a = 0	1 b = 3	1 c = 6
2 a = 3	2 b = 0	2 c = 6
3 a = 6	3 b = 3	3 c = 0
4 a = 6	4 b = 0	4 c = 3

Esercizi

3

fino a **9** punti:	Non dai grande importanza alla salute. Pensi solo alla praticità. La pubblicità ti ha già stregato!
da **10** a **18** punti:	Sei una via di mezzo. I consigli degli amici sono più importanti di quelli della TV. Pensi ai soldi, ma non in modo eccessivo. La pubblicità non ti fa né caldo né freddo.
da **19** a **24** punti:	Salute e qualità sono molto importanti per te. Per quanto riguarda la pubblicità sei una persona libera, perché essa non ti influenza minimamente.

11 In un negozio

Riordina il dialogo, come nell'esempio.

( ) Se lo dice Lei … beh … può darsi, ma in ogni caso ho la garanzia!

(1) Per fortuna siete ancora aperti! Senta, io avrei un problema. La settimana scorsa ho comprato qui da voi un cellulare, ma … non funziona più.

( ) Allora voglio parlare con il proprietario. Guardi che sono una buona cliente io!

( ) Certo che torno, non si preoccupi!!

( ) Guardi qua. Mi avevate assicurato che era di ottima qualità …

( ) Come sarebbe a dire? Acqua? No, non direi … Non mi pare …

( ) *Mi dispiace, ma al momento non c'è. Non può ripassare più tardi?*

( ) *Eh, signora, sono spiacente, ma purtroppo questo non è un difetto dell'apparecchio. In questo caso la garanzia non copre la sostituzione.*

( ) *Eppure Le garantisco … perché vede, i contatti con la batteria sono ossidati*!*

( ) *In effetti lo è. Adesso diamo un'occhiata. Dunque, vediamo… Ma questo telefonino ha preso acqua!*

( ) *Strano, è la prima volta che succede una cosa del genere. Me lo fa vedere?*

* ossidati = rovinati dall'acqua

12 Ricapitoliamo

Che tipo di prodotti compri volentieri? Per quali beni di consumo saresti disposto/-a a spendere molto? Per quali meno? Hai già acquistato qualcosa via Internet? Se sì, è stata un'esperienza positiva? Se no, ti interesserebbe farlo? Ti interessano «le occasioni» o preferisci comprare oggetti non usati? Cosa pensi della pubblicità? Ti piace? Ti infastidisce? O ti è indifferente? Ti è già successo di fare un reclamo? Per cosa e perché?

Infobox

Italiani, più formiche che cicale

Uno studio sostiene che, a differenza di quanto si pensa, gli italiani sono abbastanza saggi. I risparmiatori del nostro Paese non investono tanto in borsa, ma – un po' per tradizione, un po' per salvarsi dai nostri lunghi periodi inflazionistici – puntano soprattutto sul «mattone», sulla casa cioè, vista come solido investimento.

1 **In altre parole**

Riscrivi le frasi sostituendo le parole in corsivo con una delle seguenti.
(Attenzione a declinare gli eventuali aggettivi e a coniugare i verbi!)

| bastare | crescere | in modo perfetto |
| circolare | grandissimo | ogni giorno | sviluppo |

1. *Sarà sufficiente* pronunciare il messaggio _____
   e tutto sarà chiaro. _____
2. Internet ha conosciuto ultimamente _____
   un'*enorme* diffusione. _____
3. Ogni giorno *girano* nel mondo moltissime mail. _____
4. Molti avevano previsto questa *crescita* _____
   di Internet. _____
5. Tutto ha funzionato *a meraviglia*. _____
6. E questo numero è destinato ad *aumentare*. _____
7. Molte persone usano *quotidianamente* il PC. _____

Infobox

Con Internet ormai non ci sono confini

Con il quotidiano italiano Il Corriere della Sera (www.corriere.it) è in rete l'agenda del mondo, un vero «diario web» internazionale che elenca giorno per giorno tutti gli avvenimenti più importanti da seguire nel campo della politica, dello sport e anche delle curiosità.

---

2 **Congiuntivo imperfetto**

a. Completa la tabella.

	stare			
facessi				
	stessi			
		fosse		
			vedessimo	
				partissero

b. Ora osserva le seguenti forme di due verbi irregolari per te nuovi.
Completa le forme mancanti degli altri verbi.

Infinito	*Indicativo presente*	*Indicativo imperfetto*	*Congiuntivo imperfetto*
capire	(io) capisco	capivo	capissi
dire	(io) dico	dicevo	_____
bere	(io) bevo	_____	_____
fare	(io) _____	_____	_____

c. Ora rifletti e completa la regola.

La (prima e seconda? prima e terza?) _____ persona (singolare? plurale?) _____
del congiuntivo imperfetto sono uguali. Il congiuntivo imperfetto, anche dei verbi
irregolari, si forma normalmente dall'indicativo (presente? imperfetto?) _____ .

3

Non lo sapevo!

Completa le seguenti frasi come nell'esempio.

Anche gli adulti scrivono gli SMS? Non sapevo proprio che anche gli adulti
(amare) `amassero` gli SMS!

1. Ma i tuoi vicini hanno un negozio? Non immaginavo che (lavorare) _____ in proprio.

2. Ma come, viene gente anche stasera? Non pensavo proprio che oggi (noi – avere)
   _____ degli ospiti!

3. Capiscono anche il giapponese? Non sapevo che (parlare) _____ anche una lingua
   orientale.

4. Guardate la partita? Non pensavo davvero che (passare) _____ di nuovo la serata
   davanti alla TV.

5. Stai male? Mi dispiace, non sapevo che (avere) _____ problemi di salute.

6. Avete comprato una nuova macchina? Non immaginavo proprio che (guadagnare)
   _____ così tanto …

7. Per fortuna sei arrivata. Temevo già che tu non (riuscire) _____ a prendere il treno!

8. Davvero? Tua moglie ama i gialli? Ed io che pensavo che (essere) _____ un'appassionata di romanzi d'amore …

4 Avevo paura che …

Trasforma le seguenti frasi al passato, come nell'esempio.

Ho paura che lui non arrivi in tempo.
Avevo paura che lui non arrivasse in tempo.

1. Temo che tu non mi capisca.

   _____ .

2. Non sopporto che i miei mi chiamino «piccola».

   _____ .

3. Mi dà fastidio che si fumi in casa.

   _____ .

4. Ha paura che non facciamo in tempo ad arrivare.

   _____ .

5. Immagino che siano soddisfatti del risultato.

   _____ .

6. L'insegnante teme che non studiamo abbastanza.

   _____ .

7. Non vedono l'ora che tu venga.

   _____ .

Infobox

Quale università? Basta guardare in rete
Il Web dà una mano agli studenti italiani ancora indecisi sulla facoltà universitaria da scegliere. Il Ministero dell'Istruzione e dell'Università ha pubblicato on-line una banca dati con l'offerta formativa nazionale, una specie di grande «guida dello studente» che fornisce informazioni relative ai 2.959 corsi di laurea attivati presso le 77 università italiane, presenta corsi, piani-orario delle varie lezioni, dati statistici relativi a iscrizioni e frequenze, notizie sugli sbocchi occupazionali. Interessante che dal 15 aprile al 15 maggio gli studenti dell'ultimo anno delle superiori potranno fare le preiscrizioni via Web.

5 Come se …

Completa le frasi con i seguenti verbi al congiuntivo imperfetto.

avere   capire   mangiare   vedere

andare   esserci   essere   stare

1. Parla l'italiano come se _____ un principiante.

2. Alessio si comporta come se non _____ una donna da anni.

3. Ma sai che parli come se io non _____ niente?!

4. Carla ne è gelosa come se non _____ altri uomini al mondo.

5. Ma scusa, hai ordinato un'altra pizza?? Come se tu non _____ da giorni …

6. I miei genitori mi trattano come se _____ 10 anni!

7. Scusate, ma state bevendo come se _____ per morire di sete!

8. Questo diesel funziona come se _____ a benzina.

6 Cosa dici in queste situazioni?

Abbina le espressioni della colonna di destra ai corrispondenti atti comunicativi.
Per ogni atto comunicativo vanno bene due frasi.

1. presentarsi
2. chiedere di una persona
3. chiedere chi telefona
4. rispondere che la persona cercata è occupata
5. offrire di riferire alla persona che non c'è
6. segnalare un errore

☐ Mi spiace, sta parlando sull'altra linea. **(a)**
☐ Scusi, ma Lei chi è? **(b)**
☐ Potrei parlare con Giuseppe? **(c)**
☐ C'è Anna per favore? **(d)**
☐ Chi lo desidera, scusi? **(e)**
☐ Buongiorno, senta, sono il professor Carli. **(f)**
☐ Pronto? Mi chiamo Bertinotti. **(g)**
☐ Devo dirgli qualcosa? **(h)**
☐ Spiacente, ma qui non c'è nessun Ferrari. **(i)**
☐ Vuole lasciare un messaggio? **(l)**
☐ Al momento è occupato. **(m)**
☐ Guardi che ha sbagliato numero … **(n)**

7   Davanti al botteghino

Leggi le seguenti frasi. Chi le dice o le pensa? Completa con il numero della persona.

N°

☐ «Fabio, sto facendo la fila per comprare i biglietti. Ti richiamerò più tardi.»

☐ «Prima dell'inizio dello spettacolo ho il tempo di farmi una dormitina.»

☐ «Senti, io e Paola andremo a giocare a tennis. Se vuoi venire con noi assieme a Luca, devi chiamarci prima delle nove.»

☐ «Mi dispiace, ma purtroppo non ho tempo perché devo finire un lavoro.»

☐ «Non mi sento bene se non mangio qualcosa.»

☐ «Scusi, guardi che stiamo aspettando tutti! E poi il bambino in braccio mi pesa!»

Trasforma ora le frasi da discorso diretto a indiretto.

1. Il ragazzo dice all'amico Fabio che _____ _____ la fila per comprare i biglietti e che _____ _____ più tardi.

2. Il vecchietto pensa che, prima dell'inizio dello spettacolo, _____ il tempo di _____ una dormitina.

3. Il ragazzo dice che _____ e Paola _____ a giocare a tennis. Se Sandra _____ _____ con _____ assieme a Luca, _____ _____ prima delle nove. Sandra risponde che purtroppo non _____ tempo perché _____ finire un lavoro.

4. La signora pensa che non _____ _____ bene se non _____ qualcosa.

5. La signora dice al giovanotto davanti che tutti _____ _____. E aggiunge che il bambino in braccio _____ _____ .

8 Cosa hanno detto?

Trasforma il discorso indiretto in discorso diretto.

1. Sandra ha detto che, siccome non ha molto tempo, domenica non potrà venire a sciare con noi.
2. Gianni ha detto che gli dispiace, il suo PC si è rotto e quindi non può finire la traduzione.
3. I miei genitori hanno detto che se voglio stasera posso uscire con la mia ragazza.
4. I miei amici mi hanno detto che capiscono perché non ho più voglia di studiare.
5. Il dottore mi ha detto che devo andare da lui alle cinque e che, se non faccio in tempo, devo telefonargli.
6. Il meccanico ci ha detto che la nostra macchina sarà pronta fra sette giorni, ma che se abbiamo davvero fretta, può cercare di ripararla un po' prima.

1. Sandra: _____.

2. Gianni: _____.

3. I miei: _____.

4. I miei amici: _____.

5. Il dottore: _____.

6. Il meccanico: _____.

_____.

9 Il computer

Ricomponi questo brano di De Crescenzo (ingegnere, scrittore e regista nato a Napoli nel 1928).

☐ Oddio, proprio tutta no, diciamo mezza. Lui stava lì, silenzioso, immobile[1], e occupava un intero salone. Era di colore azzurrino. Si chiamava IBM 1401. (…) Si rompeva

☐ davanti alla televisione. Sotto sotto[2] ne era anche gelosa, in particolare quando me ne sentiva parlare: «Ieri ha fatto questo, oggi ha fatto quest'altro».

☐ La prima volta che c'incontrammo fu nel settembre del '61. (…) Mi ero sposato da pochissimo, da un mese o poco più, e tutto potevo immaginare tranne che[3] quell'incontro avrebbe finito per condizionare[4] tutta la mia vita.

☐ Lei, poverina, avvertiva[5] la presenza di un terzo incomodo[6], non proprio un'amante ma qualcosa del genere. La prima cosa che capii dei computer è che non perdonano. (…) Oserei[7] dire che non hanno pietà.

☐ di continuo: in media una volta al giorno. (…) Ovviamente mia moglie l'odiava: erano più le sere che non tornavo a casa per la cena che quelle in cui riuscivamo a stare mano nella mano

(da *Ordine & Disordine* di Luciano De Crescenzo)

1 immobile = fermo
2 sotto sotto = in fondo
3 tranne che = ma non che
4 condizionare = influenzare
5 avvertire = sentire, accorgersi di
6 il terzo incomodo = persona che si intromette fra altre due in modo inopportuno
7 oserei = vorrei

10 Ti prego. Non dirlo a nessuno …

Leggi la lettera che Michela scrive all'amica Francesca.

```
Carissima, ti scrivo solo poche righe per dirti che sono
felicissima.  Il tempo è brutto, l'albergo dove sono costa
un sacco di soldi, la proprietaria è piuttosto antipatica,
ma io mi sento benissimo. Dormo molto, quindi sono riposata
e di conseguenza sempre di buon umore. Guglielmo mi insegna
a nuotare e andiamo sempre al mare quando il tempo lo per-
mette. Francesca, ti rivelo un segreto: sono innamorata di
lui!! E penso di sposarmi presto o comunque di andare presto
a vivere con lui.


                                  Un bacione
                                  Tua Michela
```

*Chiaramente Francesca non sa mantenere il segreto. Ecco cosa racconta
il giorno stesso alle amiche invitate per il tè.*

«Sapete l'ultima? Michela mi ha appena scritto una lettera e dice che è felicissima. Che il

tempo _____, che l'albergo _____,

che la proprietaria _____ , ma che _____ .

Che _____, che quindi _____

_____ . Che Guglielmo _____

e che _____ .

E mi ha anche rivelato un segreto: che _____ e che

_____

_____. Allora, non trovate che sia una bomba!??»

11 Connettivi

Completa le seguenti frasi con i connettivi adatti.

anzi   così   però   quando   se

che ne so

comunque   per   quindi   però

1. Mi sembrava una faccia conosciuta, _____ non riuscivo a ricordare dove l'avevo visto.

2. Per sabato d'accordo, ti chiamo _____ stiamo per arrivare. Ti abbraccio Marina

3. Sempre più ragazzi scelgono Internet _____ fare confidenze.

4. Avresti potuto comprare qualcosa tu, _____ del pane e del formaggio…

5. Io odio lasciare messaggi sulla segreteria. Lo faccio solo _____ strettamente necessario!

6. Non era in casa. _____ gli ho lasciato un messaggio sulla segreteria.

7. D'accordo che è stata una cosa improvvisa, _____ potevi almeno avvisare!

8. Ha detto che non si sente bene e che _____ stasera non viene da noi.

9. Ho un sacco di cose da fare, _____ farò tutto il possibile per raggiungervi.

10. Capisce davvero poco. _____, non capisce proprio niente!

12 Ricapitoliamo

Quali mezzi di comunicazione usi? Con quale frequenza? Fai uso degli SMS? Pensi che il cellulare sia una moda o una necessità? Come ti comporti quando, chiamando qualcuno al telefono, ti risponde la segreteria telefonica? Lasci un messaggio o riattacchi? Hai un computer? Ti serve solo per lavoro? Qual è il tuo rapporto con Internet? Ne sei schiavo/-a? Pensi che un uso esagerato di Internet possa avere degli effetti sul linguaggio? Hai sostituito il telefono con le e-mail? Se sì, quali potrebbero essere gli effetti? Solo positivi?

Esercizi

4

> **Infobox**
>
> **Chi clicca di più**
>
> Fra i navigatori italiani, il 67% è rappresentato da uomini, il 33% da donne. Interessante la suddivisione per età: il 29% ha meno di 25 anni, mentre solo l'8% ne ha più di 55. Più della metà sono compresi nella fascia fra i 25 e i 50 anni. Negli ultimi tempi è comunque calata in Italia la vendita dei computer, delle stampanti e dei monitor tradizionali (col tubo catodico), mentre è stabile il mercato degli scanner ed in aumento l'interesse per i monitor a cristalli liquidi.

1 Curiosità italiane

In quale regione si trova Enna, il capoluogo più alto d'Italia (m. 948)?
Trova le parole corrispondenti a queste definizioni. Se le risposte saranno
esatte la soluzione apparirà nelle caselle evidenziate.

1. Personaggio principale di un'opera
   letteraria o di un film.
2. Forma femminile di «scrittore».
3. Lo è un thriller il cui protagonista è un
   poliziotto: romanzo ...
4. Critica, sotto forma di articolo,
   di un'opera letteraria.
5. Sinonimo di quotidiano.
6. Questo libro contiene la descrizione delle
   strade e delle caratteristiche di città e regioni.
7. È più lungo del racconto.

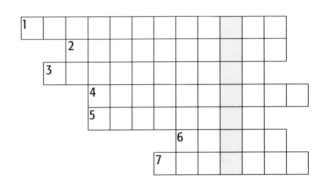

2 A patto che ...

Trasforma le frasi usando purché / a condizione che / a patto che, *come nell'esempio.*

Prenoto il tavolo solo se mi garantisci di venire con me.
Prenoto il tavolo a patto che tu mi garantisca di venire con me.

1. Lo aiuto volentieri, ma solo se mi promette di studiare di più.

   _____

2. Ci va anche lei, ma solo se l'accompagna qualcun altro.

   _____

3. Lo leggerete volentieri, se amate i gialli.

   _____

4. Esco con loro, ma solo se mi promettono di non andare in discoteca.

   _____

5. Ti divertirai se ami la montagna!

   _____

6. Sarà divertente se vi piacciono le escursioni.

   _____

7. Lo prendo solo se Lei mi fa uno sconto.

   _____

3

Di chi si tratta?

*Leggi le frasi 1 – 9. Completa poi le frasi a – i, che hanno un significato simile,
con il nome della persona corrispondente, come nell'esempio.*

1. Valentina si comporta sempre in modo impeccabile.
2. Il romanzo è così avvincente che quasi quasi Miriam lo regala a suo padre.
3. Sandra ha acquistato un libro di fantascienza ed un romanzo d'avventura.
4. Linda è scivolata con il motorino.
5. A Grazia serviranno molti soldi per acquistare quell'enciclopedia.
6. Rebecca ha visto Michele e subito è scoccata la scintilla.
7. Simona è rimasta in attesa di suo padre.
8. Tocca a Francesco cercare di trovare una soluzione al problema.
9. Vittorio passa il suo tempo a studiare.

a. Sandra ha comprato dei libri.

b. _____ ha avuto un incidente per la strada.

c. _____ avrà bisogno di molto denaro per comprare quello che le interessa.

d. _____ è indecisa se comprare il libro o meno.

e. _____ si è innamorata all'improvviso.

f. _____ trascorre le sue giornate in biblioteca.

g. _____ ha aspettato una persona.

h. _____ dovrà tentare di risolvere la situazione.

i. _____ è sempre perfetta.

Infobox

I giovani e i libri

Secondo un'inchiesta DOXA, i giovani lettori di libri non scolastici in Italia sono in calo: se nel 1998 erano il 71,4%, nel 1999 il 69,7%, nel 2000 il 67,6%, nel 2001 il 60%, nel 2002 erano solo il 58,6%. Dopo il boom degli anni '80, si assiste ora – negli anni 2000 – ad un'inversione di tendenza. Questo riflusso, secondo gli esperti, è dovuto al fatto che i libri sono ora considerati talmente importanti che si «devono» leggere e l'obbligo implica un rifiuto da parte dei giovani. Inoltre, nell'età dell'adolescenza, i giovani iniziano a modellarsi sul mondo adulto e, dato che l'adulto non legge o legge poco, essi tendono ad uniformarsi a questo comportamento.

4 È il più difficile che …

Completa secondo il modello. Attenzione a concordare anche gli aggettivi.

testo / difficile / lui-tradurre

```
È il testo più difficile che abbia mai tra-
dotto.
```

1. città / bello / io-vedere _____

2. libro / avvincente / io-leggere _____

3. giornata / bello / loro-trascorrere _____

4. vacanza / stressante / voi-fare? _____

5. cibo / salato / tu-mangiare? _____

6. birra / forte / noi-bere _____

7. programma / interessante / lei-ascoltare _____

5 È il libro più avvincente che …

Rispondi alle domande come nell'esempio. Attenzione a concordare anche gli aggettivi.

■ Conosci *Il nome della rosa*? (libro – avvincente – leggere)
▼ Sì, è il libro più avvincente che abbia mai letto.

1. ■ Sei mai stato a Venezia? (città – bello – visitare)

   ▼ Sì, _____.

2. ■ Che ne dici di Carlo e Giuseppe? (persone – generoso – conoscere)

   ▼ Oh, _____.

3. ■ Avete già provato la pizza al peperoncino? (cibo – piccante – provare)

   ▼ Sì, _____.

4. ■ Eva conosce *Il grande fratello*? (trasmissione – stupido – vedere)

   ▼ Sì, _____.

5. ■ Sono già saliti sul monte Bianco? (monte – alto – essere)

   ▼ Sì, _____.

6 Per una biblioteca globale

Il brano che segue è un riassunto della lettura «Per una biblioteca globale».
Senza rileggerla, prova a completare il testo con l'elemento giusto.

_____ Judy Andrews trovò, all'aeroporto di Los Angeles,
un libro di Grisham, pensò di aver avuto fortuna. Ma non si trattava
né di fortuna né di un caso e _____, guardando meglio,
Judy si accorse che sulla copertina c'era una scritta che invitava a
partecipare ad un esperimento organizzato dal sito Internet
bookCrossing.com, il cui obiettivo è _____ di trasformare il
mondo in una grandissima biblioteca. Su questo sito si chiede ai
lettori di registrare i loro libri on-line e cominciare poi a distribuirli
nei bar, sulle sedie dei cinema, sui tavoli dei ristoranti. _____
dappertutto. Una nota spiega pure il funzionamento dell'iniziativa e
chiede a _____ ritrova il libro di indicare dove l'ha trovato
e di quale volume si tratti.

_____ il nuovo proprietario può leggerlo e poi
rimetterlo in circolo, _____ quello originario può sempre sapere
se finisce in buone mani.

Da un anno _____ il numero degli interessati è salito a
24.000 unità in 50 Paesi del mondo, per un traffico di oltre 45.000
libri. «Il trucco per far funzionare il sistema – spiega il responsabile –
è associare il volume giusto al posto giusto. _____ *Sulla strada*
di Kerouac è stato lasciato in una stazione di benzina vicino a New York
ed è arrivato in Messico.»

Chiaramente non tutti i libri arrivano a destinazione. _____
solo un 15% circa dei libri «liberati» viene trovato da un persona
che si aggiunge alla catena. I proprietari, _____ , sperano che i libri
vengano comunque rimessi in libertà dopo essere stati letti.

Quando/Mentre

infatti/dunque

questo/quello

In effetti/Insomma

chi/il quale

Siccome/In questo modo
mentre/durante

a questa parte/d'altra
parte

Per esempio/Veramente

Insomma/Al momento

però/ma

7 Conosci l'Italia e gli italiani?

Completa le frasi con la forma passiva. Rispondi poi alle domande.

1. _____ fondata all'inizio del settimo secolo d. C. Per più di mille anni _____ governata dai dogi. Da sempre questa affascinante città piena di ponti _____ considerata una delle più belle d'Italia.

   Firenze ☐   Venezia ☐   Roma ☐

2. È il fiume più lungo d'Italia, ma _____ ritenuto anche il più inquinato.

   il Po ☐   il Tevere ☐   l'Adige ☐

3. Questa regione del Nord era austriaca e _____ unita all'Italia solo nel 1918.

   la Lombardia ☐   il Trentino-Alto Adige ☐   il Piemonte ☐

4. È un regista italiano molto famoso. È nato a Rimini nel 1920. Fra i suoi film più conosciuti ci sono «La strada», «Le notti di Cabiria», «Otto e mezzo», e «Amarcord». Per questi quattro film gli _____ _____ conferiti quattro Oscar , rispettivamente nel 1954, 1957, 1963 e 1973.

   Roberto Rossellini ☐   Roberto Benigni ☐   Federico Fellini ☐

5. Questa grande attrice italiana è nata vicino a Napoli, ma si è trasferita con la famiglia (suo marito è un famoso produttore) negli Stati Uniti. Per la sua bravura _____ _____ scelta in molti film da diversi grandi registi.

   Gina Lollobrigida ☐   Sofia Loren ☐   Anna Magnani ☐

Infobox

Il PassaLibro: terzi al mondo

Il fenomeno che in America prende il nome di Bookcrossing, da noi – molto più prosaicamente – è chiamato PassaLibro. Promotrice in Italia di questa iniziativa è stata la trasmissione radiofonica Fahrenheit durante l'ultima edizione del Festivaletteratura di Mantova ed il successo è stato tale che ora, dopo pochi mesi, il nostro Paese è già al terzo posto nel mondo! Ecco il testo che accompagna i libri lasciati in un luogo pubblico: «Questo non è un libro abbandonato, ma un libro che cerca lettori. Chi lo trova, lo legga e lo faccia circolare e ne dia notizia a Fahrenheit, Rai Radio3, tel. 06/3244958 oppure fahre@rai.it»

Esercizi

5

8 Passivo

Trasforma le seguenti frasi dalla forma attiva a quella passiva. Se esiste più di una possibilità scrivile tutte e due, come nell'esempio.

Migliaia di persone abbandonano ogni anno dei libri in tutto il mondo.
Ogni anno dei libri `sono/vengono abbandonati` in tutto il mondo da migliaia di persone.

1. Un signore abbandonò un libro di John Grisham all'aeroporto di Los Angeles.
   _____ .

2. Il signore non aveva perduto il volume, l'aveva lasciato lì di proposito.
   _____ .

3. Un sito Internet ha organizzato questo esperimento sociologico globale.
   _____ .

4. Il *bookCrossing* assegna a ogni libro un numero di identificazione e un'etichetta.
   _____ .

5. Il responsabile può stampare e attaccare sul volume l'etichetta.
   _____ .

6. Il nuovo proprietario può leggere il libro trovato.
   _____ .

7. I proprietari sperano che i lettori rimettano in circolazione i libri.
   _____ .

9 Fra un po' si parte …

Francesca sta per partire con Luciano per Malta. Aiutala a completare la lista che sta preparando, usando la forma passiva come nell'esempio.

comprare i biglietti
prenotare l'albergo
preparare la valigia (penultimo giorno)
innaffiare i fiori (ultimo giorno)
controllare i documenti
staccare il frigo e la luce (ultimo giorno)
leggere la guida
portare il gatto alla vicina (ultimo giorno)
finire il lavoro in ufficio

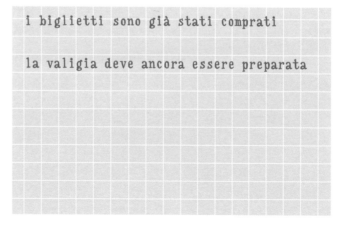

```
i biglietti sono già stati comprati


la valigia deve ancora essere preparata
```

10 Un famoso scrittore italiano

Trova le parole corrispondenti alle definizioni, unendo le sillabe seguenti. Le sillabe che rimarranno – lette nell'ordine – daranno nome e cognome di uno scrittore italiano (nato nel 1826 a Firenze e morto nel 1890), autore di un racconto famoso in tutto il mondo e traduttore delle Fiabe di Charles Perrault.

fa – gi – guer – car – ma – lo – to – na – col – ser – ra – lo – re – tri – gna – ta – di – re – vi

1. È il contrario di «pace».
2. È la seconda moglie subentrata per i figli alla madre morta.
3. Donna bellissima, dotata di poteri magici. Tipico personaggio delle fiabe.
4. Ha sposato un re.
5. Cameriere, domestico, persona che presta servizio in una casa privata.

Soluzione: Lo scrittore è _ _ _ _ _   _ _ _ _ _ _ _ (vero cognome Lorenzini), autore di Pinocchio.

11 Un piacere perduto

Senza rileggere il testo a p. 60 del manuale, prova a completare il brano con le seguenti parole.

circonvallazione – distinto – fortuna – giornale – occhiali – pagina – paio – periodo – piacere – segno zodiacale – stazioni – vergine

Un bus-navetta sta percorrendo a Bologna la _____ . Due signori, vestiti in modo molto _____ , sono seduti uno accanto all'altro. Il primo ha in mano un _____ , di quelli che offrono gratuitamente nelle _____ , e il secondo gli chiede cosa stia leggendo. Il signore risponde che a lui interessa solo l'oroscopo, ma che al momento non può leggerlo perché ha dimenticato a casa gli _____ . L'altro vecchietto si offre gentilmente di leggergli lui la _____ interessata, si infila lentamente un _____ di lenti da vista e chiede al primo signore di quale _____ sia. Questo risponde di essere della _____ . Allora l'uomo gli legge l'oroscopo del giorno che pare molto positivo. Pare infatti che in questo _____ l'uomo-vergine abbia particolare _____ e che possa riassaporare un _____ che pareva perduto.

Esercizi

5

12 Un verbo, tanti sostantivi

Abbina ai verbi della lista tutti i sostantivi possibili.

le parole – gli occhiali – un piacere – una polo – un medico – una cintura – i pantaloni – l'oroscopo – le scarpe – un cibo – una giacca – un orario – un catalogo – il tempo

infilarsi _____

allacciarsi _____

consultare _____

indossare _____

scandire _____

abbassar(si) _____

assaporare _____

13 Che io sappia …

Collega le frasi e completa usando che + *il verbo* sapere *al congiuntivo presente (nella forma opportuna), come nell'esempio.*

1. Ragazzi, circa la partita di stasera

2. Paola, _____ Sandro

3. Olga, senti,

4. Hai visto Michele?

5. Signorina, _____

6. C'è da fidarsi di lui?

Mah, _____ non è ancora arrivato. (a)

_____ ci sono ancora biglietti per il Rugantino? (b)

ha ancora la macchina o l'ha già venduta? (c)

Ma cosa vuoi _____ ? (d)

è già arrivato il tecnico per il computer? (e)

che voi sappiate _____ è alle 8 o alle 9? (f)

14 Ricapitoliamo

Ami leggere? Quando lo fai in genere? E dove? Che tipo di lettura ti piace? Come la scegli? Hai un autore/un'autrice preferito/-a? Regali o ricevi spesso in regalo dei libri? Vai spesso in biblioteca? Preferisci andare in biblioteca o acquistare i libri e tenerteli a casa? Sei abbonato/-a ad un quotidiano o ad una rivista? Quale tipo di articolo ti interessa maggiormente? Hai già letto o almeno sfogliato qualche giornale o rivista italiani?

1 Sinonimi e contrari

Cerca i sinonimi (=) e i contrari (≠) delle parole scritte sotto, come nell'esempio.

~~itinerario~~ – convincere – crescita – distrattamente – ultrasessantenne – giovane – pulire – insipido – moderno – loquace – metropoli – nascita – stanza – privato

		S.	C.
percorso	`itinerario`	☒	☐
over 60	_____	☐	☐
salato	_____	☐	☐
camera	_____	☐	☐
silenzioso	_____	☐	☐
decremento	_____	☐	☐
dissuadere	_____	☐	☐
grande città	_____	☐	☐
sporcare	_____	☐	☐
tradizionale	_____	☐	☐
pubblico	_____	☐	☐
anziano	_____	☐	☐
con attenzione	_____	☐	☐
morte	_____	☐	☐

La sinonimia perfetta è molto rara. Di' se in queste frasi le parole che sopra hai indicato come sinonimi (o come contrari) lo sono ancora.

	sì	no
1. Gli over 60 nei prossimi anni saranno cinque volte di più.	☐	☐
2. Quel conto era molto salato.	☐	☐
3. Il padre rimase in attesa vicino alla camera operatoria.	☐	☐
4. Quel posto mi piaceva perché era silenzioso.	☐	☐
5. Il fenomeno ebbe un ruolo decisivo nel decremento delle nascite.	☐	☐
6. L'ho dissuaso con molta facilità.	☐	☐
7. Vive in una grande città.	☐	☐
8. Non fa altro che sporcare.	☐	☐

2 Comparativi e superlativi

Completa con le forme irregolari del comparativo o del superlativo di buono,
cattivo, piccolo, bene, poco, molto.

1. ■ La cosa _____ che si possa fare è partire per un viaggio e

   dimenticare gli occhiali!

   ▼ Eh sì, hai ragione.

2. ■ Buona questa pizza!

   ▼ Sì, ma quella che abbiamo mangiato la volta scorsa era _____ .

   ■ Beh, guarda, io penso che _____ di tutte siano quelle che fanno

   al «Roma». Sono davvero _____ !

3. ■ Hai dormito bene?

   ▼ Veramente con un cuscino più duro avrei dormito _____.

4. ■ Siete riusciti a fare molto?

   ▼ A dire il vero non tanto, ieri abbiamo lavorato molto di _____.

5. ■ Mm, cattivo questo caffè, no?

   ▼ Non cattivo, è addirittura _____ !

6. ■ Carlo è il tuo fratello maggiore?

   ▼ No, è _____ .

7. ■ Scusa se te lo dico, ma sei ingrassato.

   ▼ Eh, lo so, dovrei mangiare di _____ !

Infobox

Un test su 8.000 ragazzi italiani

Un test su 8.000 ragazzi italiani, la cui unica
domanda era «Quale professione vorresti fare?»
ha dato questi risultati.

Per i ragazzi: 1° fare il manager, 2° pilotare un aereo,
3° fare l'elettricista, 4° lavorare alla cassa di un
bar/negozio, 5° dirigere un giornale, 6° insegnare
all'università, 7° fare politica, 8° condurre autobus

o treno, 9° e 10° (ambedue 0,6%) assistere gli
anziani, insegnare alla scuola materna.

Per le ragazze: 1° insegnare alla scuola materna,
2° fare il manager, 3° lavorare alla cassa di un
bar/negozio, 4° insegnare all'università, 5° dirigere
un giornale, 6° pilotare un aereo, 7° fare politica,
8° assistere gli anziani, 9° fare l'elettricista, 10° condurre autobus o treno.

3 Aggettivi in -bile

Sostituisci l'espressione in blu con l'aggettivo adatto, come nell'esempio.

1. Il tuo è un progetto che può essere realizzato.   `realizzabile`
2. Si tratta di una storia che può essere creduta.   _____
3. Quello è stato un viaggio che non può essere dimenticato.   _____
4. Il suo era un comportamento che non poteva essere compreso.   _____
5. Questa pizza non è eccezionale, ma si può mangiare.   _____
6. Questo è un materiale che si può riciclare.   _____
7. Gli esercizi sono difficili, ma si possono fare.   _____

Leggi ora questa piccola curiosità. Il contabile *non è una persona* che può essere contata. *Anzi! È sinonimo di* ragioniere, *cioè di* una persona che tiene i conti di un'azienda. *Ma in fondo la parola non contraddice la regola, perché è estranea alla tradizione della nostra lingua. Si tratta, infatti, di un francesismo, di un termine entrato nell'italiano durante il periodo dell'occupazione napoleonica.*

4 Ti faccio vedere una cosa

In quali frasi il verbo fare *potrebbe essere sostituito da* lasciare?
Trascrivile come nell'esempio.

1. Sai che mi ha fatto usare il suo computer?   `Sai che mi ha lasciato usare il suo comput`
2. Hai già fatto riparare la macchina?   _____
3. Fammi entrare! Fa freddo fuori …   _____
4. Mi fai provare i tuoi pantaloni?   _____
5. Mi fate sempre perdere un sacco di tempo!   _____
6. Fammi capire cosa ti passa per la testa!   _____
7. Fatemi passare, per cortesia!   _____
8. I miei mi fanno sempre fare quello che non voglio.   _____
9. I miei mi fanno sempre fare quello che voglio.   _____
10. Quel libro mi ha fatto proprio ridere.   _____
11. Fammi pensare un momento!   _____

5 Mille cose da fare

Fare *è forse il verbo più usato in italiano. Al tuo livello, però, sei in grado di sostituirlo con altre forme più eleganti (e a te già note). Trasforma le frasi con il verbo appropriato, come nell'esempio.*

costruire – c~~reare~~ – cucinare – percorrere – porre – praticare – presentare – prestare – produrre – seguire

1. Dio fece il mondo dal nulla. Dio creò il mondo dal nulla.
2. Perché non fate mai attenzione a quello che dico?
3. Faccia la domanda entro il 10 febbraio!
4. Ieri con la macchina ho fatto 100 chilometri.
5. Com'è dimagrita. Avrà fatto una dieta?
6. In quella ditta si fanno bellissimi mobili.
7. Mia madre mi fa sempre dei piatti magnifici.
8. In città hanno fatto un nuovo impianto sportivo.
9. Mi faceva sempre un sacco di domande.
10. È vero che fa moltissimi sport?

6 Anche se …

Trasforma le frasi secondo il modello.

Esco anche se piove.
Ho deciso di uscire anche se pioveva.

Esco sebbene piova.
Ho deciso di uscire sebbene piovesse.

1. Anche se non ne ho voglia devo studiare.
2. Anche se sei stanco finisci il lavoro!
3. Anche se erano stranieri, parlavano benissimo l'italiano.
4. Anche se si alzavano presto, arrivavano sempre in ritardo.
5. Anche se perdete, continuate a battervi.
6. Anche se continuano a sbagliare, non si perdono d'animo.
7. Anche se era grasso non si metteva mai a dieta.

Infobox

Perché i figli restano in famiglia?

Così ha risposto un gruppo di 18-34enni italiani che vivono con almeno un genitore: «perché godo di libertà (48,1 %), sto ancora studiando (27,5%), non ho un lavoro stabile (16,8%), ho difficoltà nell'affitto o acquisto della casa (16,4%), altrimenti dispiacerebbe ai miei genitori (7,1%), ho paura ad andar via (6,7%), dovrei fare troppe rinunce (4,8%), i miei hanno bisogno di me (3,3%)».

 7 Nonostante il tempo …

Sottolinea tutte le frasi concessive e trasforma poi le forme con anche se *nelle corrispondenti forme con* nonostante/sebbene/benché/malgrado *e viceversa, come nell'esempio.*

Avevo deciso che sarei andata a sciare a tutti i costi. E così, <u>anche se il tempo non era particolarmente bello,</u> mi sono alzata presto e mi sono messa in macchina. Nonostante il traffico sono arrivata a Pampeago abbastanza presto. C'erano già diversi bus parcheggiati nel piazzale e moltissime auto di turisti. La mia amica Albina mi aveva promesso che sarebbe venuta con me, ma non so perché non si è fatta vedere. Ma è stato divertente anche se ero da sola. Sebbene ci fosse molta gente ho potuto sciare senza problemi (sono brava, anche se mio marito – che è maestro di sci – dice il contrario!). A pranzo mi sono fermata per mangiare un panino al formaggio e poi via di nuovo sulle piste. Insomma, malgrado ci fosse un freddo terribile, non mi sono più fermata fino alle cinque. È stata una giornata bellissima nonostante tutto!

(1) Nonostante/Sebbene/Benché/Malgrado il tempo non fosse particolarmente bello …

(2) _____

(3) _____

(4) _____

(5) _____

 8 Ci si

Abbina le frasi.

1.	Dopo un giornata faticosa		separa sempre di più. (a)
2.	Se si frequenta la scuola		alza verso le sette. (b)
3.	Alle comodità		azzuffa coi compagni. (c)
4.	Se non si ha quella calda	ci si	abitua facilmente. (d)
5.	Dopo una bella doccia		riposa volentieri. (e)
6.	In Italia		sente proprio bene. (f)
7.	A volte ai giardinetti		lava con l'acqua fredda. (g)

9 Ci si abitua facilmente …

Sostituisci nelle seguenti frasi uno/qualcuno/la gente/tutti/le persone *con* ci si, *secondo il modello. Attenzione ai tempi verbali.*

Uno/Qualcuno/La gente si abitua. – Tutti/Le persone si abituano facilmente.
Ci si abitua facilmente.

1. Ultimamente tutti si sono abituati alle comodità.

   Ultimamente _____ _____ _____ abituati alle comodità.

2. Se qualcuno si impunta e traduce «topo» per «mouse», nessuno capisce.

   Se _____ _____ _____ e si traduce «topo» per «mouse»,

   nessuno capisce.

3. Le persone si lamentano spesso di molte cose.

   _____ _____ _____ spesso di molte cose.

4. Pensando troppo alla grammatica, spesso uno si blocca.

   Pensando troppo alla grammatica, spesso _____ _____ _____ .

5. Se uno si arrende subito, non ottiene niente.

   Se _____ _____ _____ subito, non _____ ottiene niente.

6. Quando la gente si trasferisce all'estero, dovrebbe imparare la lingua del

   Paese ospitante.

   Quando _____ _____ _____ all'estero, _____ dovrebbe imparare

   la lingua del Paese ospitante.

7. Se le persone non si fidano nemmeno degli amici, allora …

   Se non _____ _____ _____ nemmeno degli amici, allora …

Infobox

Genitori, adesso vi giudichiamo noi
Ecco come i ragazzi italiani giudicano i loro genitori, secondo i dati dell'ultima indagine Eurispes.

I GENITORI SONO …

moderni	28,9 %	severi	3,1 %
comprensivi	25,8 %	intolleranti	1,7 %
permissivi	11,7 %	antipatici	0,5 %
antiquati	10,3 %	altro	5 %
simpatici	8,6 %	non risponde	4,4 %

10 In altre parole ...

Quale espressione di destra corrisponde alla frase di sinistra?

1. Facciamo alle 4?

    a. Ci vediamo alle 4?
    b. Comincia alle 4?

2. Io esco in ogni caso.

    a. Io esco a qualsiasi ora.
    b. Io esco comunque.

3. Come sarebbe a dire?

    a. Scusa, e questo cosa significa?
    b. Lo diresti sempre?

4. D'accordo, fa il figlio.

    a. D'accordo, dice il figlio.
    b. Il figlio si mette d'accordo.

5. Vuoi fare un salto da me?

    a. Mi fai una visitina?
    b. Facciamo ginnastica insieme?

6. Si infilò gli occhiali.

    a. Si tolse gli occhiali.
    b. Si mise gli occhiali.

7. Distolse gli occhi dal giornale.

    a. Iniziò a leggere il giornale.
    b. Abbandonò per un attimo il giornale.

8. Con lui non ho rapporti.

    a. Non lo frequento.
    b. Con lui non c'è confronto.

11 Vedendo quel film ...

Completa con il verbo adatto al gerundio.

andare – ascoltare – fare – ripetere – sbagliare – tradurre – uscire – vedere

1. _____ quel film, mi sono messa a piangere.

2. È noto che _____ si impara.

3. _____ di casa abbiamo incontrato i nostri amici.

4. _____ ad alta voce i vocaboli, mi sembra di migliorare la mia pronuncia.

5. _____ gli esercizi d'italiano, mi concentro molto.

6. _____ in centro, ho incontrato Eva.

7. Studio sempre _____ la radio.

8. _____ ho sempre bisogno di un vocabolario.

Esercizi

6

12 Famiglie di parole

Ricordi questi vocaboli? Completa la tabella.

verbo	sostantivo	aggettivo	avverbio
---	_____	attento	_____
aumentare	_____	---	---
cambiare	_____	---	---
_____	il controllo	---	---
_____	il contenuto	_____	---
crescere	_____	_____	---
decidere/decidersi	_____	_____	decisamente
---	_____	disponibile	---
---	_____	_____	elegantemente
_____	la nascita	_____	---
preoccuparsi	_____	_____	---
---	_____	severo	_____
---	_____	sicuro	_____
---	_____	_____	sinceramente
---	_____	_____	tradizionalmente
_____		vivente	---

Rispondi ora a questa domanda: di che genere sono i sostantivi in -sione e in -zione? Maschili o femminili?

13 Ricapitoliamo

Quali parole associ all'idea di famiglia? Quali sono i cambiamenti avvenuti all'interno della famiglia italiana? Quale ne è la causa? Cambiamenti analoghi si sono avuti anche nel tuo Paese? Da noi si assiste ad un calo demografico. Anche da voi? Qual è il motivo? Che ruolo hanno i nonni in una società in cui tante donne lavorano? Che ne pensi delle coppie che si sposano molto presto? È un vantaggio o uno svantaggio? Potrebbe essere questa la causa di tanti divorzi e separazioni? Quali sono secondo te i motivi di maggior conflitto fra genitori e figli? All'interno della coppia ritieni giusto che vi sia una suddivisione delle faccende domestiche? Oppure pensi che queste ultime siano di esclusiva competenza femminile?

1 Feste e ricorrenze

Cancella dallo schema le parole relative alle definizioni (scritte consecutivamente). Le lettere rimaste ti daranno un famoso proverbio italiano.

1. La festa del _____ è il giorno di San Giuseppe.

2. Si dice che a _____ ogni scherzo vale.

3. Una tipica ricetta di un particolare giorno di festa è il cotechino con le _____.

4. A Natale in alcuni Paesi si fa l'albero, in altri il _____ .

5. Il primo di _____ si festeggia il giorno di Ognissanti.

6. _____ è l'ultimo giorno dell'anno, che si chiude con il «cenone».

P	A	N	A	P	A'	C	A	T	R
N	A	L	E	V	A	E	L	E	L
E	C	O	N	T	I	C	N	C	H
I	I	T	U	E	P	O	R	E	I
S	E	P	I	O	E	P	A	S	N
O	Q	V	U	E	A	C	O	M	B
N	R	E	C	H	I	S	S	V	I
L	U	V	E	O	S	T	R	I	O

Soluzione: __ __ __ __ __ __   __ __ __

__ __ __ __ __ __ __ __ __ __ __ __ __

__ __ __ __ __ __   __ __ __ __!

2 Non sei mica obbligato!

Completa le frasi con le seguenti espressioni.

calcolando che – dai – è solo che – magari – magari – mica – per carità

1. Ti piacerebbe riposare una settimana?
    _____ potessi!

2. Ma scusa, non ci tieni a uscire un po'?
    Mah, _____ odio che ci sia tanto traffico.

3. Ho ancora tempo?
    Certo, non ti ho _____ detto che devi finire per domani!

4. A che ora pensi di arrivare?
    Mah, alle 6 o _____ anche alle 5.30, se finisco presto.

5. _____, non ti va proprio di venire?
    Mah, ho paura di annoiarmi …

6. Avete voglia di uscire?
    _____! Con questo freddo?

7. _____ il corso dura fino all'una, non potrò essere da te prima delle due.
    Beh, non c'è problema!

3 Magari!

Abbina le frasi e coniuga i verbi al congiuntivo imperfetto.

1. Vuoi che partano senza di noi?
2. Davide è già arrivato?
3. Il treno è già partito?
4. Ti dà fastidio se stasera invito degli amici?
5. Ti ha regalato qualcosa?

a. Macché! Magari (essere) _____ puntuale una volta!

b. Al contrario! Magari (venire) _____ gente più spesso!

c. Figurati! Magari mi (portare) _____ qualcosa ogni tanto!

d. Beh, io ne sarei contenta. Magari (potere) _____ star tranquilli a casa!

e. Eh, purtroppo sì. Magari (avere) _____ ritardo ogni tanto!

4 Ti va di ... ?

Ricostruisci il dialogo.

☐ Beh, così importante no, ma ... insomma devo mettere in ordine l'appartamento.

☐ Sì, va bene, mi sembra un buon orario.

☐ Beh, ripensandoci potrei cercare di sbrigarmi in fretta, calcolando poi che forse Sara verrà a darmi una mano ...

☐ Magari!

☐ Peccato! Allora niente da fare?

☐ Perché magari? Hai un impegno così importante?

☐ Purtroppo no, perché la mattina ho un sacco di cose da fare e io ci tengo al lavoro ...

☐ Pronto, Alessandra, sei libera oggi?

☐ Vedi?! Passo da te allora, così, verso le quattro?

☐ Benissimo allora. Ciao, a più tardi.

☐ Ma dai! Non lo puoi fare domani?

5 Promesse …

Collega le frasi di sinistra con quelle di destra e coniuga i verbi come nell'esempio.

1. Quel meccanico non è affidabile.
   Mi aveva promesso che

2. Mi avevi promesso che quest'inverno

3. Sempre all'ultimo momento!
   Mi avevate giurato che

4. Clara, ma Luigi non ti aveva assicurato che

5. Giulio aveva promesso alla moglie che a Pasqua

6. La segretaria aveva promesso al direttore che

7. I miei mi avevano detto che

(spedire) _____ le mail il più presto possibile. **(a)**

non (arrivare)_____ più _____ in ritardo! **(b)**

mi (riparare) `avrebbe riparato` la macchina per domani. **(c)**

mi (portare) _____ a sciare! **(d)**

la sera (uscire) _____ . **(e)**

(festeggiare) _____ con te? **(f)**

l' (portare) _____ alle Maldive. **(g)**

6 Promesse non mantenute

Completa la lettera con il tempo e modo opportuno.

Carissimo Giulio,

perdona questa lettera, ma adesso sono veramente arrabbiata! A Natale mi avevi promesso che mi (portare) _____ a sciare. E niente! Poi che (andare) _____ insieme a Firenze per una settimana. E improvvisamente è saltato fuori quel tuo impegno! Mi avevi pure detto che alla fine di gennaio mi (accompagnare) _____ a Bologna per i saldi e che nell'occasione noi (visitare) _____ la città. Io aspetto ancora i saldi!

Adesso è il giorno di S. Valentino. L'anno scorso avevi giurato che il 14 febbraio ci (sposare) _____ . E poi hai tirato fuori la scusa del tuo trasferimento. E pazienza.

Però due settimane fa mi avevi promesso anche che oggi mi (regalare) _____ uno splendido mazzo di rose. E almeno questa volta io pensavo davvero che tu non te ne (dimenticarsi) _____ . Ma non sono arrivati né i fiori né gli auguri.

Sai che ti dico? Se non sei capace di mantenere le promesse che fai, è meglio che tu smetta di farne!!

Tua Francesca

P.S.: Mi avevi pure detto che tu (cambiare) _____ , che (diventare) _____ più attento e sensibile… Sono stata forse così stupida da risponderti che un giorno o l'altro ti (credere) _____ ?

7 Un intruso per frase

Elimina l'espressione estranea alle altre due. Se la soluzione sarà esatta, le lettere delle frasi rimaste, lette nell'ordine, daranno un proverbio italiano che riguarda i regali.

1. Ci tengo molto ai miei amici.

   Per me sono molto importanti. (ACA)
   Mi stanno molto a cuore. (VAL)
   Li conosco da molto tempo. (SEM)

2. Il regalo non mi piaceva affatto, comunque ho ringraziato.

   Ad ogni modo ho ringraziato. (DON)
   E quindi ho ringraziato. (BRA)
   In ogni caso ho ringraziato. (ATO)

3. Mi sono accorto che si trattava di un regalo riciclato.

   Sapevo che … (CHE)
   Ho notato che … (NON)
   Ho capito subito … (SIG)

4. Ha fatto una figuraccia.

   Ha dato una cattiva impressione di sé. (UAR)
   Non era in forma. (SOP)
   Ha fatto una brutta figura. (DAI)

5. Avrei voluto sprofondare!

   Sarei voluta scomparire! (NBO)
   Mi sarei voluta nascondere! (CCA)
   Mi sarei voluto abbassare! (NTO)

Esercizi 7

Soluzione: _ .

Significa che un regalo va accettato così com'è.

Infobox

Regata storica

Ogni anno, la prima domenica di settembre, ha luogo a Venezia la Regata Storica, per ricordare le antiche regate che si disputavano nelle acque della laguna veneta fin dal 13. secolo con imbarcazioni che avevano fino a 20 rematori. La manifestazione inizia con il Corteo storico che sfila con i costumi del 16. secolo e che vuole ricordare il memorabile arrivo a Venezia della regina di Cipro, Caterina Cornaro. Segue poi il corteo delle ricche gondole da parata e delle imbarcazioni a più remi delle varie società. Infine iniziano le gare vere e proprie, quelle dei giovanissimi, delle donne e dei «gondolini» a due remi. Finite le gare, tutti i canali si riempiono di barche e iniziano spettacoli d'arte varia nei campi e nei campielli.

8 Vedendola correre in quel modo …

Completa le seguenti frasi con il gerundio e il pronome adatto come nell'esempio.

Ho incontrato Viola e, (vedere) <u>vedendola</u> correre in quel modo, ho capito che era in ritardo.

1. Stamattina ho incontrato Jole che, (vedere) _____ dopo tanto tempo,

   mi ha salutato calorosamente.

2. Ieri pomeriggio Sandro stava cercando di risolvere un problema, ma (fare) _____

   ha capito che la matematica non era proprio la sua materia.

3. (Ascoltare) _____ ho capito perché si è diplomato con la votazione di 100/100.

4. (Rivedere) _____ ho capito d'essere ancora innamorato di lei …

5. Ieri riguardavo i miei vecchi quaderni e (riprendere) _____ in mano

   mi è venuta una nostalgia!

6. (Rileggere) _____ mi sono accorto che la mia e-mail era piena di errori.

7. (Ripensare) _____, il problema non era poi così difficile!

8. (Richiamare) _____ ho voluto semplicemente farti capire che non ce

   l'avevo con te.

9 Qual è la reazione appropriata?

*Segna con una X la reazione appropriata a queste frasi. Se le risposte saranno
esatte, le lettere dei riquadri, lette nell'ordine, daranno il nome della regione dove si
trova Fano, sede di uno dei carnevali più antichi d'Italia.*

1. Allora ti sbrighi?
   C Magari più tardi!
   M Perché? Siamo forse in ritardo?
   O Quando? Più tardi?

2. Non ti va di venire?
   A Mah, onestamente non ci tengo tanto.
   R No, non posso.
   M Sì, ci vado domani.

3. Che c'è che non va?
   S Non voglio andarci.
   B Non è ancora mezzogiorno!
   R È che sono proprio stressato.

4. Non sarebbe meglio saltare una portata?
   Z E dove?
   C Hai ragione, si mangia sempre troppo.
   B Non ne ho voglia!

5. Perché cerca di rifilarmi sempre qualcosa?
   D Perché gli piace fare regali.
   H Beh, vuole solo privarsi di un suo oggetto per te.
   F Mah, farà una figuraccia!

6. Ci sei rimasto male?
   A No, non mi è rimasto proprio niente.
   E Beh, poteva anche comportarsi meglio!
   O Sì, là non mi piaceva.

Esercizi

7

10 Se …

Trasforma le frasi come nell'esempio.

Arriva sempre tardi e così perde il treno.
Se arrivasse prima (se non arrivasse sempre tardi), non perderebbe il treno.

1. La stanza è molto buia e quindi non è molto accogliente.

_____ .

2. Quelle scarpe sono troppo care e così non le compro.

_____ .

3. È sempre distratto e così ha sempre un sacco di difficoltà.

_____ .

4. C'è troppo traffico e quindi non prendo la macchina.

_____ .

5. Hanno sempre poco tempo e così fanno tutto di fretta.

_____ .

6. Eva è una persona troppo chiusa e così non la sposo.

_____ .

7. Non mi danno mai una mano e così devo fare tutto da solo.

_____ .

8. Franco è pessimista e avaro e per questo non lo trovo simpatico.

_____ .

Infobox

Festa del Redentore

La Festa del Redentore è una delle più caratteristiche di Venezia ed una delle più amate dai Veneziani. Risale al 1576, anno in cui il Senato della Repubblica – in seguito ad una terribile pestilenza che aveva colpito la città – promise di costruire una chiesa in onore di Cristo Redentore e di organizzarvi una processione ogni anno, la terza domenica di luglio. Si tratta di una festa di suoni e di luci: vi partecipano centinaia di imbarcazioni ornate di palloncini colorati che, dopo il grande spettacolo dei fuochi d'artificio sull'acqua, fra canti e suoni girano per i canali della città fino ad arrivare al Lido, dove aspettano insieme il levar del sole.

11 Barzellette

Abbina i disegni al testo adatto.

1. Se si sposasse farebbe felice una persona: me.
2. Le dispiacerebbe scrivermelo su un foglietto? Le mie amiche non mi crederebbero mai se raccontassi che ho guidato a questa velocità …
3. Sarei contento se ne aveste uno più educato.
4. Stefano, se tu non avessi impegni importanti, stasera potremmo andare in discoteca.
5. Arturo, ti dispiacerebbe se andassi un paio di giorni da mia madre?

12 Periodo ipotetico

Completa le frasi con i seguenti verbi.

alzarsi	dovere	essere	stare
avere	rispondere	fare	funzionare

1. Se non _____ il cellulare, non saprei come raggiungere i miei figli!
2. Se il mio vecchio PC _____ ancora, non sarei costretta a comprarne uno nuovo.
3. Se _____ un po' prima, non dovresti fare tutto così in fretta.
4. Se _____ a casa più spesso, la vostra segreteria telefonica non sarebbe in funzione tutto il giorno!
5. Se mi _____ la segreteria telefonica, non lascerei alcun messaggio.
6. Se _____ più intelligenti, si comprerebbero un computer.
7. Se _____ fare tardi, vi chiameremmo.
8. Se qualcuno mi _____ un regalo riciclato, ci rimarrei molto male.

13 Sogni

Da tempo Luciana sogna una macchina sportiva ed un giorno le capita fra le mani un catalogo con la foto di una Barchetta Fiat. Cosa sogna?

Se (potere) _____ comprarmi questa macchina, ne (essere) _____ felicissima! Prima di tutto (partire) _____ per un lungo viaggio in autostrada e (potere) _____ divertirmi ad andare a tutto gas. Poi (girare) _____ un po' dappertutto. In estate (essere) _____ bellissimo. (Tirare) _____ giù la capote* e (avere) _____ il vento fra i capelli. Sì, già, ma se (fare) _____ freddo? Beh, allora (mettersi) _____ un bel maglione e comunque non (lasciare) _____ certo la Barchetta in garage! Che macchina meravigliosa! Ripensandoci, però, il bagagliaio** è un po' piccolo … Se (avere) _____ tante valigie come (fare) _____? Quello dei bagagli forse (essere) _____ un problema?

Mah, forse (fare) _____ meglio a pensare a qualcosa di più pratico. Forse (dovere) _____ risparmiare i soldi? Già, i soldi. A proposito, mica li ho per comprarmi la Barchetta. D'altra parte se ogni tanto non si (sognare) _____ …

* la capote = la parte superiore della macchina, il «tetto» **il bagagliaio = il posto della macchina dove si mettono i bagagli

14 Ricapitoliamo

Quali sono le festività/tradizioni italiane che conosci? Esistono anche nel tuo Paese e anche da voi vengono festeggiate nel medesimo modo? Fra quelle citate ce n'è una che ti piace particolarmente/non ti piace per niente? Perché? Secondo te è importante rispettare le tradizioni? Che ne pensi dei regali? In che occasioni li fai/ricevi? Che ne pensi dell'uso di riciclare i regali? Come reagiresti se ne ricevessi uno?

1 Le malattie della Terra

Individua le parole (scritte di seguito) che hanno a che fare con fenomeni/problemi atmosferici. Le lettere rimaste, lette nell'ordine, daranno il nome di un preoccupante fenomeno di cui si parla molto.

Soluzione: Uno dei più gravi problemi attuali sono le _ _ _ _ _ _   _ _ _ _ _ .

2 Colori

Completa le frasi con i seguenti vocaboli/modi di dire.

mangiare in bianco   in neretto   essere al verde

leggere gialli   principe azzurro   una settimana bianca

1. Ma perché spendi così tanti soldi? Ti piace proprio _____ ?
2. Patrizia non ha ancora trovato il suo _____ .
3. Quest'inverno ho deciso di fare _____ in Canada.
4. Sai che Luigi non fa che _____ ?
5. Visto che non mi sento molto bene, il medico mi ha consigliato di _____ per qualche giorno.
6. Dovete concentrarvi soprattutto sulle parole scritte _____ .

> **Infobox**
>
> **Un'indagine dell'Oms sulle 15 aree industriali più pericolose**
> Secondo l'ultima «Mappatura del rischio industriale in Italia» sono 1.136 gli impianti a rischio in Italia. Oltre il 22 per cento sono concentrati in Lombardia, in particolare nelle province di Milano, Bergamo, Brescia e Varese. Vere e proprie bombe ecologiche responsabili non solo del degrado ambientale, ma dell'incremento di varie malattie, soprattutto tumori, come puntualmente è stato sottolineato in un rapporto dell'OMS (l'Organizzazione mondiale della sanità).

3 Non avendo trovato …

Completa le frasi con i seguenti verbi al gerundio passato, come nell'esempio.

arrivare   sapere
                            spendere   ~~vedere~~
        prevedere   seguire

1. Avendo _____ visto _____ che Luisa ritardava, sono uscito da solo.
2. _____ _____ del suo trasferimento, gli ha chiesto il nuovo indirizzo.
3. _____ _____ che stava per piovere, ho preso l'ombrello.
4. _____ _____ troppo tardi, non hanno trovato posti liberi.
5. _____ _____ il tuo consiglio, ho fatto proprio un bel lavoro.
6. _____ _____ troppo il mese scorso, adesso dobbiamo risparmiare.

 4 Gerundio presente o passato?

Sostituisci le frasi causali usando il gerundio presente o passato, come nell'esempio.

Visto che ha studiato molto, adesso ha solo voglia di riposarsi.
Avendo studiato molto, adesso ha solo voglia di riposarsi.

Visto che era molto stanco, ha deciso di restare a casa.
Essendo molto stanco, ha deciso di restare a casa.

1. Visto che si è diplomata con una votazione molto alta, ha trovato subito un posto.

   _____ .

2. Siccome non ero bravo in matematica, dovevo concentrarmi più degli altri.

   _____ .

3. Siccome non aveva mai avuto il coraggio di mettersi in proprio, ha continuato
   a lavorare come dipendente.

   _____ .

4. Poiché ieri ho lavorato troppo, oggi sono stressato.

   _____ .

5. Siccome conosce molto bene l'inglese, non avrà difficoltà a trovare un lavoro.

   _____ .

6. Visto che aveva deciso di passare una settimana in montagna, si comprò un paio di sci.

   _____ .

5 Dopo aver letto il giornale …

Forma delle frasi.

	andata dal medico,	tornò nel suo Paese.
	seguito i tuoi consigli,	mi accorsi che era riciclato.
	telefonato ad Arianna,	ne discusse con gli amici.
Dopo aver	letto la notizia,	uscì.
Dopo esser	visitato Venezia,	mi sono messa a dieta.
	stati al cinema,	sono migliorato molto.
	ricevuto il regalo,	chiamò Sara.
	ringraziato dell'invito,	sono andati a bere qualcosa insieme.

6 Prima … e poi …

Trasforma le frasi secondo il modello.

Sono stata al cinema e poi sono andata in discoteca.

Dopo esser stata al cinema, sono andata in discoteca.

1. Ho bevuto qualcosa al bar e poi sono andato al lavoro.

_____
_____ .

2. Hanno controllato bene le valigie e poi sono partite.

_____
_____ .

3. Mi informerò sul prezzo del biglietto e solo dopo prenoterò.

_____
_____ .

4. Si sono comprati un nuovo paio di sci e poi sono partiti per la settimana bianca.

_____
_____ .

5. Ha provato a curarsi da solo, ma dopo ha chiamato il medico.

_____
_____ .

6. Abbiamo finito gli esercizi e poi siamo usciti.

_____
_____ .

7. Ci siamo riposati un po' e poi abbiamo ripreso il lavoro.

_____
_____ .

7 Periodo ipotetico

Completa le frasi della colonna di sinistra con una della colonna di destra.

1. Se ci fossero stati ancora posti liberi, sua madre non si sarebbe arrabbiata. **(a)**
2. Se Simone l'avesse invitata, non ti saresti alzata con il mal di testa. **(b)**
3. Se le avessero dato delle indicazioni più precise, non avrebbe vinto il Nobel. **(c)**
4. Se allora avessero accettato quel posto, di certo avremmo comprato il biglietto. **(d)**
5. Se avessimo imparato l'italiano da bambini, avrebbero avuto una vita più facile. **(e)**
6. Se Einstein non avesse studiato fisica, non avremmo avuto tutte queste difficoltà. **(f)**
7. Se fosse rientrato a un'ora decente, Claudia avrebbe accettato con piacere. **(g)**
8. Se avessi bevuto di meno, forse non si sarebbe persa. **(h)**

8 Quel mio primo «se» …

Davide Dondio vuole scrivere una lettera di ringraziamento ad un'associazione di Milano che promuove gli scambi culturali e si è preso alcuni appunti. Aiutalo a completare la lettera come nell'esempio della prima frase.

se ~~capitare~~ – ~~leggere~~, sapere, decidere se prendere – essere, vivere, conoscere
se andare – imparare, venire a contatto, fare se frequentare – innamorarsi

```
e-mail:   becasse@becasse - info@becasse.it
          school.program@becasse.it


                                       Chicago, 11 dicembre 20…
Cara Sandra e Ilaria,
vi scrivo per ringraziarvi.
Se anni fa non mi fosse capitato fra le mani un opuscolo della BEC, non
avrei mai letto il vostro programma, non _____dell'esistenza
di questo tipo di associazioni e non _____ di trascorrere un
anno negli USA.
Se non _____ questa decisione, forse non _____ mai
_____ nel Kansas, non _____ lì e non
_____quella splendida famiglia di Marc e Audrey Mac Kinley che
mi hanno ospitato come un figlio.
Se non _____ in America non _____ l'inglese,
non _____ con un'altra cultura e nuovi costumi e non
_____ la maturità americana. Se non _____ la
scuola a Topeka, non _____ di Mary, la mia attuale moglie, e
oggi non sarei padre felice del mio terzo bambino.
Grazie e auguri di buon lavoro!
Davide Dondio
```

9 Non è mai troppo tardi!

Prosegui la catena, come nell'esempio.

da giovane Luca – studiare di più/non essere bocciato/proseguire gli studi,
prendere un diploma e poi una laurea/ottenere un posto di lavoro più interessante e
guadagnare di più/poter lavorare di meno e avere più tempo libero/poter riprendere a studiare

Se da giovane Luca avesse studiato di più, non sarebbe stato bocciato*.

Se non fosse stato bocciato _____

_____

_____

_____ .

* essere bocciati = non passare/non essere ammessi alla classe successiva, dover ripetere l'anno scolastico

10 Il caso …

*In ogni gruppo di frasi/espressioni ce ne sono due di significato simile. Le lettere
delle caselle corrispondenti, lette nell'ordine, daranno la prosecuzione del titolo.*

1. Mi avvio verso il supermercato. $\boxed{\text{M}}$
   Vado verso il supermercato. $\boxed{\text{U}}$
   Faccio acquisti al supermercato. $\boxed{\text{O}}$

2. All'ingresso del negozio $\boxed{\text{C}}$
   All'uscita del negozio $\boxed{\text{R}}$
   All'entrata del negozio $\boxed{\text{C}}$

3. Mi chiedo se ha a che fare con … $\boxed{\text{A}}$
   Che abbia a che fare con …? $\boxed{\text{P}}$
   Sarà molto occupato? $\boxed{\text{S}}$

4. Tutti erano molto presi. $\boxed{\text{A}}$
   Tutti erano molto interessati. $\boxed{\text{Z}}$
   Tutti avevano comprato molto. $\boxed{\text{T}}$

5. Questa storia è comica. $\boxed{\text{Z}}$
   Questa storia è ridicola. $\boxed{\text{A}}$
   Questa storia fa piangere. $\boxed{\text{E}}$

Soluzione: (…) _ _ _ _ _   _ _ _ _ _

Infobox

Certi di non avere un OGM nel piatto?

Per evitare gli alimenti prodotti con ogm, oggi c'è un aiuto in più. L'associazione ambientalista Greenpeace diffonde la lista dei cibi (e dei mangimi per animali) «trattati». L'elenco, che è sul sito www.greenpeace.it/ogm (tel. 06.5729991), viene aggiornato di continuo. Le liste hanno un semaforo: verde per le ditte che garantiscono di non usare ogm nei loro prodotti, arancio per quelle che si stanno impegnando per eliminarli e rosso per i produttori che intendono continuare ad usarli.

Esercizi

8

> ### Infobox
>
> **Sigle e loro significati**
>
> Qui di seguito le sigle dei principali marchi di tutela dei prodotti alimentari. DOP (Denominazione di Origine Protetta) indica un prodotto caratteristico di una determinata area geografica. IGP (Indicazione Geografica Protetta): prodotto tipico di una zona che lo ha reso pregiato o particolarmente famoso. STG (Specialità Tradizionale Garantita): valorizza una particolare composizione del prodotto o un metodo di produzione tradizionale.
>
> PAT (Prodotto Agroalimentare Tradizionale): prodotto il cui metodo di lavorazione, conservazione e stagionatura risulta consolidato nel tempo. De.C.O (Denominazione Comunale di Origine): prodotto di tradizione così particolare da meritare un riconoscimento protettivo. I primi 3 sistemi sono stati creati dalla Comunità Europea già nel 1992 per promuovere e tutelare i prodotti agroalimentari, eppure secondo un'inchiesta 2/3 dei consumatori non ne conoscono ancora l'esatto significato.

11

Che abbia a che fare con …?

Inserisci le seguenti espressioni al posto opportuno.

Che sia …   Che stiano …   Che manchino …

Che dipenda …   Che voglia …   Che facciano …

1. Non sono ancora qui. _____ tardi come al solito?

2. Non è ancora arrivata. _____ raggiungerci al cinema?

3. Mica male quell'uomo con Giovanna. _____ il marito?

4. È sempre così stressato. _____ pochi giorni al suo esame?

5. Li ho visti uscire con due valigie. _____ per partire?

6. Mi muoiono tutte le piante. _____ dalla siccità?

Ed ora riflettiamo. Rispondi alle domande.

	sì	no
1. Il congiuntivo dipende sempre da un'altra frase?	☐	☐
2. La struttura «Che sia/faccia …?» esprime una domanda vera e propria?	☐	☐
3. Esprime un dubbio, una riflessione, una domanda quasi rivolta a se stessi?	☐	☐

12 Mi hanno fatto una multa …

Completa le frasi con la forma impersonale alla terza persona plurale,
come nell'esempio. Attenzione ai tempi/modi opportuni.

Ieri mi (fare) `hanno fatto` una multa, perché avevo parcheggiato in doppia fila.

1. Anziché costruire una banca, (potere) _____ _____ costruire
   un bel parco.

2. Sono soddisfatto del mio nuovo posto perché mi (trattare) _____ bene
   e mi (pagare) _____ profumatamente.

3. In quella zona adesso non c'è niente, ma in futuro ci (costruire) _____
   degli impianti sportivi.

4. Stamattina al TG non (dire) _____ _____ che il centro era chiuso al traffico,
   altrimenti non avrei preso la macchina!

5. Non sa ancora se ha vinto il concorso. Ma gli (rispondere) _____ –
   così gli (assicurare) _____ _____ – il più presto possibile.

6. Se non (suonare) _____ _____ alla porta, non sarebbe
   andato ad aprire.

7. Stasera all'Odeon (dare) _____ il film «Il miglio verde».

8. Se mi (regalare) _____ una cosa riciclata, è chiaro che ci rimarrei male.

9. Credo che (stare) _____ per aprire un nuovo centro commerciale.

Infobox

Un cibo davvero genuino. Anzi due.

La loro composizione è quasi uguale, uguali il valore nutritivo e l'alta digeribilità che li distingue, simile il processo di fabbricazione, identica la forma. Parliamo dell' (autentico) Parmigiano-Reggiano e del Grana Padano che spesso i consumatori confondono se non ne vedono la crosta. Ambedue hanno una storia millenaria: se il primo è già citato da Boccaccio nel Decamerone, il secondo fu creato agli inizi del secondo Millennio dai monaci cistercensi dell'Abbazia di Chiaravalle. Ma cosa li differenzia? Il diverso foraggio di cui si sono cibate le mucche e l'aria che i formaggi hanno «respirato» durante la fabbricazione e stagionatura - che dura da un minimo di 12 mesi fino a 36 - , in pratica la diversa zona di produzione (il Parmigiano è tipico solo delle province di Modena, Reggio e Parma, in parte di Bologna e Mantova. Il Grana Padano, invece, viene prodotto nella Valle Padana ma anche nelle province di Cuneo, Sondrio e Trento). Insomma, è solo una questione di sapori e profumo.

13 Cosa mangiamo?

Completa lo schema. Se le risposte sono esatte le caselle in neretto daranno una parola nuova che significa chiuso ermeticamente, senza aria.

1. Dovendo acquistare delle scatolette di tonno si cerca il reparto s……..
2. Chi non ha tempo di cucinare, usa spesso cibi pronti in pochi minuti, detti p…….
3. È un contenitore di vetro, alluminio o plastica, con il coperchio. È il b……..
4. Carne, verdura e frutta fanno parte dei generi a………
5. Greenpeace è un'a ……….. che lotta per la salvaguardia del nostro pianeta.
6. Poche multinazionali sono detentrici dei b……. OGM.
7. Chi compra e utilizza dei beni e dei servizi per soddisfare i propri bisogni viene detto c………..
8. Oggi si sente parlare molto di a……… transgenica.
9. I prodotti conservati a molti gradi sotto zero vengono detti s…….
10. Se si comprano molti prodotti, al supermercato non è difficile riempire il c…….

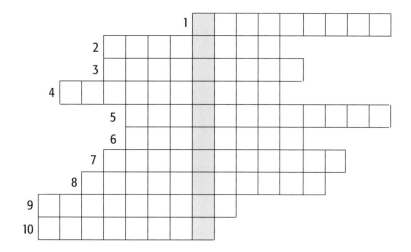

14 Ricapitoliamo

Quali sono, secondo te, i problemi più gravi del nostro pianeta? Quali le conseguenze dei cambiamenti climatici? Pensi di rispettare l'ambiente? Cosa fai in concreto per rispettarlo? Cosa mangi? Prima di acquistare un prodotto ne leggi l'etichetta? Consumi solo prodotti di derivazione garantita oppure ti lasci attrarre da altre cose (prezzo, pubblicità …)?

1 Vorrei che …

Completa l'e-mail con i seguenti verbi (non sono in ordine) coniugati nel modo/tempo opportuno.

arrivare – conoscere – dare – dire – diventare – portare – potere – venire

```
Caro Fabio,
hai tempo sabato prossimo? Vorrei che tu _____ a
casa mia a festeggiare la mia prossima partenza. Mi farebbe
piacere se tu _____ le diapositive del nostro
ultimo viaggio in Nuova Zelanda che la mia amica Sandra
vorrebbe vedere. Lei a Pasqua andrà a Auckland e mi ha
chiesto se avevo dei dépliant. Io li ho già buttati e sarei
contenta se tu le _____ prestare i tuoi (so che
conservi sempre tutto!). E poi mi piacerebbe che tu finalmente
la _____ e _____ amici! Se non
ti dispiace, preferirei che non _____ niente a
Carlo. Sai che si offende se non lo si invita, ma sabato
siamo già in troppi. D'accordo allora?
Un bacione e a presto.
Sara
P.S.: Tutti verranno verso le 7 e si cenerà alle 8. Mi
farebbe davvero piacere se tu non _____ in ritardo,
se insomma, almeno per una volta, _____ importanza
alla qualità che più ammiro: la puntualità! Grazie
```

> **Infobox**
>
> **Il mio migliore amico è …**
> Da un'inchiesta Eurispes è risultato a sorpresa che per il 26% degli adolescenti italiani il loro migliore amico è il padre. Solo una minima parte dei ragazzi intervistati ne ha dato un giudizio poco lusinghiero. Ecco le risposte alla domanda «Cosa rappresenta per te?»:
>
> | | |
> |---|---|
> | Una sicurezza | 31,7% |
> | Un amico | 26,1% |
> | Un mito | 16,4% |
> | Un maestro | 10,0% |
> | Un dittatore | 5,8% |
> | Un estraneo | 2,5% |
> | Un debole | 2,2% |
> | Una nullità | 1,4% |

2 Pensavo che …

Completa le frasi con il tempo opportuno del congiuntivo.

1. Ah, non l'avete ancora visto? Pensavo che l' (incontrare) _____ già _____ .

2. Quando mi restituisci il libro? Pensavo che non ti (servire) _____ più.

3. Il motorino di Luna? Mah, credo che non l' (avere) _____ più, mi sembra

   che l' (vendere) _____ proprio la settimana scorsa!

4. Ah, è una qualità che ti piace? Non pensavo che tu l' (ammirare)

   _____ tanto.

5. Hai eliminato il vaso della zia? Ma pensi davvero che (essere) _____ giusto

   buttar via tutto?

6. Ah, è già arrivata? Meno male. Temevo che (dimenticarsi) _____

   dell'appuntamento!

7. Vedi le finestre chiuse da giorni? Penso che (loro-partire) _____

   per le ferie.

3 Indicativo o congiuntivo?

Completa le frasi con il modo ed il tempo opportuno.

1. Secondo me Serena (stare) _____ meglio con la vecchia pettinatura!

2. Penso che il suo accento non (essere) _____ poi così male!

3. Mah, credo che i tuoi (rimanerci) _____ male perché si trattava
   di un oggetto riciclato …

4. Non immaginavo che queste scarpe (essere) _____ così scomode!

5. Sai, secondo me (fare) _____ tutti quegli errori perché non avevi studiato
   abbastanza.

6. Non sono sicuro, ma credo che ieri Luigi (andare) _____ alla festa da solo.

7. Scusatemi, ma io credevo che (già – mangiare) _____ .

8. Secondo me del film che abbiamo visto Aldo non (capire) _____ niente!

9. Ero convinto che Sandro (visitare) _____ quel paese qualche anno fa.

10. La casa dove andremo, pensa, (essere) _____ su due piani e (avere) _____
    un grandissimo giardino.

4 Luna Avogadro

Senza rileggere il brano di p. 94, completane la sintesi con i seguenti connettivi.

anzi

pur di

per questo

prima che

da quando

forse

senza

proprio

Conoscevo Luna _____ frequentavamo lo stesso liceo. Suo padre faceva

l'astronomo e _____ l'aveva chiamata così già molto _____ quel nome si

diffondesse. È stata _____ l'unica donna di cui sia diventato veramente amico

_____ avere coinvolgimenti sentimentali. Era chiacchierona, allegra e pronta a

fare la buffona _____ diventare amica di qualcuno. Trovava tutti «fantastici» e

«stupendi» e io cercavo inutilmente di farle capire che sbagliava. _____, uno

dei suoi grandi dispiaceri era _____ il fatto che i suoi amici non andassero sempre

d'accordo tra di loro.

5 Presente o imperfetto congiuntivo?

Completa le frasi con il tempo opportuno.

1. Esci prima che (finire) _____ lo spettacolo?

2. È così simpatico che, ovunque (andare) _____ e in qualunque situazione

   (trovarsi) _____, fa amicizia con tutti.

3. Il padre l'aveva chiamata Luna molto prima che la cultura alternativa (dare)

   _____ diffusione a quel nome.

4. Qualunque cosa (fare) _____, non era mai soddisfatto di sé.

5. In qualunque luogo (essere) _____ , si trovavano bene.

6. Non sapevo niente prima che la radio (trasmettere) _____ la notizia.

7. Ovunque (trovarsi) _____, sappiamo adattarci alla situazione.

8. Ovunque (andare) _____, mi trovo sempre bene.

6 È l'unica/la sola che …

Scegli, fra le due alternative, il tempo opportuno.

1. Era l'unica cosa che tu (possa – potessi) fare.
2. Era il solo difetto che non (sopportiamo – sopportassimo).
3. Era l'unica preoccupazione che (abbiano – avessero).
4. È la sola che qui (sia – fosse) vestita elegantemente.
5. È la sola donna che (abbia mai amato – amassi).
6. È stata la sola persona che mi (abbia capito – capisca) veramente.
7. Era l'unica cosa di cui (avessero – abbiano) mai parlato.

7 Chi trova un amico …

*Risolvi il cruciverba. Se le risposte saranno esatte, le lettere nelle caselle scure –
lette consecutivamente – daranno la seconda parte di un famoso proverbio italiano,
il cui inizio è il titolo di questo esercizio.*

Orizzontali

3. Se non ce l'hai, hai ragione.
8. Lo è chi non vuole mai spendere.
9. Non è sempre facile capire quello dei verbi.
10. È il contrario di qualità (positiva).
11. Incapace di compiere atti illegali o illeciti.
12. È il contrario di modesto.

Verticali

1. Quello di Luna era uno Zundapp.
2. Lo è chi non si comporta bene.
4. Si prende quando piove.
5. È il difetto di chi pensa solo a se stesso.
6. Non rivelare un segreto.
7. Chi le racconta non dice il vero.

Soluzione: _ _ _ _ _   _ _   _ _ _ _ _ _ .

8 Mi dice/mi ha detto che …

Trasforma le seguenti frasi in discorso indiretto.

1. «La grammatica è difficile.»

   Mi dice sempre che

   _____.

   Mi diceva sempre che

   _____.

2. «Carlo mi ha cercato.»

   Sandra dice che Carlo

   _____.

   Sandra ha detto che Carlo

   _____.

3. «Colette aveva già studiato l'italiano.»

   Sandra dice che Colette

   _____.

   Sandra ha detto che Colette

   _____.

4. «Andrò a vedere la mostra.»

   Paolo dice che

   _____.

   Paolo ha detto che

   _____.

5. «Mangia di meno!»

   Paolo mi dice sempre

   _____.

   Paolo mi ha detto

   _____.

6. «Mio figlio vorrebbe riposare.»

   Flavia dice che

   _____.

   Flavia ha detto che

   _____.

9 Mi ha chiesto se …

Trasforma le seguenti frasi in discorso indiretto.

1. «Verranno a pranzo due colleghi.»

   Il marito disse alla moglie _____.

2. «Qui non ti trovi bene?»

   L'amica gli chiese _____.

3. «Vieni anche tu a bere qualcosa con noi?»

   Lucio domandò all'amico _____.

4. «Avevo da fare e ho preferito rimanere a casa.»

   Stefania gli ha risposto _____.

5. «Sabato prossimo dovrei andare a Bologna. Vieni con me?»

   Silvio ha detto a Franca _____

   _____.

10 Una telefonata misteriosa

Leggi la seguente telefonata fra il ricercato John Brusca ed un suo complice.

■ Pronto Al, sei solo?

▼ Sì, qui non c'è nessuno. Parla pure!

■ Hai già visto quella persona di nostra conoscenza?

▼ No, ma penso di incontrarla fra due giorni.

■ Benissimo. Allora dille di aspettarti in quel posto alle 3 e poi dalle il pacco.

▼ Ma non dovevo darlo a Frank?

■ Mah, in effetti ti avevo detto così, ma ora credo che non sia più una buona idea.

▼ D'accordo. Potrei telefonarti nel caso ci fossero problemi?

■ No, no, assolutamente. Eventualmente ti richiamerò io.

▼ Va bene, allora aspetto una tua telefonata. Ciao.

■ Ciao.

Il telefono di John è sotto controllo. Un'ora dopo un poliziotto riferisce al suo capo il dialogo fra i due. Completa il suo racconto.

Allora, un'ora fa John ha telefonato ad Al e gli ha chiesto se _____ solo. Al gli ha

risposto che _____ non _____ nessuno e gli ha detto _____ senza

problemi. Allora John gli ha chiesto _____ quella persona di

_____ conoscenza. L'amico ha risposto _____, ma che _____ di

incontrarla due giorni _____ . Allora John gli ha detto una cosa che non ho capito:

doveva _____ in un certo posto alle 3 e poi _____

un pacco. Al, sorpreso, gli ha domandato _____ a Frank

e l'altro ha risposto che in effetti _____ così, ma che ora

_____ una buona idea. Allora Al ha chiesto se

_____ nel caso _____ problemi e

l'altro ha detto _____ e che eventualmente _____ .

Così Al ha chiuso dicendo che _____ una _____ telefonata.

Lei, capo, ci ha capito qualcosa?

Infobox

Noi e gli altri

Le differenze che contraddistinguono le persone sono un vantaggio o uno svantaggio? Secondo un'inchiesta condotta in Italia è un vantaggio per i 18-29enni e 40-49enni, i lavoratori autonomi, i residenti nelle regioni del Sud e isole, chi politicamente si colloca al centrosinistra ed in base al crescere del titolo di studio. È invece uno svantaggio per gli ultrasessantenni, i pensionati, i residenti nelle regioni del Nord e nei comuni di piccole dimensioni (meno di 5000 abitanti) e per chi in politica si colloca al centrodestra.

11 Discussioni in famiglia

Leggi il dialogo fra Cesare e Cornelia.

■ Ciao cara, finalmente sono tornato ...

▼ Ma dove sei stato? Mi lasci sempre sola ... sei sempre in giro!

■ Sono appena tornato dalla Gallia.

▼ Ah, ed è andato tutto bene?

■ Sì, sì ..., ma adesso sono stressato e non ho voglia di parlarne.
Dimmi invece, cos'hai preparato di buono per stasera?

▼ Oh, una cenetta davvero speciale. Sai, ho invitato Pompeo e Crasso.
Non ti dispiace, vero?

■ A dire il vero avrei preferito mettermi in pantofole e stare qui tranquillo
solo con te, però ...

▼ Dai, Cesare, sai benissimo che è importante tenere vive le amicizie, no?

■ Sì, ma sai, sono davvero stanco ed anche preoccupato. Penso spesso a
Bruto negli ultimi tempi. Temo che quel benedetto ragazzo prima o poi
farà una brutta fine ...

▼ Ma, no, dai, adesso non pensare ai problemi, sta' tranquillo e va' a farti
una bella doccia calda.

Scegli ora fra le due alternative la forma corretta.

Un giorno Cesare si presentò alla moglie dicendole (di essere finalmente tornato/di tornare finalmente). La moglie gli chiese dove (fu/fosse stato) e si lamentò che lui la (avesse lasciata/lasciasse) sempre sola e che (fosse/sarebbe) sempre in giro. Lui spiegò che in fondo (è/era) appena tornato dalla Gallia. Cornelia, allora, si tranquillizzò e domandò se tutto (fosse andato/andava) bene. Cesare rispose di sì, ma disse anche (di essere stato/di essere) stressato e di non (aver/aver avuto) voglia di parlare. Le chiese poi di dirgli cosa (avesse preparato/avrebbe preparato) di buono per (la sera/stasera). Lei spiegò che la cena era davvero speciale, perché (ha invitato/aveva invitato) Pompeo e Crasso, e chiese al marito se la cosa gli (dispiace/dispiacesse). Lui rispose che, a dire il vero, (preferirebbe/avrebbe preferito) mettersi in pantofole e stare (lì/qui) tranquillo solo con lei, ma che però ... Lei lo interruppe sostenendo che (sarebbe stato/era) molto importante tenere vive le amicizie. Ma Cesare disse (di essere/che era stato) davvero stanco ed anche preoccupato, perché negli ultimi tempi (ha pensato/pensava) spesso a Bruto e che (temeva/temesse) che quel benedetto ragazzo prima o poi (farebbe/avrebbe fatto) una brutta fine. Ma Cornelia lo invitò a non (pensare/aver pensato) ai problemi, a (stare/essere stato) tranquillo e ad andare a (farsi/fargli) una bella doccia calda.

12 Ricapitoliamo

Quali qualità ritieni importanti e quali difetti trovi gravi nei rapporti con gli altri (di coppia, di amicizia, di lavoro, in famiglia)? Sei maniaco/-a? Se sì, che mania ti viene rimproverata? Chi è per te un vero amico? Cosa chiedi ad un vero amico?

> **Infobox**
>
> ### Rapporti difficili
> Pare che i rapporti più difficili in Italia siano quelli con i condomini, dove la tolleranza è zero e praticamente ogni aspetto della vita prima o poi diventa terreno di scontro. Motivo delle frequenti liti sono soprattutto i rumori (cani che abbaiano, telefoni che squillano, bambini che piangono, lavatrici che centrifugano di notte ...). Ne sanno qualcosa carabinieri, pretori e giudici di pace che in Italia non hanno un attimo di tregua e devono intervenire di continuo per eliminare vendette, dispetti e inimicizie.

1 Conosci l'Italia?

Metti le parole, in base alle singole istruzioni, nell'esatta successione, come nell'esempio.

Dal più piccolo al più grande:
provincia ☐2️⃣ stato ☐4️⃣ comune ☐1️⃣ regione ☐3️⃣

Da Est a Ovest:
Veneto ☐ Lombardia ☐ Piemonte ☐ Trentino ☐

Da Nord a Sud:
Toscana ☐ Calabria ☐ Lazio ☐ Abruzzo ☐

Dalla più grande alla più piccola:
Valle d'Aosta ☐ Emilia Romagna ☐ Molise ☐

Dal più al meno visitato:
Pantheon ☐ Colosseo ☐ Uffizi ☐

Dalla più alla meno popolata:
Torino ☐ Milano ☐ Venezia ☐

Dal più alto al più basso:
Monte Rosa ☐ Monte Bianco ☐ Etna ☐

2 Passivo

Combina le frasi di sinistra con quelle di destra.

1. Non posso aspettare tanto! La macchina
2. Ricordate. Gli esercizi
3. Non sapeva che il biglietto
4. Penso che la traduzione
5. Secondo me i vestiti
6. Credo che la Sicilia
7. Penso che Sandro
8. Ricordi che la medicina

a. vanno fatti per dopodomani.
b. andrebbero comprati durante le svendite.
c. va presa dopo i pasti.
d. vada visitato subito da un medico.
e. vada fatta per lunedì.
f. andrebbe riparata il più presto possibile.
g. vada visitata in primavera o in autunno.
h. andava timbrato prima della partenza?

3 I consigli vanno seguiti …

Sottolinea prima tutti i passivi. Sostituisci poi la forma con essere o
venire con la corrispondente forma di andare, come nell'esempio.
Attenzione: la trasformazione non è possibile in tutte le frasi!

Il compito deve essere fatto per domani.   Il compito `va fatto` per domani.

Consigli per gli scolari:
Ricordate che bisogna porsi degli obiettivi chiari e realistici. Che più ascolterete meglio
parlerete. Che è bene leggere testi in cui la lingua viene usata in maniera naturale
(giornali, radio, TV).
Che i vocaboli devono essere studiati a piccole dosi e sempre con l'articolo. Che deve
essere seguito il proprio ritmo personale. Che non ogni singola parola deve essere capita.
Che a volte devono essere memorizzate frasi intere, almeno quelle che pensate vi
serviranno più spesso. Che gli esercizi scritti sono molto importanti e che quindi devono
essere fatti tutti quelli che vengono assegnati dal professore. Non ha dunque senso che
vengano copiati da un compagno il pomeriggio prima o durante una pausa a scuola!
Che non dovete avere paura né di fare errori né delle novità. Ricordate infine che i vostri
insegnanti hanno una lunga esperienza e che quindi i loro consigli dovrebbero essere
seguiti se non altro per questo (a parte il fatto che i voti devono essere dati e quindi …).

_____

_____

_____

_____

_____

4 Il cui

Completa il testo con il / la / i / le cui.

Orta, ___ ____ bellezze sono famose in tutto il mondo, si può raggiungere seguendo l'autostrada
Milano - Torino. Nel centro del paese, ___ ____ parcheggi sono situati a nord dell'abitato, si può
entrare solo a piedi. Interessanti sono piazza Motta, ___ ____ gioiello è il palazzo della Comunità,
e la parte superiore del paese, ___ ____ Scalinata della Motta è costeggiata da eleganti edifici.
Insomma, vale la pena visitare questa località, ___ ____ attrattiva non è dovuta solo alle visite che
si possono fare, ma anche alle molteplici attività sportive. Il signor Piero, ad esempio, ___ ____
lavoro consiste nel noleggiare barche, vi potrà consigliare sulle varie opportunità.

5 Specialità

Completa le seguenti definizioni. Se le risposte saranno esatte, le lettere nelle caselle daranno, lette in successione, una nuova parola che significa cibi ghiotti, molto appetitosi.

1. Il pinzimonio è un condimento fatto di olio, pepe e _ _ □ _ .
2. Il «balsamico» è il più famoso _ _ □ _ _ d'Italia.
3. I confetti sono piccoli dolci di zucchero □ _ _ _ _ .
4. Il chinotto è una bibita _ _ _ _ □□ _ _ _ _ .
5. La bresaola è una specialità a base di _ _ □□ _ di manzo.
6. Il torrone è un dolce di mandorle, zucchero, bianco d'uovo e _ □□ _ _ .

Soluzione: __ __ __ __ __ __ __ __ __

6 Si è …

Completa le frasi con i seguenti sostantivi ed aggettivi.

amici	calvi	disponibili	fratelli
brilli	colleghi	distratti	timidi

1. Se si è _____, si cammina a zig zag.
2. Se si è _____, si diventa rossi con facilità.
3. Quando si è _____, nasce spesso la competitività.
4. A volte a lezione si è _____ .
5. Quando si è _____ ci si dovrebbe aiutare.
6. Con gli amici si dovrebbe essere sempre _____.
7. Se si è _____, non si usa il pettine.
8. Se si è _____, si hanno (quasi sempre) gli stessi genitori.

7

Si è riusciti

Scegli il verbo opportuno e completa poi il participio passato con la forma adeguata.

1. In quella festa si (è – sono) mangiat___ davvero troppo.

2. In Italia non si (è – sono) riuscit___ ad evitare la speculazione edilizia.

3. Al party si (è – sono) bevut___ molte bottiglie di spumante.

4. Per la partita si (è – sono) vendut___ moltissimi biglietti.

5. Ieri non si (è – sono) vist___ nessuno.

6. Oggi si (è – sono) lavorat___ troppo poco.

8

I luoghi del cuore

Decidi quale parola manca.

Alcuni lettori hanno segnalato ad un quotidiano italiano i luoghi a loro cari, minacciati ___1___ incuria dello Stato. Così, ad esempio, si cita la Val Jumela, nel cuore delle Dolomiti, ___2___ una lettrice è particolarmente legata. Lì la speculazione edilizia, finora, non ha avuto ___3___ su quel paradiso, ma bisogna fare ___4___ per rispettare quel luogo che non ___5___ di ulteriori speculazioni perché ___6___ già di strutture turistiche.

1. a. per l'   b. dall'   c. all'
2. a. a cui   b. di cui   c. su cui
3. a. migliore   b. il meglio c. la meglio
4. a. il tutto   b. per tutto c. di tutto
5. a. necessita   b. serve   c. bisogna
6. a. abbonda   b. manca   c. è povera

Infobox

I 10 luoghi più visitati: Roma è in testa

È noto che l'Italia è uno dei Paesi più visitati al mondo, grazie alle sue bellezze sia naturali che artistiche. Basti pensare che vanta un patrimonio di beni culturali stimato in un valore di 500 miliardi di €. Secondo il Ministero per i Beni e le Attività Culturali questi sono stati i luoghi più visitati lo scorso anno: Colosseo (Roma – visitatori 2.712.938), Scavi di Pompei (2.167.470), Pantheon (Roma – 1.679.900), Parco del Castello di Miramare (Trieste – 1.677.808), Galleria degli Uffizi e Galleria dell'Accademia (Firenze – 1.172.858) – Giardino di Boboli (Firenze – 989.868), Reggia di Caserta (812.811), Musei di Castel Sant'Angelo (Roma – 611.515), Villa d'Este (Tivoli – 572.887)

9 Vita di un fiume

*Completa le seguenti frasi. Se le risposte saranno esatte le lettere nelle caselle daranno
la definizione dei luoghi da cui «nasce» e rispettivamente «muore» un fiume.*

1. La Sicilia è la maggiore _☐☐ _ _ italiana.
2. Il Piemonte è la ☐_☐_ _ _ _ del Barolo e del Tartufo.
3. Un aumento della temperatura provocherebbe lo _ _ _ _ _ _ _ _☐☐_ _ dei ghiacciai.
4. Il primo _ _ _ _ _ _ _ _☐☐ della Repubblica Italiana fu Luigi Einaudi.
5. Lo stracchino è un ☐☐ _ _ _ _ _ _ _ tipico della Lombardia.
6. L'isola pedonale si trova nel ☐☐ _ _ _ _ della città.

Soluzione: Il fiume nasce da una ☐☐☐☐☐☐☐☐ e muore con la ☐☐☐☐.

10 Congiuntivo o indicativo?

Inserisci nelle frasi i seguenti verbi.

possano

possa

fossero

accompagnasse   amo   è   serviva

usa

ci fosse   coprissero   faceva   mancano

1. Ho comprato un diesel perché

la benzina _____ troppo cara.

i consumi _____ minori.

2. Vado al lavoro a piedi perché

mio marito _____ usare la macchina.

la macchina la _____ mio marito.

3. Ho chiamato mia zia perché

mi _____ dal dentista.

mi _____ un'informazione.

4. L'albero è stato tagliato perché

_____ troppa ombra.

_____ più luce.

5. Lavoro duramente perché

i miei figli _____ avere un futuro migliore.

_____ due colleghe.

6. Ho messo i pantaloni perché

mi _____ le gambe storte.

_____ l'abbigliamento sportivo.

11 Perché...

Completa con il tempo adatto dell'indicativo o del congiuntivo.

1. Vi segnalo la località Pont perché (essere) _____ il posto più bello che io abbia mai visto.

2. Vorrei segnalarvi Nurra (Sassari) perché là finora si (riuscire) _____ ad evitare la speculazione edilizia e perché si (cercare) _____ di non perdere quel poco che ne rimane.

3. Il Conero? Un paradiso terrestre e bisognerebbe fare di tutto perché (venire) _____ preservato!

4. Vi scrivo della devastazione della Val Jumela perché si (potere) _____ salvare la natura propria delle Dolomiti.

5. Lo Stretto di Messina è un luogo molto interessante perché (essere) _____ ricco di una flora e una fauna uniche nel loro genere.

6. Volete vedere Roma? Perché la visita (diventare) _____ veramente interessante, vi consigliamo di prendere una guida.

Infobox

L'ANAS ci aiuta a viaggiare

L'Anas, l'Azienda Nazionale Autonoma delle Strade, dà il via libera a 5 grandi opere stradali, alcune attese da oltre 15 anni: la galleria di sicurezza del Fréjus, di dimensioni ridotte, collegata ogni 400 m al tunnel stesso per migliorare i soccorsi e le vie di fuga in caso di incidenti o incendi (costo: oltre 274,4 milioni di euro), la «Pedemontana Lombarda», lunghezza complessiva di oltre 76 km, con un collegamento Dalmine-Como-Varese, Valico del Giaggiolo, che attraverserà sei parchi della Lombardia e 63 comuni, e che sarà terminata solo nel 2012 (costo: oltre 3 miliardi di euro), i percorsi di accesso alla nuova Fiera di Milano (costo: 262,7 milioni di euro) e all'aeroporto milanese della Malpensa, l'ammodernamento dell'A3 Napoli-Pompei-Salerno, 5 km di ristrutturazione con un nuovo svincolo a Portici-Ercolano, i cui lavori si dovrebbero concludere nel 2006 (costo: 70,8 milioni di euro).

12 Connettivi

Completa le frasi con i seguenti connettivi segnando con un * il posto dove mancano, come nell'esempio.

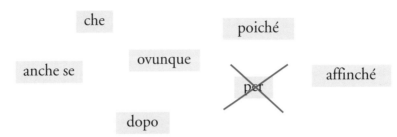

che

poiché

ovunque

anche se

~~per~~

affinché

dopo

1. I battelli della Società di navigazione Lago d'Orta si possono prendere * raggiungere l'isola di San Giulio.   *per*

2. Nella zona di Orta si possono fare molte gite in bicicletta, non esistono piste apposite.   _____

3. Si deve fare di tutto i nostri paesi non vengano minacciati dal turismo di massa.   _____

4. L'Ufficio del Turismo informa i turisti su ciò possono vedere di interessante.   _____

5. Aver visto l'esperienza del tunnel nella Manica, un lettore pensa che anche il luogo paesaggistico dello Stretto di Messina possa essere compromesso dalla costruzione di un ponte.   _____

6. Era molto stressato, l'ipotesi di una bella settimana di vacanza lo attirava.   _____

7. Si vada, in Val Savaranche si sente solo il rumore del torrente.   _____

13 Ricapitoliamo

Che località conosci dell'Italia? Come si raggiungono, cosa si può vedere o fare là? Che impressione ne hai avuto? Vi hanno luogo delle particolari manifestazioni culturali? Hanno delle specialità tipiche? Hai uno speciale «luogo del cuore» in Italia? Anche da voi esiste il problema della speculazione edilizia o del turismo di massa?

Esercizi

10

GRAMMATICA

Indice

G

L'infinito

  prima di/dopo + infinito

  prima di - prima che/dopo - dopo che

Fare + infinito

Il participio presente

Il passivo

La forma passiva con il verbo *andare*

Il discorso indiretto

La frase interrogativa indiretta

La concordanza dei tempi dell'indicativo

L'uso del verbo *dovere* per esprimere un'ipotesi

Uso riflessivo dei verbi transitivi

Verbi particolari

  metterci

  mi tocca

  bastare

G

Questo sommario di grammatica offre una visione d'insieme di tutte le nozioni grammaticali trattate nel manuale *Espresso 3*. Non si tratta comunque di un compendio completo.

Esso va infatti inteso come libro di consultazione per chiarimenti. Si consideri anche che alla fine di ogni lezione è presente una pagina di riepilogo grammaticale.

Il nome

Il genere

In italiano sono femminili

- i nomi che terminano in *-gione, -ie, -igine, -sione* e *-zione*:

la re**gione**, la ser**ie**, la spec**ie**,
l'or**igine**, la pass**ione**, la condi**zione**

- i nomi di città e di isole:

la pittoresca Trento, **la** vecchia Palermo
la Sicilia, **la** Sardegna

- le marche di automobili:

Ha **una** Fiat 600 seminuova.

Plurali irregolari

singolare maschile	plurale femminile
il paio	le paia
l'uovo	le uova
il centinaio	le centinaia
il migliaio	le migliaia

Alcuni nomi maschili che terminano in *-o* al plurale diventano femminili e terminano in *-a*.

singolare	plurale
l'uomo	gli uomini

«L'uomo» ha un plurale irregolare.

gli occhiali	le ferie
i rifiuti	le posate
i soldi	le stoviglie
	le nozze

Esistono alcuni nomi che hanno solo il plurale (vedi anche *Espresso 1*, pag. 168).

Esiste anche un gruppo di nomi maschili che hanno due forme di plurale, una maschile in *-i* e una femminile in *-a*. Questi due plurali hanno due significati diversi. Elenchiamo qui i più comuni.

singolare (maschile)	plurale (maschile)	plurale (femminile)
il braccio	i bracci (di un fiume)	le braccia (di una persona)
il dito	i diti (singoli)	le dita (nella loro totalità)
l'osso	gli ossi (singoli)	le ossa (nella loro totalità)
il fondamento	i fondamenti (di una scienza)	le fondamenta (di una casa)
il muro	i muri (di una casa)	le mura (di una città)
il grido	i gridi (di un animale)	le grida (di un uomo)

L'aggettivo

Accordo dell'aggettivo con nomi di genere diverso

L'aggettivo concorda in genere e numero con il nome a cui si riferisce (vedi *Espresso 1*, pag. 171). Se i nomi sono di genere diverso, l'aggettivo va al plurale maschile.

Vendo un tavolo e una tovaglia **antichi**.

Lez. 6

Comparativi e superlativi particolari

Alcuni aggettivi hanno due forme di comparativo e superlativo: una forma regolare e una irregolare (vedi anche *Espresso 1*, pag. 173 e *Espresso 2*, pag. 192).

aggettivo	comparativo	superlativo relativo	superlativo assoluto
buono	migliore/più buono	il migliore/il più buono	ottimo/buonissimo
cattivo	peggiore/più cattivo	il peggiore/il più cattivo	pessimo/cattivissimo
grande	maggiore/più grande	il maggiore/il più grande	massimo/grandissimo
piccolo	minore/più piccolo	il minore/il più piccolo	minimo/piccolissimo

Quando *buono* significa «di buon cuore» e *cattivo* «malvagio» si usano di solito le forme regolari.

Carla è una persona di cuore. Ma Linda è ancora **più buona**. È in assoluto **la** persona **più buona** che abbia mai conosciuto.

– Buona questa pizza. È **migliore** di quella che abbiamo mangiato la volta scorsa, no?
– Sì, ma **la migliore** di tutte è quella che fanno al «Roma». È davvero **ottima**!

Sandro è cattivo, ma Giuliano è ancora **più cattivo**. È in assoluto la persona **più cattiva** che abbia mai conosciuto.

Mamma mia, che cattivo questo caffè! È **peggiore** di quello che fai tu ... anzi direi **il peggiore** che abbia mai bevuto. Veramente **pessimo**!

Il prefisso negativo *in-*

Con l'aggiunta del prefisso **in-** l'aggettivo ha un significato negativo.

Lez. 1

È una persona capace.	➤ **in**capace	(= non capace)
Si tratta di una storia credibile.	➤ **in**credibile	(= non credibile)
Il suo è stato proprio un lavoro utile.	➤ **in**utile	(= non utile)

Questo caffè ti sembra bevibile?	➤ **im**bevibile	davanti a *b*	*in* diventa **im-**
È un discorso morale.	➤ **im**morale	davanti a *m*	*in* diventa **im-**
Questa è una conclusione prevista.	➤ **im**prevista	davanti a *p*	*in* diventa **im-**
È un discorso logico.	➤ **il**logico	davanti a *l*	*in* diventa **il-**
La tua proposta è ragionevole.	➤ **ir**ragionevole	davanti a *r*	*in* diventa **ir-**

Il suffisso *-bile*

Gli aggettivi in *-bile* hanno un significato passivo ed esprimono una possibilità.

Lez. 6

È un'azione **realizzabile.**	(= che può essere realizzata)
Si tratta di una storia **credibile.**	(= che può essere creduta)
È un materiale **riciclabile.**	(= che può essere riciclato)

qualsiasi / qualunque

Qualsiasi / qualunque significa «uno/-a qualunque», «tutti gli/tutte le… indistintamente» ed è invariabile. Il sostantivo che segue è sempre al singolare.

Lez. 1·9

qualsiasi lingua / qualsiasi obiettivo
qualunque lingua / qualunque obiettivo

entrambi / entrambe

Entrambi / entrambe significa «tutti e due/tutte e due» e può essere usato come aggettivo e come pronome. Tra *entrambi* e il nome c'è sempre l'articolo determinativo.

Lez. 8

Uso i fogli da **entrambe le parti.**	(aggettivo)
Sono arrivati **entrambi.**	(pronome)

L'avverbio

Comparativi e superlativi particolari

Lez. 1·5

Anche alcuni avverbi hanno una forma irregolare al comparativo e al superlativo.

	comparativo	superlativo assoluto
bene	meglio	benissimo/molto bene
male	peggio	malissimo/molto male
molto	(di) più	moltissimo
poco	(di) meno	pochissimo/molto poco

L'inglese dovrei parlarlo molto **meglio** dopo tutti i corsi che ho fatto.
Ieri stavo male, ma oggi sto **peggio**.

I pronomi possessivi

Lez. 2

Bisogna distinguere tra gli aggettivi possessivi (vedi *Espresso 2*, pagg. 193-194) e
i pronomi possessivi.
Il pronome possessivo sostituisce un sostantivo e a differenza dell'aggettivo
è sempre preceduto dall'articolo o dalla preposizione articolata.

Prestami la tua bicicletta. **La mia** (bicicletta) si è rotta.
Il mio corso è molto interessante. Anche **il tuo** (corso)?
Mia sorella si è laureata. E **la tua?** (E tua sorella?)

È mio, è nostro, è vostro, ecc. esprimono un possesso.

È Sua questa Punto rossa? – Sì, **è mia**.
Di chi è quest'ombrello? – **È mio**.

Attenzione: **I miei** significa «i miei genitori, i miei familiari».

L'aggettivo possessivo precede di solito il sostantivo a cui si riferisce.
In alcuni modi di dire e nelle espressioni esclamative lo segue.

Ma perché non si fa **gli affari Suoi**?
Domani vieni **a casa mia**?
Saluti/Congratulazioni **da parte mia**.
Vorrei lavorare **per conto mio**.

Per colpa sua ho perso l'aereo.
Era la prima volta **in vita mia** che
andavo all'estero.
Mamma mia, che bello!

I pronomi

I pronomi combinati

Lez. 1

Se in una frase ci sono due pronomi, il pronome indiretto precede quello diretto. La *-i* della 1ª e della 2ª persona diventa *-e*.

	+ lo	+ la	+ li	+ le	+ ne
mi	me lo	me la	me li	me le	me ne
ti	te lo	te la	te li	te le	te ne
gli/le/Le	glielo	gliela	glieli	gliele	gliene
ci	ce lo	ce la	ce li	ce le	ce ne
vi	ve lo	ve la	ve li	ve le	ve ne
gli	glielo	gliela	glieli	gliele	gliene

– **Mi** presti **il vocabolario**? — Certo, **te lo** do volentieri.
– Chi vi ha dato **la macchina**? — **Ce l(a)'** ha prestata Giovanni.
– **Le** puoi prestare **i tuoi CD**? — Sì, **glieli** presto volentieri.
– **Le** hai detto **del problema**? — Sì, **gliene** ho parlato proprio ieri.

Anche la *-i* del pronome riflessivo cambia in *-e* davanti ad un altro pronome atono.

G

riflessivo	+ lo	+ la	+ li	+ le	+ ne
mi	me lo	me la	me li	me le	me ne
ti	te lo	te la	te li	te le	te ne
si	se lo	se la	se li	se le	se ne
ci	ce lo	ce la	ce li	ce le	ce ne
vi	ve lo	ve la	ve li	ve le	ve ne
si	se lo	se la	se li	se le	se ne

Lez. 3

I giovani **si** scambiano **molti SMS**.
Se li scambiano quasi quotidianamente.
Se lo possono permettere (di cambiare spesso la macchina)?

La particella ci

Lez. 3

La particella **ci** si usa anche per sostituire una parola o una frase introdotta dalla preposizione *con* (*con qualcuno/con qualcosa*).

– Come telefoni con *il cellulare*?   – Mah, **ci** (= con il cellulare) telefono benissimo.
  È una persona interessante e **ci** (= con lei) parlo sempre volentieri.

La particella **ci** può sostituire anche una parola o una frase introdotta dalla preposizione *a*.

abituarsi a	– Non ti sei abituata *alla segreteria telefonica*?	– No, non mi **ci** sono ancora abituata!
credere a	– Credi *all'oroscopo*?	– Ma no, non **ci** credo affatto!
pensare a	– Hai pensato *a quel problema*?	– No, ma **ci** penserò domani.
rinunciare a	– Rinunci spesso *alla macchina*?	– Beh, **ci** rinuncio il più possibile.
riuscire a	– Sei riuscito *a riparare la macchina*?	– No, non **ci** sono ancora riuscito.

Ci può essere unito ad alcuni verbi che acquistano un significato diverso: *metterci* (avere bisogno di tempo), *rimanerci male* (essere delusi), *tenerci* (ritenere importante), *volerci* (esserci bisogno di).

Lez. 1·4

La particella locativa **ci** può essere combinata con i pronomi diretti:
ci precede i pronomi *lo, la, li, le* (in questo caso **ci** diventa **ce**):
Portiamo noi **Franca a casa**!   **Ce la** portiamo noi!

ma segue *mi, ti, vi*:
Ti dovresti essere abituata **al computer**!   **Ti ci** dovresti essere abituata!

La forma impersonale (I)

- con i verbi riflessivi:

La forma impersonale del verbo riflessivo è *ci si* + verbo alla 3ª persona singolare.
Ci si sposa sempre meno e **ci si separa** di più.

Lez. 6

Nei tempi composti il participio è al plurale maschile.
Ultimamente **ci si è abituati** all'uso delle e-mail.

- nei tempi composti:

Lez. 10

I tempi composti della forma impersonale si formano sempre con l'ausiliare **essere**. Il participio passato resta invariato se il verbo principale nella forma personale forma il passato prossimo con **avere**.
A quella festa **si è** proprio **bevuto** molto.   (**ho** bevuto)

Se nella frase compare l'oggetto, allora il participio passato concorda con questo.
A quella festa **si sono bevute** *molte bottiglie di vino*.   (**ho** bevuto + oggetto diretto)

Se il verbo principale nella forma personale forma il passato prossimo con **essere**, il participio passato si declina al plurale maschile.
Si è riusciti a evitare la speculazione edilizia.   (**sono** riuscito)

- con *essere*:

Con il verbo **essere** i sostantivi e gli aggettivi si usano al plurale.

Lez. 10

Se **si è amici**, ci si dovrebbe aiutare.
Non **si dovrebbe essere** troppo **categorici**.

La forma impersonale (II)

Ci sono altre possibilità di esprimere la forma impersonale:

- attraverso il pronome indefinito **uno**:

Uno si abitua facilmente alle comodità.

- con una costruzione passiva:

Qua **sarà/verrà costruita** una nuova scuola.

- con la 3ª persona plurale di alcuni verbi:

Lez. 8

Spesso **dicono** che gli OGM fanno male.
Hanno aperto un nuovo centro commerciale.
Che film **danno** stasera?

La posizione dei pronomi combinati

I pronomi combinati come i pronomi diretti e indiretti atoni precedono di solito il verbo. Solo in alcuni casi seguono il verbo e formano con questo un'unica parola: con un imperativo (vedi *Espresso 2*, pag. 203), con un infinito, con un gerundio e con l'avverbio *ecco*.

– Sono tuoi questi occhiali?

– Oh, sì, dam**meli**, ti prego!

– Mi presteresti la tua macchina?

– Oggi no, ma potrei prestar**tela** domani.
(anche: **Te la** potrei prestare domani.)

Lez. 7

– Cosa ti ha detto quando ti ha dato la macchina?

– Prestando**mela** mi ha pregato di fare attenzione.

– Dove sono i miei occhiali?

– Ecco**li** qua!

Oltre alla forma con *glie-* alla 3ª persona plurale esiste anche la forma con *loro*. In questo caso il pronome diretto precede il verbo e *loro* lo segue.

– Quando spedisci la lettera ai tuoi genitori?

– **Gliela** mando domani.
– **La** mando **loro** domani.

I pronomi relativi

Lez. 1

il quale/la quale/i quali/le quali

Il pronome relativo **il quale/la quale/i quali/le quali** può sostituire *che* o *cui* + preposizione.
Mentre *che/cui* sono invariabili (vedi *Espresso 2*, pag. 196), **il quale** concorda in genere e numero con la persona o cosa a cui si riferisce.
Si usa normalmente nella lingua scritta.

Mi hanno detto che Sandro, **il quale** (= che) aveva un lavoro dipendente, adesso
si è messo in proprio.
È una persona **per la quale** (= per cui) farei di tutto.

colui che

Lez. 1

Il pronome relativo **colui che** significa «la persona che» e può essere sostituito da *chi*.
Si usa normalmente nella lingua scritta e indica solo persone. La forma femminile è **colei che**.
La forma plurale **coloro che** si riferisce a tutti e due i generi.

Così ho risposto, come fanno **coloro che** non sanno cosa rispondere.
(= come fa chi non sa cosa rispondere)

	singolare	plurale
maschile	colui che	coloro che
femminile	colei che	coloro che

il cui/la cui/i cui/le cui

Lez. 10

Il cui/la cui/i cui/le cui significa «del quale/della quale/dei quali/delle quali» e indica un possesso.
L'articolo prima del pronome relativo *cui* concorda sempre con l'oggetto posseduto.

Mario, **la cui madre** è inglese, parla tre lingue.
Mario, **il cui padre** è inglese, parla tre lingue.
Mario, **le cui sorelle** vivono già da molti anni all'estero, ha deciso di trasferirsi anche lui.
Mario, **i cui fratelli** vivono già da molti anni all'estero, ha deciso di trasferirsi anche lui.

Il verbo

Il trapassato prossimo

Il trapassato prossimo si forma con l'imperfetto di
avere o *essere* + il participio passato del verbo principale.

Lez. 1

(io)	avevo mangiato	ero andato/-a
(tu)	avevi mangiato	eri andato/-a
(lui, lei, Lei)	aveva mangiato	era andato/-a
(noi)	avevamo mangiato	eravamo andati/-e
(voi)	avevate mangiato	eravate andati/-e
(loro)	avevano mangiato	erano andati/-e

Il trapassato prossimo si usa per esprimere un'azione nel passato che è successa prima di un'altra
azione anche passata. *Già* si trova normalmente tra l'ausiliare e il participio passato.

Quando sono arrivata a casa, mio marito **aveva** già **mangiato**.
Quando sono arrivata, Franco **era** già **andato** via.

Il futuro anteriore

Il futuro anteriore si forma con il futuro semplice di *essere* o *avere* + il participio passato del verbo
principale.

(io)	avrò mangiato	sarò andato/-a
(tu)	avrai mangiato	sarai andato/-a
(lui, lei, Lei)	avrà mangiato	sarà andato/-a
(noi)	avremo mangiato	saremo andati/-e
(voi)	avrete mangiato	sarete andati/-e
(loro)	avranno mangiato	saranno andati/-e

Lez. 3

Il futuro anteriore si usa per esprimere un'azione futura che succede prima di un'altra azione espressa
con il futuro semplice.

Quando **avrò finito** questo lavoro *andrò* in vacanza.
Appena **sarò arrivata** a casa ti *telefonerò*.

Il futuro anteriore si usa di solito dopo le congiunzioni:
appena, (solo) dopo che, quando.

– Tuo marito non è ancora arrivato?
– Mah, **avrà trovato** traffico … (= probabilmente ha trovato traffico,
suppongo che abbia trovato traffico).

Il futuro anteriore si usa anche per indicare un'incertezza nel passato.

Il passato remoto

Verbi regolari

	abit**are**	cred**ere**	dorm**ire**
(io)	abit**ai**	cred**ei**/cred**etti**	dorm**ii**
(tu)	abit**asti**	cred**esti**	dorm**isti**
(lui, lei, Lei)	abit**ò**	cred**é**/cred**ette**	dorm**ì**
(noi)	abit**ammo**	cred**emmo**	dorm**immo**
(voi)	abit**aste**	cred**este**	dorm**iste**
(loro)	abit**arono**	cred**erono**/cred**ettero**	dorm**irono**

Alla 1ª e alla 3ª persona singolare e alla 3ª persona plurale i verbi regolari in -*ere* hanno due forme.

Verbi irregolari

Molti verbi in -*ere* hanno un passato remoto irregolare, alla 1ª e alla 3ª persona singolare (*io, lui/lei*) e alla 3ª persona plurale (*loro*).
I più importanti sono:

avere	ebbi, avesti, ebbe, avemmo, aveste, ebbero
bere	bevvi, bevesti, bevve, bevemmo, beveste, bevvero
chiedere*	chiesi, chiedesti, chiese, chiedemmo, chiedeste, chiesero
conoscere	conobbi, conoscesti, conobbe, conoscemmo, conosceste, conobbero
dare	diedi/detti, desti, diede/dette, demmo, deste, diedero/dettero
dire**	dissi, dicesti, disse, dicemmo, diceste, dissero
essere	fui, fosti, fu, fummo, foste, furono
fare	feci, facesti, fece, facemmo, faceste, fecero
nascere	nacqui, nascesti, nacque, nascemmo, nasceste, nacquero
sapere	seppi, sapesti, seppe, sapemmo, sapeste, seppero
stare	stetti, stesti, stette, stemmo, steste, stettero
tenere	tenni, tenesti, tenne, tenemmo, teneste, tennero
vedere	vidi, vedesti, vide, vedemmo, vedeste, videro
venire	venni, venisti, venne, venimmo, veniste, vennero
volere	volli, volesti, volle, volemmo, voleste, vollero

* anche (passato remoto in -*si*): chiudere *(chiusi)*, correre *(corsi)*, decidere *(decisi)*, mettere *(misi)*, perdere *(persi* o anche la forma regolare *perdei / perdetti)*, prendere *(presi)*, ridere *(risi)*, rispondere *(risposi)*, scendere *(scesi)*, spendere *(spesi)*, succedere *(successe)*

** anche (passato remoto in -*ssi*): discutere *(discussi)*, leggere *(lessi)*, scrivere *(scrissi)*, vivere *(vissi)*

L'uso del passato remoto

Il passato remoto si usa di solito in testi letterari, quando si parla di un fatto storico e per esprimere un'azione successa in un passato lontano, che non ha più nessuna relazione con il presente. Nella lingua parlata si usa il passato remoto correntemente solo in alcune regioni dell'Italia centro-meridionale. Nelle altre regioni si preferisce usare sempre il passato prossimo.

Albert Einstein **nacque** nel 1879.
Mio fratello è **nato** nel 1957.

Uso del passato remoto e dell'imperfetto

L'uso del passato remoto e dell'imperfetto corrisponde a quello del passato prossimo (che cosa è successo?) e dell'imperfetto (com'era?).

Dormivo da un paio d'ore, quando **squillò** (**è squillato**) il telefono.

Il congiuntivo

Il congiuntivo in italiano ha quattro tempi:

presente		abit**i**	cred**a**	dorm**a** *(vedi Espresso 2)*
imperfetto	(io)	abit**assi**	cred**essi**	dorm**issi**
	(tu)	abit**assi**	cred**essi**	dorm**issi**
	(lui, lei, Lei)	abit**asse**	cred**esse**	dorm**isse**
	(noi)	abit**assimo**	cred**essimo**	dorm**issimo**
	(voi)	abit**aste**	cred**este**	dorm**iste**
	(loro)	abit**assero**	cred**essero**	dorm**issero**
passato	(io)	abbia dormito	sia andato/-a	
	(tu)	abbia dormito	sia andato/-a	
	(lui, lei, Lei)	abbia dormito	sia andato/-a	
	(noi)	abbiamo dormito	siamo andati/-e	
	(voi)	abbiate dormito	siate andati/-e	
	(loro)	abbiano dormito	siano andati/-e	
trapassato	(io)	avessi dormito	fossi andato/-a	
	(tu)	avessi dormito	fossi andato/-a	
	(lui, lei, Lei)	avesse dormito	fosse andato/-a	
	(noi)	avessimo dormito	fossimo andati/-e	
	(voi)	aveste dormito	foste andati/-e	
	(loro)	avessero dormito	fossero andati/-e	

Lez. 4

Il congiuntivo imperfetto

Le prime due persone del singolare sono identiche *(che io parlassi, che tu parlassi).* Per questo si usa spesso il pronome personale.

Ecco alcuni verbi con delle forme irregolari:

bere: bevessi, bevessi, bevesse, bevessimo, beveste, bevessero
dare: dessi, dessi, desse, dessimo, deste, dessero
dire: dicessi, dicessi, dicesse, dicessimo, diceste, dicessero
essere: fossi, fossi, fosse, fossimo, foste, fossero
fare: facessi, facessi, facesse, facessimo, faceste, facessero
porre: ponessi, ponessi, ponesse, ponessimo, poneste, ponessero
stare: stessi, stessi, stesse, stessimo, steste, stessero
tradurre: traducessi, traducessi, traducesse, traducessimo, traduceste, traducessero

Lez. 3

Il congiuntivo passato

Il congiuntivo passato si forma con il congiuntivo presente di *avere* o *essere* + il participio passato del verbo principale.

Può darsi che l'**abbia venduta.**
Credo che **sia** già **arrivato** a casa.

Il congiuntivo trapassato

Il congiuntivo trapassato si forma con il congiuntivo imperfetto di *essere* o *avere* + il participio passato del verbo principale.

Lez. 9

Pensavo che quel libro tu l'**avessi** già **letto.**
Credevo che **fosse** già **partita.**

L'uso dei tempi del congiuntivo

Lez. 3·4
9

Abbiamo già visto che spesso si sceglie di usare il congiuntivo in una frase secondaria per presentare l'azione espressa dal verbo come incerta o soggettiva (vedi anche *Espresso 2*, pag. 206). La scelta del tempo del congiuntivo dipende dal tempo del verbo della frase principale e dalla relazione temporale tra le due frasi.

Dopo una frase principale con un verbo all'indicativo presente o futuro e all'imperativo, si usa il congiuntivo presente nella frase secondaria per esprimere un'azione contemporanea e il congiuntivo passato per esprimere un'azione anteriore a quella della frase principale.
Dopo una frase principale con un verbo all'indicativo passato, si usa il congiuntivo imperfetto nella frase secondaria per esprimere un'azione contemporanea e il congiuntivo trapassato per esprimere un'azione anteriore a quella della frase principale.

Penso	che	lui **esca**.	(ora = contemporaneità)
Penso		lui **sia** già **uscito**.	(prima = anteriorità)
Pensavo	che	lui **uscisse**.	(allora = contemporaneità)
Pensavo		lui **fosse uscito**.	(prima = anteriorità)

Dopo una frase principale con un verbo o un'espressione che indica volontà, dubbio o insicurezza al condizionale presente, si usa il congiuntivo imperfetto nella frase secondaria per esprimere un'azione contemporanea e il congiuntivo trapassato per esprimere un'azione anteriore a quella della frase principale.

Lez. 9

Preferirei che tu me lo **chiedessi**.	(ora = contemporaneità)
Vorrei che **fosse** già **partito**.	(prima = anteriorità)
Avrei preferito che tu me l'**avessi chiesto**!	(allora = anteriorità)

L'uso del congiuntivo nelle frasi secondarie

L'uso del congiuntivo nelle frasi secondarie *dopo* alcuni verbi e espressioni impersonali è stato presentato già in *Espresso 2* (pag. 206). Il congiuntivo si usa inoltre:

- con le seguenti congiunzioni

sebbene/nonostante/malgrado/benché
Sebbene/Nonostante/Malgrado/Benché fosse tardi, siamo riusciti a trovare un ristorante aperto.

a condizione che/a patto che/purché
È un libro interessante, **a condizione che/a patto che/purché** ti **piacciano** i gialli.

Lez. 4·5
6·9
10

affinché/perché
Gli ho regalato dei soldi **affinché/perché** si **comprasse** un computer nuovo.

nel caso che, come se
Ti lascio le chiavi **nel caso che arrivi** Maria.
Mi parli **come se** io **fossi** sordo.

prima che
Prima che tu **parta** vorrei salutarti.

senza che
È partito **senza che** nessuno lo **vedesse**.

a meno che
Ti presto la mia macchina, **a meno che** tu non **preferisca** prendere il treno.

G

• dopo alcuni pronomi indefiniti

tra i quali *chiunque, (d)ovunque, comunque, qualunque/qualsiasi*
La scelta del tempo dipende dal contesto.

Chiunque la **conoscesse** la trovava molto simpatica.
(D)ovunque andasse si faceva tanti amici.
Comunque sia, non ho voglia di discuterne.
In **qualunque** situazione **si trovasse** non aveva difficoltà.

• dopo alcune espressioni

il fatto che, non è che
Le dispiaceva **il fatto che** i suoi amici non **andassero** d'accordo.
Non è che sia cattivo, semplicemente non ci pensa.

• nelle frasi relative

– se nella frase principale c'è un superlativo relativo:

È **una delle più belle** storie d'amore che io **abbia** mai **letto**.

Venezia è la città **più interessante** che io **abbia** mai **visto**.

– se nella frase principale c'è l'aggettivo *unico/solo*:

Era **l'unica/la sola** donna di cui **sia riuscito** a diventare amico.

– se nella frase si esprime un desiderio o una condizione:

Usate testi nei quali la lingua **sia usata** in maniera naturale.

• dopo l'espressione *che io (tu …) sappia*

Che io sappia non è ancora arrivato.

L'uso del congiuntivo oggi dipende dal registro usato. In molti casi parlando si preferisce usare l'indicativo al posto del congiuntivo.

L'uso del congiuntivo nelle frasi principali

Il congiuntivo si usa anche:

• nelle frasi principali in cui si esprime un desiderio irrealizzabile o non ancora realizzato. Queste possono essere introdotte da *magari*. Il verbo che segue è al congiuntivo imperfetto se l'azione è contemporanea e al congiuntivo trapassato se l'azione è anteriore:

Magari cominciassero a mangiare senza di noi!   (ora)
Magari fosse venuto a trovarmi!   (prima)
Ah, non gli **avessi detto** niente!

- nelle frasi interrogative che esprimono un dubbio:

Che abbia perso il treno?
Che sia partito?

Lez. 8

Il condizionale passato

Lez. 2

Il condizionale passato si forma con il condizionale presente di *essere* o *avere* + il participio passato del verbo principale.

(io)	avrei mangiato	sarei andato/-a
(tu)	avresti mangiato	saresti andato/-a
(lui, lei, Lei)	avrebbe mangiato	sarebbe andato/-a
(noi)	avremmo mangiato	saremmo andati/-e
(voi)	avreste mangiato	sareste andati/-e
(loro)	avrebbero mangiato	sarebbero andati/-e

Il condizionale passato esprime un desiderio irrealizzato o irrealizzabile o un'azione che avrebbe dovuto avvenire, ma non è avvenuta.

Avrebbero potuto aprire una clinica privata. (ma non l'hanno aperta)
Sarebbe stato meglio costruire una scuola. (ma non l'hanno costruita)

Il condizionale passato viene usato spesso nel linguaggio giornalistico per comunicare una notizia di cui non si è sicuri al cento per cento.

L'uomo **sarebbe andato** in banca e **avrebbe incontrato** il complice.
(= dicono che sia andato e che abbia incontrato)

Per l'uso del condizionale passato nelle frasi secondarie vedi anche «Il periodo ipotetico» (pag. 207) e «Il discorso indiretto» (pag. 217).

Il periodo ipotetico

Esistono 3 tipi di periodo ipotetico:

- il periodo ipotetico della realtà → situazione realizzabile (*Espresso 2*, pag. 209)
- il periodo ipotetico
  della possibilità → situazione poco probabile, ma possibile
- il periodo ipotetico dell'irrealtà → situazione che non si è potuta realizzare nel passato

Le frasi ipotetiche vengono introdotte da **se**.

Lez. 7

Il periodo ipotetico della possibilità

Se la frase introdotta da **se** esprime una condizione poco probabile, ma possibile, il verbo è al congiuntivo imperfetto e il verbo della frase principale al condizionale presente.

Se mi **regalassero** qualcosa che non mi piace, non **direi** niente.
Se avessi molti soldi, **comprerei** una casa.

Lez. 8

Il periodo ipotetico dell'irrealtà, impossibilità

Se la frase introdotta da **se** esprime una condizione che non si è potuta realizzare nel passato, il verbo è al congiuntivo trapassato e il verbo della frase principale al condizionale passato.

Se l'**avessi saputo** prima, **sarei venuto** in metropolitana.
Se fosse venuto, ne **sarei stata** felice.

La condizione e la conseguenza non sono sempre contemporanee. La condizione può riferirsi al passato e la conseguenza al presente.

Se avessi mangiato (ieri) di meno, non **starei** (oggi) così male.

Nella lingua parlata qualche volta si sostituisce il congiuntivo trapassato e il condizionale passato con l'imperfetto.

Se si fosse alzata prima non **avrebbe perso** il treno.
Se si alzava prima non **perdeva** il treno.

Il gerundio

Lez. 8

In italiano ci sono due forme di gerundio: il gerundio presente e quello passato.

Il gerundio presente si forma dall'infinito del verbo, aggiungendo alla radice le terminazioni **-ando** (per i verbi in -*are*) e **-endo** (per i verbi in -*ere* e -*ire*) ed è invariabile (vedi *Espresso 2*, pag. 207).
Il gerundio passato/composto si forma con il gerundio presente di *essere* o *avere* (**essendo**, **avendo**) + il participio passato del verbo principale.

	parlare	leggere	partire
gerundio presente	parl**ando**	legg**endo**	part**endo**
gerundio passato	avendo parlato	avendo letto	essendo partito/-a/-i/-e

Di seguito alcune forme irregolari oltre a quelle già presentate in *Espresso 2* :

condurre	conducendo
porre	ponendo
tradurre	traducendo
trarre	traendo

L'uso del gerundio presente

Il gerundio si usa nelle frasi secondarie e può avere diversi significati.
Di solito, il gerundio presente indica un'azione contemporanea a
quella della frase principale.

Lez. 5·6
8

causale:	**Conoscendo** le tue idee non ho detto niente.	(Perché? – Poiché conoscevo …)
temporale:	L'ho incontrato **andando** a casa.	(Quando? – Mentre andavo …)
strumentale:	**Leggendo** si impara molto.	(Con che mezzo? – Con la lettura.)
modale:	Arrivarono **correndo**.	(In che modo? – Di corsa.)
ipotetico (vedi *Espresso 2*, pag. 207):	**Comprando** qualche mobile la casa diventerebbe più bella.	(Se si comprasse …)
coordinativo:	Abbassò gli occhiali **sorridendo**.	(E contemporaneamente sorrise)

Di solito, il soggetto delle due frasi è lo stesso. Nelle frasi causali e ipotetiche
il soggetto può essere diverso da quello della frase principale.

Essendo tardi (= poiché era tardi) Carlo trovò la posta chiusa.

L'uso del gerundio passato

Il gerundio passato sostituisce una frase secondaria causale e si usa
quando l'azione della frase secondaria è anteriore a quella della frase principale.

Lez. 8

     frase secondaria   *frase principale*
Non **avendo trovato** *(prima)* stanze libere, il signor Rossi prende in considerazione *(poi)*
                                     l'ipotesi di una bella settimana di trekking.

Con l'ausiliare *essere*, il participio passato concorda con il soggetto.
Non **essendo andati/andate** al corso, la volta dopo hanno avuto grossi problemi.

Tutti i pronomi vanno dopo il gerundio
(vedi «La posizione dei pronomi combinati», pag. 199).

L'infinito

In italiano esistono due forme di infinito: l'infinito presente e l'infinito passato.
L'infinito presente è la forma che compare sul vocabolario. Termina in
-are, -ere, o -ire (andare, vedere, sentire).
L'infinito passato si forma con l'infinito presente di avere o essere +
il participio passato del verbo.

aver(e) visto   esser(e) andato

Lez. 1·8

prima di/ dopo + infinito

In una frase secondaria con significato temporale introdotta da **prima di**,
il verbo è sempre all'infinito presente. In una frase secondaria con significato
temporale introdotta da **dopo**, si usa l'infinito passato.

Queste due costruzioni si usano solo se il soggetto della frase secondaria è lo
stesso di quello della frase principale.

Prima di trasferirmi a Roma avevo seguito un corso d'italiano.   (io … io)
Dopo aver letto il giornale il signor Rossi ha cambiato idea.   (lui … lui)
Dopo esser(e) uscita si è accorta di aver dimenticato l'ombrello.   (lei … lei)

prima di – prima che / dopo – dopo che

Lez. 9

Se i soggetti della frase secondaria e di quella principale sono diversi,
si usano invece *prima che* + congiuntivo e *dopo che* + indicativo.

Ti telefono **prima di** partire.   (io … io)   Ti telefono **prima che** tu parta.   (io … tu)
Dopo aver mangiato mi riposo. (io … io)   Ti telefono **dopo che** i miei sono usciti. (io … loro)

Fare + infinito

Lez. 6

Fare + infinito può avere in italiano 3 diversi significati:
«lasciare», «fare in modo che» e «permettere».

Mi **fai vedere** che cosa hai fatto? (Mi lasci vedere …)
Hai già **fatto riparare** il computer? (Hai già fatto in modo che …)
Non mi **fa usare** la sua bicicletta. (Non mi permette di …)

Il participio presente

Lez. 3·5
7

In italiano esistono due forme di participio:
il participio presente e quello passato (vedi *Espresso 1*, pag. 185).
Il participio presente si forma aggiungendo **-ante** (per i verbi in *-are*),
-ente (per i verbi in *-ere* e *-ire*). Alcuni verbi in *-ire* prendono la desinenza **-iente**.

am**are**	sorrid**ere**	divert**ire**/dorm**ire**
am**ante**	sorrid**ente**	divert**ente**/dorm**iente**

Di solito il participio presente può sostituire una frase relativa
e si usa solo nella lingua scritta.

È una questione **riguardante** (=che riguarda) la speculazione edilizia.

Il passivo

Lez. 5

Tutti i verbi transitivi, cioè verbi con un oggetto diretto,
possono essere coniugati alla forma passiva.

Forma attiva: Carlo **ha ritrovato** il libro.
Forma passiva: Il libro **è stato ritrovato** da Carlo.

Per fare la forma passiva si può usare in italiano il verbo *essere* + il participio passato del verbo
principale o il verbo *venire* + il participio passato del verbo principale. Si può usare *venire* solo
con i tempi verbali semplici, non con i tempi verbali composti. Con questi si usa *essere*.

presente indicativo	sono invitato	vengo invitato
imperfetto indicativo	ero invitato	venivo invitato
passato remoto	fui invitato	venni invitato
futuro semplice	sarò invitato	verrò invitato
futuro anteriore	sarò stato invitato	----
passato prossimo	sono stato invitato	----
trapassato prossimo	ero stato invitato	----
congiuntivo presente	sia invitato	venga invitato
congiuntivo passato	sia stato invitato	----
condizionale presente	sarei invitato	verrei invitato
condizionale passato	sarei stato invitato	----

Venire si usa di solito per indicare un processo, *essere* per indicare uno stato.

Solo un 15% dei volumi **viene trovato** da una persona.
La biblioteca **è illuminata** da cinque grandi finestre.

Il participio passato concorda nel genere e nel numero con il sostantivo a cui si riferisce.

Il libro sarà **pubblicato** la prossima settimana.
I suoi romanzi verranno **letti** da migliaia di persone.

La persona o la cosa che fa l'azione (agente) è preceduto dalla preposizione **da.**

Forma attiva: Oggi **milioni di persone** usano la posta elettronica.
Forma passiva: Oggi la posta elettronica è usata **da milioni di persone.**
Forma attiva: **Un sito Internet** ha organizzato l'esperimento.
Forma passiva: L'esperimento è stato organizzato **da un sito Internet.**

Lez. 10

La forma passiva con il verbo *andare*

Per formare il passivo si può usare anche il verbo *andare* + il participio passato del verbo principale. Questo passivo ha però un significato di dovere o necessità e può essere usato solo con i tempi semplici (ad eccezione del passato remoto).

Le auto **vanno** lasciate nei parcheggi. ⟶ Le auto **devono essere** lasciate nei parcheggi.
Il problema **andrà** discusso. ⟶ Il problema **dovrà essere** discusso.
L'errore **andava** corretto. ⟶ L'errore **doveva essere** corretto.

Andare seguito da *perdere* o *distruggere* ha un significato esclusivamente passivo.

La lettera è andata persa. ⟶ La lettera è stata persa.
La casa è andata distrutta. ⟶ La casa è stata distrutta.

Lez. 4·9

Il discorso indiretto

Il discorso indiretto viene introdotto da verbi come *dire, affermare*, ecc. Se la frase principale che introduce il discorso indiretto è al presente (o al passato con funzione di presente), allora il tempo del verbo resta invariato; può cambiare però la persona.

	Marco **dice/ha detto** …
«Sandra non si sente bene.»	**che** Sandra non **si sente** bene.
«Mia sorella è uscita.»	**che** sua sorella è **uscita.**
«Stasera mio padre farà tardi.»	**che** stasera suo padre **farà** tardi.

Quando il discorso indiretto è introdotto da una frase principale
al passato, cambiano anche i tempi verbali.

	Disse/rispose …
«Io qui **mi trovo** bene.» *presente (indicativo)*	**che** lì **si trovava** bene. *imperfetto (indicativo)*
«Penso che **sia** una brava persona.» *presente (congiuntivo)*	**che** pensava che **fosse** una brava persona. *imperfetto (congiuntivo)*
«Sandro **è uscito.**» *passato prossimo*	**che** Sandro **era uscito.** *trapassato prossimo*
«**Dovrà** cambiare sede.» *futuro semplice*	**che avrebbe dovuto** cambiare sede. *condizionale passato*
«**Dovrei** cambiare sede.» *condizionale presente*	**che avrebbe dovuto** cambiare sede. *condizionale passato*
«**Trovati** subito un'altra casa!» *imperativo*	**di trovarmi** subito un'altra casa. **che mi trovassi** subito un'altra casa. *di + infinito* *che + congiuntivo imperfetto*

L'imperfetto, il trapassato prossimo, il condizionale passato e le forme implicite
dei verbi (gerundio, infinito e participio) restano invariate.

	Disse/rispose …
«Qui **mi trovavo** bene.»	**che** lì **si trovava** bene.
«Sandro **era uscito.**»	**che** Sandro **era uscito.**
«**Avrei dovuto** cambiar sede.»	**che avrebbe dovuto** cambiare sede.
«**Studiando** si impara.»	**che studiando** si impara(va).

Nel periodo ipotetico il verbo è sempre al congiuntivo trapassato
nella frase secondaria e al condizionale passato nella frase principale.

	Disse/rispose …
«Se tu mangi, ingrassi.» «Se tu mangiassi, ingrasseresti.» «Se tu avessi mangiato, saresti ingrassato.»	**che, se avessi mangiato, sarei ingrassato.**

Quando passiamo dal discorso diretto a quello indiretto possono cambiare alcuni elementi del discorso:

i pronomi personali	io	→	lui/lei
i possessivi	mio	→	suo
gli avverbi	qui/qua	→	lì/là
	ieri	→	il giorno prima/ il giorno precedente
	oggi	→	quel giorno
	domani	→	il giorno dopo/ il giorno seguente/ l'indomani
i dimostrativi	questo	→	quello
l'aggettivo *prossimo*	prossimo	→	seguente
fra (temporale)	fra 2 giorni	→	dopo 2 giorni

Lez. 9

G

La frase interrogativa indiretta

La frase interrogativa indiretta è preceduta da verbi come *chiedere*, *domandare*, *voler sapere* e introdotta dalla congiunzione *se*.

Frase interrogativa diretta: «Mi presti qualcosa per il matrimonio di Daniela?»

Frase interrogativa indiretta: Mi **ha chiesto se** le **prestavo** qualcosa per il matrimonio di Daniela.

Per le frasi interrogative indirette valgono le stesse regole del discorso indiretto.

«Ti trovi bene qui?»
L'amica le chiese se **si trovava** bene lì.
L'amica le chiese se **si trovasse** bene lì.

In una frase interrogativa indiretta può cambiare anche il modo del verbo, per es. un indicativo può diventare un congiuntivo. Si tratta comunque di una scelta stilistica della persona che parla.

La concordanza dei tempi dell'indicativo

Così come per il congiuntivo (vedi pag. 204), anche per la concordanza dei tempi dell'indicativo la scelta del tempo nella frase secondaria dipende dal tempo del verbo usato nella frase principale e dal rapporto temporale tra le due frasi.

Lez. 7

Dopo una frase principale con un verbo al presente, si usano nella frase secondaria il passato prossimo per esprimere un'azione anteriore, il presente indicativo per esprimere un'azione contemporanea e il futuro semplice per esprimere un'azione posteriore.

Dopo una frase principale con un verbo al passato, si usano nella frase secondaria il trapassato prossimo per esprimere un'azione anteriore, l'imperfetto per esprimere un'azione contemporanea e il condizionale composto per esprimere un'azione posteriore.

So che	è tornato.	(ieri)
	torna.	(oggi)
	tornerà.	(domani)
Sapevo/avevo saputo che	era tornato.	(il giorno prima)
	tornava.	(quel giorno)
	sarebbe tornato.	(il giorno dopo)

L'uso del verbo *dovere* per esprimere un'ipotesi

Il verbo **dovere** si usa spesso per fare delle ipotesi.

Lez. 1

La grammatica **dovrebbe essere** lì. (Forse è lì. Credo che sia lì.)
Dovrebbe essere andato a casa. (Secondo me è andato a casa).
Deve aver preso il treno delle 8.00. (Penso che abbia preso il treno delle 8.00.)

Uso riflessivo dei verbi transitivi

Nella lingua parlata si aggiunge spesso il pronome riflessivo *mi, ti, si, ci, vi* ad un verbo transitivo.

Lez. 3

Volevo **cambiare** la macchina.
Volevo **cambiarmi** la macchina.
Ho mangiato un piatto di pasta.
Mi sono mangiato/-a un piatto di pasta.

In questo modo si sottolinea la partecipazione emotiva del soggetto all'azione. Nei tempi composti con l'aggiunta del pronome cambia l'ausiliare.

Verbi particolari (*metterci, mi tocca, bastare*)

metterci

Lez. 1

Il verbo *metterci* esprime di quanto tempo si ha bisogno per fare qualcosa.

Quanto tempo **ci metti a** finire di vestirti?
Ci hai messo molto **a** imparare l'italiano?
Il treno **ci ha messo** tre ore.

Attenzione a non confondere **metterci a** con **mettersi a fare qualcosa** (cominciare a fare qualcosa).

Ci ha messo molto (tempo) **a** studiare i nuovi vocaboli. (= Ha impiegato …)
Si è messo subito **a** studiare i nuovi vocaboli. (= Ha cominciato …)

mi tocca

Lez. 2

Mi/ti tocca significa *devo/devi*. Il verbo che segue è sempre all'infinito.

Mi tocca andare a piedi. = Devo andare a piedi.

bastare

Lez. 4

Bastare significa *essere sufficiente*. Si tratta di un verbo impersonale, si usa quindi sempre alla 3ª persona. Dopo *bastare* può seguire o un verbo all'infinito o *che* + congiuntivo.

Basta pronunciarlo. = **Basta che** lo pronunci. (= è sufficiente pronunciarlo/che lo pronunci)

GLOSSARIO

*L'asterisco (*) indica che il verbo ha una forma irregolare.
I verbi come finire (finisco) sono indicati (-isc). Il punto
sotto le parole indica dove cade l'accento.*

LEZIONE 1

1

la soddisfazione _____

comprendere* _____

comunicare _____

sul lavoro _____

arrangiarsi _____

la conversazione _____

il documento _____

ufficiale *(agg.)* _____

valutare _____

il livello _____

discreto _____

la pronuncia _____

il parere _____

esprimere* il proprio
   parere _____

autentico _____

il testo letterario _____

il dettato _____

tradurre* _____

a memoria _____

il più possibile _____

l'esercizio _____

2

togliere* una curiosità _____

In quanto tempo? _____

Da quanto tempo? _____

la difficoltà _____

l'apprendimento _____

metterci* a (fare qc.) _____

fare* un corso _____

prima di *(+ inf.)* _____

un paio di _____

Pazzesco! _____

Sono tre anni che … _____

Vabbe' _____

il confronto _____

fare* il confronto con _____

altre volte _____

dopo tutto _____

dopo _____

la regola _____

entrare in testa _____

È proprio questo
   il punto! _____

bloccarsi _____

sbagliare _____

l'errore *(m.)* _____

vergognarsi (di) _____

un sacco di _____

4

tra parentesi _____

passare _____

5

da un'altra parte _____

essere contento di _____

il progresso _____

non … nemmeno _____

sognare _____

6

in un colpo (solo) _____

porsi* un obiettivo _____

chiaro _____

realistico _____

essere aperto _____

nei confronti di _____

il metodo _____

la tecnologia _____

GL

qualsiasi *(invar.)* _____

l'opportunità _____

gradualmente _____

ridurre* _____

quel(lo) che _____

Quel che importa _____

rivedere _____

osservare _____

più … meglio … _____

nei quali _____

la maniera _____

naturale _____

il discorso _____

il succo del discorso _____

memorizzare _____

Non è grave. _____

l'importante è *(+ inf.)* _____

l'opuscolo informativo _____

mostrare curiosità _____

ripetere _____

di tanto in tanto _____

concentrarsi su _____

8

circa *(+ sost.)* _____

convinto *(da* convincere*)* _____

essere convinto di _____

rispettare _____

categorico _____

Non è che …? _____

lo scaffale _____

in basso _____

prestare _____

venire* un dubbio a qu. _____

il regionalismo _____

accettato _____

suonare *(intr.)* bene/male _____

andare* _____

l'uso fa la regola _____

rigido _____

esserci* in giro _____

il direttore _____

orribile _____

Mi sa che … _____

il complemento di
    stato in luogo *(gr.)* _____

introdurre* _____

l'influsso _____

il dialetto _____

centromeridionale _____

il caso _____

analogo _____

scorretto _____

essa _____

la funzione logica _____

in realtà _____

il costrutto _____

il registro colloquiale _____

la ripetizione _____

servire a _____

mettere* in evidenza _____

dipendere* da _____

il contesto _____

informale _____

formale _____

la necessità _____

evidenziare _____

il tema _____

di base _____

9

chiedere* in prestito _____

dare* in prestito _____

le forbici *(pl.)* _____

la matita _____

10

argomentare _____

l'accordo _____

il disaccordo _____

essere* del parere _____

A me non sembra
    proprio! _____

pensarla _____

diversamente _____

Non direi proprio! _____

È (proprio) vero. _____

11

simile a _____

12

la conferenza _____

GL

l'elettronica _____

il topo _____

scannare _____

coloro che _____

il suggerimento _____

personale _____

il comandamento _____

impossibile _____

l'alternativa _____

il termine _____

in voga _____

in qualche caso _____

fare* parte di _____

entrare a far parte _____

combattere _____

fare* la figura da _____

soddisfatto di _____

improvviso _____

la saggezza _____

l'argomento _____

cambiare argomento _____

provare _____

lo scrupolo di coscienza _____

raro _____

per cominciare _____

esaminare _____

l'apparecchio a scansione _____

citare _____

il dizionario _____

mostruoso _____

l'aggeggio _____

consentire _____

rapido _____

lo spostamento _____

il puntatore _____

adeguato _____

impuntarsi (su) _____

letterale _____

lo scopo _____

complesso _____

inutile _____

battersi con _____

difendersi* _____

passare all'offensiva _____

inattaccabile _____

metà … metà … _____

latino _____

mondiale _____

per definizione _____

eppure _____

modesto _____

la rete _____

difendersi* bene _____

rivelarsi _____

la battaglia _____

spiazzare _____

assumere* _____

specifico _____

il fornitore _____

l'accesso _____

l'avversario _____

spietato _____

ridere* _____

fare* ridere* _____

servire allo scopo _____

il passaggio _____

il sito _____

la navigazione _____

rendere* l'idea _____

il popolo _____

mediterraneo _____

il surf _____

il dispositivo _____

spostare _____

lo schermo _____

la tastiera _____

l'invenzione (f.) _____

assurdo _____

il tappetino _____

l'equivalente (m.) _____

il foglio _____

13

l'origine (f.) _____

l'eschimese _____

il giapponese _____

l'indiano _____

il turco _____

15

il tema _____

la tutela _____

il mezzo di
comunicazione _____

l'istituzione (f.) _____

tutelare _____

il divieto _____
l'unità _____
realizzare _____
sensibilizzare _____
attento _____

LEZIONE 2

1

osservare _____

2

valido _____
maggiore (il/la) _____
politico (agg.) _____
il capoluogo _____
_____
la capitale _____
l'industria _____
automobilistico _____
l'isola _____
arabo _____
normanno _____
portuale _____
la città portuale _____
il centro economico _____
_____
finanziario _____
la nebbia _____
enorme _____
l'editoria _____

4

l'itinerario _____
cambiare itinerario _____
avere* difficoltà a _____
   (fare qc.) _____
la sporcizia _____
costruire (-isc) _____
l'asilo _____
la zona _____
l'impianto sportivo _____
la busta _____
il portone _____
Non c'è problema! _____
_____
fare* una fermata _____

il giro _____
mi/ti tocca (+ inf.) _____
il cittadino _____
fare* la gimcana _____
la parte _____
dall'altra parte _____
per non parlare di _____
servire a qu. _____

A che mi/ti serve? _____

anziché (+ inf.) _____
l'asilo nido _____
parecchi/parecchie _____

5

l'esempio _____
secondo l'esempio _____
la linea _____
ingrandire (-isc) _____
mettere* a disposizione _____
_____
la pista ciclabile _____
progettare _____
investire _____
la costruzione _____
il sistema _____
la targa _____
il sistema delle targhe _____
   alterne _____
_____
i trasporti pubblici _____
il centro per gli anziani _____

6

la traversata _____
il vecchio (sost.) _____
ordinare _____
la sequenza _____
attraversare _____
l'ora di punta _____
il flusso _____
continuo _____
finché _____
l'ingorgo _____
tale (che) _____
fermo _____

èssere fermo _____

la striscia (pedonale) _____

respingere* (indietro) _____

indietro _____

fu respinto _____

il clacson _____

a suon di clacson _____

a male parole _____

provare a (+ inf.) _____

passare _____

l'acciuga _____

magro come un'acciuga _____

_____

venire* un'idea a qu. _____

_____

sdraiarsi _____

fare* finta di (+ inf.) _____

morto _____

veloce _____

fallire (-isc) _____

frenare _____

la botta _____

dare* una botta a qu. _____

_____

Forza! _____

gridare _____

passare _____

rispedire _____

sbagliato _____

rimbalzare _____

ritrovarsi _____

acciaccato _____

il punto di partenza _____

7

invece di (+ inf.) _____

cioè _____

la letteratura _____

8

continuare _____

9

Guardi che … _____

ricostruire (-isc) _____

scortese _____

farsi* gli affari propri _____

_____

vietato _____

vietare _____

non … nessun(o) _____

il segnale _____

il segnale di divieto _____

Niente ma! _____

spiegarsi _____

riservato _____

èssere* in vena di (+ inf.) _____

_____

lasciare (+ inf.) _____

parcheggiare _____

la pace _____

in pace _____

è mio/ tuo/ … _____

è tuo/suo/ …? _____

il portiere _____

lo stabile _____

l'avvocato _____

10

il luogo pubblico _____

fotografare _____

il guinzaglio _____

suonare il clacson _____

11

improvvisamente _____

insistentemente _____

disturbare _____

fare* presente (qc. a qu.) _____

faticoso _____

12

tornare a (+ inf.) _____

tornare a vivere a Milano _____

nascere* _____

sposare _____

basso _____

_____

da residente _____

Non so cosa darei per
  (+ inf.) _____

piatto _____

tanto per dirne una _____

esondare _____

un (anno) sì e tre no _____

tanto che _____

GL

il comune _____

evacuare _____

salvo *(+ inf.)* _____

la gioia _____

Sai/sapete che gioia?! _____
_____

una nebbia che _____
  si taglia col coltello _____

il milanese _____

girare _____

il metrò _____

avere* in mano _____

tutto il santo giorno _____

arrendersi* (a qc.) _____

la nota dolente _____

appena _____

oltrepassare _____

la terza media _____

il liceo _____

la cittadina _____

accontentarsi (di qc.) _____

che sia ... o ... _____

la regione _____

porre* una domanda _____
  (a qu.) _____

13

sensuale _____

romantico _____

montuoso _____

vivibile _____

misterioso _____

pianeggiante _____

vario _____

14

all'interno _____

confinare con _____

LEZIONE 3

1

la compravendita _____

resistente _____

impermeabile _____

dotare di _____

la tasca _____

la chiusura lampo _____

il legno _____

il mogano _____

l'inizio _____

restaurare _____

l'orecchino _____

l'oro _____

grazioso _____

il paio *(pl.* le paia) _____

l'affare *(m.)* _____

la tovaglia _____

il lino _____

rettangolare _____

la cornice _____

l'argento _____

avere* valore _____

il materiale _____

il metallo _____

triangolare _____

il ferro _____

quadrato _____

il velluto _____

ingombrante _____

il vetro _____

pesante _____

la ceramica _____

indispensabile _____

ovale _____

2

il frullatore _____

il martello _____

la padella _____

il trenino _____

gli occhiali da sole _____

le posate *(pl.)* _____

la collana _____

il vaso _____

il rasoio _____

GL

la stampella _____

la moca _____

il pallone _____

il pettine _____

senza *(+ inf.)* _____

barrare _____

3

fare* acquisti _____

via _____

interessare a qu. *(+ inf.)* _____

4

avere* voglia di *(+ inf.)* _____

usato _____

la chiusura centralizzata _____

l'antifurto _____

essere* convinto _____

del tutto _____

cambiare la macchina _____

lasciare a piedi _____

da come _____

seminuovo _____

non … neanche _____

il chilometro _____

Quanti chilometri ha? _____

_____

con esattezza _____

Di che colore è? _____

relativamente _____

l'importante è *(+ cong.)* _____

costare un patrimonio _____

i miei _____

anticipare _____

fare* storie _____

la colonna _____

l'elemento _____

la supposizione _____

il sentimento _____

impersonale _____

5

la benzina _____

fare* benzina _____

stare* insieme _____

lasciarsi _____

6

stranamente _____

avvertire _____

silenzioso _____

partire _____

7

il bene di consumo _____

il cosmetico _____

il trucco _____

il profumo _____

la spesa _____

la graduatoria _____

8

il tizio _____

i capelli rasati _____

venire* incontro _____

presentarsi _____

il/la consulente _____

l'aggiornamento _____

tecnologico _____

travolgere* _____

il garbo _____

l'eloquio _____

firmare _____

il contratto _____

la consulenza _____

darsi* da fare _____

ottimizzare _____

rimodernare _____

superato _____

ridicolo _____

il navigatore satellitare _____

brunito _____

l'altimetro _____

la sospensione _____

antialce _____

la pubblicità _____

volere* dire _____

essere fatti per _____

esibire *(-isc)* _____

il funzionamento _____

puro _____

l'ovolone *(m.)* _____

peccato che *(+ cong.)* _____

l'indomani _____

ripresentarsi _____

l'ędera _____
modificare geneticamente _____
strangolare _____
il ladro _____
scuọtere* la testa _____
rimproverare _____
il videoregistratore _____
obiettare _____
rispiegare _____
la mạcchina _____
il videogiocọmane _____

il cinẹfilo _____
il fabbro _____
intanto _____
la porta blindata _____
bloccarsi _____
strappare di mano _____
pesare *(intr.)* _____
il mattone _____
il collegamento infrarossi _____
il comando vocale _____
mutare _____
collegarsi a _____
la partita _____
il serpentone mangiacoda _____

una serie di _____
la gentilezza _____
fuori moda _____
ẹssere appassionato di _____
tọgliere* di mano _____
violentemente _____
l'agenda _____

11

ẹssere* stregato da _____
reclamizzare qc. _____

12

l'assicurazione _____
la marca _____
la margarina _____
il gioiello _____
la foglia _____
gustare _____
prẹndere il volo _____
l'utopịa _____

inseguire* _____
indossare _____
comodoso _____
sciccoso _____
risparmioso _____
scattoso _____
il creativo _____
vivo _____
tirar sù _____
puro _____
levissima _____

13

il reclamo _____
l'addetto _____
la spedizione _____
consegnare _____
giustificare _____
il ritardo _____
la consegna _____
per mancanza di _____
il personale _____
l'ọrdine _____
annullare _____
ordinare _____
la garanzịa _____
il vaglia postale _____
in contrassegno _____
protestare _____
scusarsi _____
giustificarsi _____
reclamare _____
il/la responsạbile _____
Per fortuna che … _____
Le pare il modo di _____
　(+ *inf.*)? _____
Come sarebbe a dire? _____

Che Le devo dire? _____
una cosa del genere _____
ẹssere* spiacente _____
assicurare _____

14

improvvisare _____
basarsi su _____
la merce _____
in ritardo _____

È colpa mia/tua … _____

rotto (*da* rompere*) _____
per cui _____
risultare *(+ agg.)* _____
rovinato _____
l'incidente *(m.)* _____
fare* in modo che *(+ cong.)* _____
_____

LEZIONE 4

1
avvenire* _____
reale _____
Con quale frequenza? _____

2
i media *(m./pl.)* _____
il messaggio _____
richiamare _____
perciò _____
controllare _____
immaginarsi qc. _____
conosciuto _____
l'abbinamento _____
caratterizzare _____
_____

3
per e-mail _____
scambiarsi _____
dare* origine (a qc.) _____
l'altro giorno _____
il mistero _____
bastare *(+ inf.)* _____
pronunciare _____
il carattere _____
impiegare _____
e così via _____
la diffusione _____
circolare _____
fare* il conto di _____
_____
girare _____
gigantesco _____

essere* sufficiente *(+ inf.)* _____
_____
grosso modo _____
nell'arco di _____
considerare _____
sospendere* _____
arrivare alla conclusione _____

prevedere* _____
la crescita _____
saturarsi _____
esplodere* _____
misteriosamente _____
a meraviglia _____
la prova _____
in arrivo _____
la ricerca _____
commissionare _____
apprendere* _____
appena _____
in circolazione _____
stimare _____
per quanto riguarda
  (+ sost.) _____
totale _____
il privato *(sost.)* _____
restante _____
mettere* in luce _____

per cento _____
la posta elettronica _____
la percentuale _____
attualmente _____
essere destinato a _____

crescere* _____
svelto _____
alla svelta _____
calcolare _____
l'utente *(m. + f.)* _____
risultare _____
infine _____
il paragrafo _____
il timore _____
ingiustificato _____
la saturazione _____
abbreviato _____
aumentare *(intr.)* _____

notevolmente _____

il tono _____

ironico _____

neutro _____

preoccupato _____

critico _____

4

l'effetto _____

emerso (*da* emergere*) _____

5

Meno male! _____

6

amare *(+ inf.)* _____

lasciare un messaggio _____

la segreteria telefonica _____

il segnale acustico _____

appena possibile _____

niente _____

come se *(+ cong.)* _____

il sordo _____

prima di tutto … e poi _____

urlare _____

odiare *(+ inf.)* _____

strettamente necessario _____

chiunque *(pron.)* _____

abituarsi (a) _____

Non è che *(+ cong.)* _____

resta il fatto che _____

7

mille volte _____

abbracciarsi _____

tenersi* per mano _____

essere* arrabbiato con _____

8

la neve _____

9

desiderato _____

sbagliare numero _____

personalmente _____

non … alcun(o) _____

segnalare _____

10

fare* tardi _____

la riunione _____

il biglietto _____

11

il coinquilino _____

12

il destinatario _____

originario _____

LEZIONE 5

la lettura _____

1

il quotidiano _____

il romanzo d'amore _____

storico _____

il romanzo storico _____

la fantascienza _____

il saggio _____

il romanzo d'avventura _____

il giallo _____

la guida turistica _____

a caso _____

la recensione _____

su consiglio di _____

la compagnia _____

2

parlare di _____

ammettere* _____

l'assassino _____

assumere* _____

di volta in volta _____

l'identità _____

la vittima _____

toccare a (qu.) _____

sofisticato _____

l'intuito _____

la capacità (di) _____

l'ascolto _____

cieco _____

impeccabile	_____	a patto che *(+ cong.)*	_____
la solitudine	_____	intitolarsi	_____
sporcare *(trans.)*	_____	l'appassionato di	_____
scivolare	_____	quasi quasi	_____
cadere*	_____	immaginare	_____
la corsa	_____	prima che *(+ cong.)*	_____
l'ambulanza	_____	morire*	_____
il chirurgo	_____	essere* in coma	_____
rimanere* in attesa (di)	_____	segretamente	_____
il salotto	_____	l'autore	_____
la camera operatoria	_____	in qualche modo	_____
l'attesa	_____	incrociarsi	_____
se stesso	_____	immaginario	_____
circondare	_____	purché *(+ cong.)*	_____
la precisione	_____	a condizione che *(+ cong.)*	_____
chirurgico	_____		
rivelare	_____	**3**	
lo scompenso	_____	il diavolo	_____
professionista *(agg.)*	_____	l'automobile *(f.)*	_____
abile	_____	avvincente	_____
il travestimento	_____	emozionante	_____
contattare	_____		
uccidere*	_____	**4**	
l'autostrada	_____	il risotto alla milanese	_____
il poliziotto	_____	lo zafferano	_____
la Mobile	_____	lo sciatore	_____
essere* in servizio	_____	il/la motociclista	_____
davvero	_____	il/la cantante	_____
essere* innamorato di	_____	la raccolta	_____
uno … dopo l'altro	_____	musicale	_____
la laguna	_____	il Cannonau	_____
pieno di	_____	errato	_____
lo scenario	_____		
svolgersi*	_____	**6**	
tormentato	_____	globale	_____
arrogante	_____	il titolo	_____
irresoluto	_____	il contenuto	_____
sognatore	_____	il sistema	_____
attrarre*	_____	lo scambio	_____
l'assenza	_____	internazionale	_____
logoro	_____	associare (a)	_____
l'universo	_____	il riconoscimento	_____
il polo opposto	_____	il tam tam	_____
scoccare una scintilla	_____	spargere*	_____
acquistare	_____	il continente	_____
il romanzo poliziesco	_____	abbandonare	_____
comico *(agg.)*	_____	fortunato	_____
triste	_____	essere* fortunati	_____

casuale _____

la nota _____

la copertina _____

dire* _____

perdere* _____

in cerca di _____

superare _____

la sorpresa _____

l'esperimento _____

sociologico _____

il/i/la/le cui _____

banale _____

proprio per questo _____

rivoluzionario _____

il lettore _____

visceralmente _____

registrare _____

distribuire *(-isc)* _____

ovunque _____

assegnare _____

l'identificazione *(f.)* _____

l'etichetta _____

la registrazione _____

stampare _____

attaccare _____

andare* sul sito _____

in questo modo _____

temporaneo _____

rimettere* in circolo _____

tenere* sott'occhio _____

finire *(-isc)* in buone/ _____
   cattive mani

da un anno a questa parte _____

l'esercito _____

gli scambia-libri _____

salire* a _____

l'unità _____

il traffico _____

oltre _____

la novella _____

ai quattro angoli _____

il globo _____

un centinaio di _____
   (pl. centinaia)

il trucco _____

la stazione di benzina _____

di mano in mano _____

chiaramente _____

arrivare a destinazione _____

liberare _____

aggiungersi _____

la catena _____

il ritrovamento _____

alla base di _____

la scoperta _____

8

la notizia _____

il governo _____

la legge _____

presentare una legge _____

la maternità _____

consegnare _____

il romano _____

il melone _____

lo sciopero _____

nazionale _____

il discorso _____

il/la Presidente _____

il sindaco _____

inaugurare _____

9

stimolare _____

fare* + *inf.* _____

10

la fiaba _____

la regina _____

il re _____

la principessa _____

il principe _____

il servitore _____

il mago _____

la matrigna _____

la fata _____

la strega _____

la prigione _____

il pozzo _____

la polverina magica _____

la spada _____

lo stiletto _____

l'incantesimo _____

partire per la guerra _____

diventare madre di _____

GL

incaricare (qu. di + *inf.*) _____

ferire *(-isc)* _____

guarire *(-isc) (trans.)* _____

11

la lavagna _____

12

il bus-navetta _____

percọrrere* _____

la circonvallazione _____

distinto _____

il completo _____

a strisce _____

in tinta _____

tirato a lụcido _____

la polo _____

allacciato fino a _____

il bottone _____

gratụito _____

perplesso _____

C'è da fidarsi? _____

peggio _____

e basta _____

passare _____

infilarsi (gli occhiali) _____

cerimonioso _____

la lentezza _____

la lente da lettura _____

la mezza lente _____

consultare _____

va mo' _____

il fortunello _____

scandire *(-isc)* le parole _____

_____

riassaporare _____

abbassare gli occhiali _____

ammiccante _____

Sta a vedere che … _____

13

la stampa _____

l'iniziativa _____

LEZIONE 6

cambiare faccia _____

1

il ritratto _____

la solidarietà _____

la competitività _____

la severità _____

la sicurezza _____

la sincerità _____

il conflitto _____ ,

il calore _____

il nido _____

l'amicizia _____

2

il divorzio _____

la separazione _____

l'individualismo _____

l'aumento _____

la migrazione _____

il giardinetto _____

fare* + *inf.* _____

azzuffarsi (con) _____

l'autocarro _____

ribaltạbile _____

il rammạrico _____

sbagliare a *(+ inf.)* _____

non fare altro che *(+ inf.)* _____

_____

ẹssere* propenso a *(+ inf.)* _____

il bimbo _____

una volta _____

continuare _____

È una vergogna! _____

la preoccupazione _____

la media _____

la natalità _____

crescente _____

la popolazione _____

decimare _____

la risorsa _____

il tasso di crẹscita _____

scẹndere* _____

la contraccezione _____

posticipato _____

rurale _____

il pianeta _____
urbano _____
giocare un ruolo
  (decisivo) _____
decisivo _____
il decremento _____
la crescita _____
a quattro stelle _____
il safari _____
la metropoli _____
fattibile _____
l'educazione (f.) _____
prestigioso _____
la scuola privata _____
aumentare (intr.) _____
rapidamente _____
l'ultrasessantenne (m. + f.) _____
triplicare (intr.) _____
gli over 80 _____
minore _____

3

dire* la propria _____

la tavola rotonda _____
il calo demografico _____

4

fare* + inf. _____
il giocattolo _____

5

il passaggio _____
sebbene (+ cong.) _____
la figura centrale _____
i grandi _____
caricare di _____
perfino _____
ridursi* _____
la tendenza _____
facilitare _____
nonostante (+ cong.) _____
Anzi! _____
negare _____
infatti _____
volere* dire _____
se _____
fare* il nonno _____

l'energia _____
stare* dietro a qu. _____

è colpa di _____
lo Stato _____
indubbiamente _____
in generale _____
il bisogno (di) _____
separarsi _____
la facilità _____

6

in neretto _____
benché (+ cong.) _____
malgrado (+ cong.) _____
il valore _____

7

sottolineare _____
a favore di _____

8

brillo _____
incomprensibile _____
per comodità _____
concreto _____
la permanenza _____
andare* via di casa _____

10

frequente _____
truccarsi _____
liceale _____
soprannominare _____
Cristo! _____
il polso _____
l'espressione (f.) _____
l'espressione da tigre _____
Facciamo alle quattro! _____
esservi* _____
all'altro capo del filo _____

il tinello _____
fare* un salto da _____
considerare _____
il Cancelliere _____
da dentro _____
la mutter _____

fare* *(pop.)* _____

distogliere* gli occhi (da) _____

rientrare _____

comunque _____

insistere* (su) _____

_____

l'autocontrollo _____

la prova _____

la volontà _____

al massimo _____

ripassare _____

infilare _____

l'impermeabilizzato _____

in ogni caso _____

sprofondare _____

impercettibilmente _____

il soprannome _____

11

farsi* male _____

12

la sceneggiatura _____

proseguire _____

la scena _____

13

lavare i piatti _____

le faccende domestiche *(pl.)* _____

_____

la lavastoviglie _____

apparecchiare _____

l'aspirapolvere *(m.)* _____

passare l'aspirapolvere _____

spazzare _____

spolverare _____

pulire i vetri _____

pulire il bagno _____

portare fuori _____

l'immondizia _____

di sesso opposto _____

l'analogia _____

_____

14

l'organizzazione *(f.)* _____

il contributo _____

la politica familiare _____

rispecchiare _____

LEZIONE 7

2

l'uso _____

legato a _____

riferirsi a _____

l'Epifania _____

il carnevale _____

il presepio _____

fare* il presepio _____

il mazzo _____

la mimosa _____

il panettone _____

la calza _____

il carbone _____

il carbone di zucchero _____

lo scherzo _____

fare* scherzi _____

brindare _____

giocare a tombola _____

a forma di _____

la colomba _____

addobbare _____

l'albero _____

il cotechino _____

le lenticchie *(pl.)* _____

mascherarsi _____

3

noto _____

rispettare _____

4

essere* in ritardo _____

senza di *(+ pron.)* _____

magari *(+ cong.)* _____

la portata _____

non … mica _____

essere* obbligato a *(+ inf.)* _____

Che c'è che non va? _____

GL

è solo che   _____

per una volta   _____

in maniera diversa   _____

tenerci* a *(+ inf.)*   _____

magari   _____

dopo pranzo   _____

Sembra brutto!   _____

calcolando che   _____

Dai!   _____

la possibilità   _____

la speranza   _____

5

è la prima (seconda)   _____

  volta che   _____

l'ennesimo   _____

dimenticarsi (di + *inf.*)   _____

  _____

rimandare   _____

l'apertura   _____

la ristrutturazione   _____

6

avvicinarsi   _____

non vedere l'ora che   _____

  (+ *cong.*)   _____

7

stressante   _____

superfluo   _____

8

riciclare   _____

la riflessione   _____

fare* una brutta/   _____

bella figura   _____

in caso di (+ *sost.*)   _____

il riciclaggio   _____

  _____

rispettare   _____

valutare   _____

in senso assoluto   _____

certo che   _____

distinguere*   _____

la quotidianità   _____

la formalità   _____

l'incarto   _____

fare* una figuraccia   _____

Non è detto che *(+ cong.)*   _____

rimanerci* male   _____

la reazione   _____

proprio   _____

tenere* (a qu., a qc.)   _____

non aver di meglio che   _____

rifilare   _____

tanto per *(+ inf.)*   _____

dimostrare   _____

privarsi di   _____

cosiddetto   _____

di circostanza   _____

va fatto   _____

le cose possono cambiare   _____

il sottoscritto   _____

il giorno prima   _____

poi   _____

mettere*   _____

il cassetto   _____

passare   _____

impacchettare   _____

sprofondare   _____

decisamente   _____

essere* contrario a   _____

10

è l'unico/-a a *(+ inf.)*   _____

  _____

invitare   _____

l'anticipo   _____

11

accadere*   _____

scoprire*   _____

deserto   _____

invisibile   _____

votare   _____

12

festaiolo   _____

GL

LEZIONE 8

1

lo slogan _____

ispirato a _____

2

preoccupare _____

il cambiamento climatico _____

l'elettrosmog _(m)_ _____

il buco dell'ozono _____

l'effetto serra _____

la siccità _____

il rischio _____

la slavina _____

l'inquinamento _____

l'inquinamento
   atmosferico _____

l'alluvione _(f.)_ _____

la deforestazione _____

lo scioglimento _____

il ghiacciaio _____

l'accumulo _____

i rifiuti _(pl.)_ _____

per me _____

grave _____

sciogliersi* _____

3

a proposito di _____

la settimana bianca _____

_____

confortevole _____

rifarsi* a _____

il buon senso _____

la lotteria _____

sbagliare rotta _____

_____

prendere* come esempio _____

il ménage familiare _____

ipotetico _____

il/la rappresentante _____

italico _____

il guaio _____

premere per _(+ inf.)_ _____

l'ONU _____

ritardare _(trans.)_ _____

la nevicata _____

anticipare di (+ tempo) _____

la pista _____

dotare di _____

prendere* in
   considerazione _____

per un attimo _____

dopo _(+ inf. pass.)_ _____

la cronaca _____

cambiare idea _____

lo smottamento _____

il versante alpino _____

il torto _____

avere* torto _____

il permafrost _____

il terreno _____

permanentemente _____

gelato _____

tendere* a _(+ inf.)_ _____

cedere _____

il rifugio _____

essere* a rischio _____

il relax _____

invernale _____

rifarsi* _____

governare _____

frequentemente _____

l'evento _____

estremo _____

somigliare a _____

il monsone _____

in sostanza _____

cadere* in testa _____

drammatico _____

in maniera drammatica _____

la violenza _____

la grandinata _____

il che significa _____

il territorio _____

urbanizzato _____

il torrente _____

la massa _____

il fango _____

spazzare via _____

l'alveo _____

sconfortato _____

abbattersi _____

capitare in mano _____

le precipitazioni _(pl.)_ _____

l'area _____

l'Europa centrale _____

il clima _____

la conseguenza _____

4

poiché _____

invano _____

venire* fame _____

muoversi* _____

entrambi _____

da entrambe le parti _____

buttare (via) _____

essere* abituato a *(+ inf.)* _____

i lavori di casa *(pl.)* _____

5

l'eco-consiglio _____

l'ambiente *(m.)* _____

ecologico _____

la raccolta differenziata _____

la provenienza _____

il detersivo _____

prodotto *(da* produrre*)* _____

riciclato _____

rinunciare a _____

il più *(+ agg./ avv.)* _____

  possibile _____

il contenitore _____

6

intorno a cui _____

ruotare intorno a _____

la scomodità _____

l'incidente stradale *(m.)* _____

la scarsità _____

Che c'è? _____

essere* nero _____

Com'è che ...? _____

È che ... _____

il giro _____

a parte il fatto che _____

stare* seduto _____

comodamente _____

piuttosto che _____

pigiato come una sardina _____

la metro _____

innanzitutto _____

contribuire *(-isc)* a _____

diminuire *(-isc)* _____

Non sarà certo ... _____

fare* la differenza _____

8

confessare _____

in tempo _____

giocare i numeri al lotto _____

uscire* _____

svendere _____

a prezzi incredibili _____

la località _____

la delusione _____

minuscolo _____

9

le ferie *(pl.)* _____

il totocalcio _____

10

rimanere* bloccato _____

dare* un film _____

arrabbiato _____

11

la campagna pubblicitaria _____

atteso *(da* attendere*)* _____

al solito _____

avviarsi verso _____

di fiducia _____

il genere alimentare _____

finire *(-isc)* _____

la fila _____

l'ingresso _____

Che abbia a che fare _____

  con ...? _____

il banchetto _____

importare _____

avere* fretta _____

l'associazione *(f.)* _____

nobile _____

la causa _____

tirare dritto _____

fondato _____

ostacolare _____

il passaggio _____

la pettorina _____

campeggiare _____

preso _____

interessato _____

incuriosire _____

iniziare a *(+ inf.)* _____

il volontario _____

l'agricoltura _____

transgenico _____

genetico _____

l'ingegneria genetica _____

l'organismo _____

geneticamente manipolato _____

innovativo _____

intendere* _____

risolvere* _____

lo scienziato _____

l'esattezza _____

il meccanismo _____

a lungo termine _____

manipolare _____

l'istruzione *(f.)* _____

venire* in mente _____

Cosa c'entra … con …? _____

_____

l'interrogativo _____

irrisolto _____

nel frattempo _____

spostarsi _____

lo scatolame _____

cogliere* l'occasione _____

_____

a parte *(+ sost.)* _____

il veleno _____

chimico _____

il difetto _____

sperimentare _____

adeguatamente _____

il test _____

il pesce gatto _____

sufficiente _____

la validità _____

il periodo _____

il campo _____

l'effetto _____

i surgelati *(pl.)* _____

surgelato _____

precotto _____

l'ingrediente *(m.)* _____

il pericolo _____

la mucca pazza _____

venire* a sapere _____

giungere* alla fine _____

la raccomandazione _____

fermare _____

il consumatore _____

impegnarsi _____

far sentire la propria voce _____

_____

il mercato alimentare _____

la multinazionale _____

la detentrice _____

il brevetto _____

amareggiato _____

sconsolato _____

il barattolo _____

il cibo in scatola _____

minacciosamente _____

dal fondo _____

rimettere* a posto _____

microscopico _____

l'olio vegetale _____

inorridito _____

sarcastico _____

essere* solito *(+ inf.)* _____

ambientalista _____

mostrare _____

d'ora in poi _____

13

la boccata d'aria _____

sensato _____

la mascherina _____

creare _____

respirare _____

l'ossigeno _____

la seduta _____

LEZIONE 9

1

la Groenlandia _____
il miglio _____
la guerra _____
rilassare _____
il politico _____
la trasmissione televisiva _____
fare* arrabbiare _____
mancanza di rispetto _____
_____
innervosire *(-isc)* _____
il pettegolezzo _____
mettere* di buon/ _____
cattivo umore _____
il profumo _____
il sogno _____
il sogno nel cassetto _____
_____
il parapendio _____

2

di meno _____
il voto _____
l'ipocrisia _____
l'onestà _____
la disonestà _____
l'egoismo _____
la correttezza _____
la scorrettezza _____
la flessibilità _____
l'inflessibilità _____
l'ottimismo _____
il pessimismo _____
l'impazienza _____
la generosità _____
l'avarizia _____
la modestia _____
la superbia _____
la fedeltà _____
l'infedeltà _____
la tolleranza _____
l'intolleranza _____

3

eliminare _____
scolorito _____
la mania _____
mettere* a posto _____

5

soffrire* di cuore _____
a giudicare da _____

6

fuori posto _____
dividere* _____
disordinato _____
l'ordine *(m.)* _____
la memoria _____
il/la consumista _____
la caffettiera _____

7

il passaporto _____
i documenti _____
il lucido per le scarpe _____
il fazzoletto _____
l'apribottiglie *(m.)* _____
mantenere* _____

8

l'astronomo _____
chiamare _____
la cultura alternativa _____
dare* diffusione a _____
la tipa _____
spiritoso _____
comunicativo _____
tondo _____
passare _____
il genere _____
il coinvolgimento _____
sessuale _____
sentimentale _____
tuffarsi _____
l'irruenza _____
leggendario _____
interiore _____
il motorino _____
il mezzo militare leggero _____
buttarsi nelle mischie _____

arrivare a distanza zero _____

mettere* in gioco _____

invadente _____

spargere* _____

il segnale _____

la gratitudine _____

tale _____

la profusione _____

qualunque *(invar.)* _____

la resistenza _____

essere* disposto a *(+ inf.)* _____

fare* il buffone _____

pur di *(+ inf.)* _____

recitare _____

ovunque *(+ cong.)* _____

per miracolo _____

minimo _____

l'esitazione *(f.)* _____

stupendo _____

l'incapacità _____

discriminare _____

impedire *(-isc)* _____

cogliere* _____

il tratto _____

negativo _____

chiunque altro _____

capitare _____

andare* a sbattere contro _____

non c'era verso _____

ricorrente _____

il fatto che *(+ cong.)* _____

fisico *(agg.)* _____

il narratore _____

9

il lessico _____

presente _____

la riga _____

non esserci* niente
da fare _____

10

determinare _____

11

tollerare _____

il momento no _____

_____

per quello che sei _____

mantenere* un segreto _____

la bugia _____

essere* solidale con qu. _____

12

il/la compagno/-a
di giochi _____

ispirarsi a _____

13

il litigio _____

il licenziamento _____

il trasferimento _____

14

cambiare sede _____

stupire *(-isc)* _____

perlomeno _____

pure _____

15

lo scambio di battute _____

la battuta _____

andare* a finire _____

LEZIONE 10

1

formulare una domanda _____

bagnare _____

appartenere* a _____

avere* sede _____

il partito _____

essere* al Governo _____

attuale _____

geograficamente _____

politicamente _____

la riunificazione _____

2

percorso *(da* percorrere*)* _____

_____

l'uscita _____

in alternativa _____

GL

la statale _____

in direzione _____

il battello _____

la Società di navigazione _____

in partenza da _____

a nord di _____

l'abitato _____

passeggiare _____

signorile _____

il cortile _____

il gioiello _____

affrescare _____

superiore _____

la scalinata _____

a sua volta _____

costeggiare _____

in cima a _____

scenografico _____

molteplici _____

spiccare _____

la gita _____

apposito _____

per informazioni su _____

il noleggio _____

l'imbarcadero _____

noleggiare _____

la barca a remi _____

la barca a motore _____

niente da fare _____

frequentato _____

il colle _____

il torrione _____

risalente a _____

sovrastare _____

la penisola _____

intero _____

il tessuto _____

artigianale _____

il pezzo d'antiquariato _____

l'oggettistica _____

d'epoca _____

3

la multa _____

la cassa automatica _____

depositare i bagagli _____

_____

la portineria _____

fuori da _____

la polizia _____

il Comando di _____
Polizia Municipale _____

5

alla scoperta di _____

l'attrazione turistica _____

6

la spiegazione _____

il manzo _____

essiccato _____

la specialità _____

analcolico _____

aromatizzato _____

la mandorla _____

tostato _____

l'impasto _____

il bianco d'uovo _____

contenente _____

il pistacchio _____

la nocciola _____

il condimento _____

intingere* _____

tipo _____

il finocchio _____

tenero _____

la vacca _____

7

l'ufficio del turismo _____

a mia/tua … scelta _____

8

promuovere* un'iniziativa _____

essere* caro a qu. _____

minacciare _____

la speculazione _____

di massa _____

l'incuria _____

la segnalazione _____

viva _____

magico _____

perseguitare _____

fare* di tutto _____

affinché *(+ cong.)* _____

il paradiso terrestre _____

tale _____

a dispetto di _____

la carretta del mare _____

avere* rispetto per _____

vivere* _____

primitivo _____

il villaggio _____

la bellezza _____

struggente _____

la speculazione edilizia _____

avere* la meglio su _____

avere* modo di (+ inf.) _____

notare _____

la ruspa _____

la gru _____

quel poco che _____

lo stretto _____

paesaggistico _____

unico nel suo genere _____

comprendere* _____

ben _____

marino _____

composto da _____

la flora _____

la fauna _____

meritare _____

preservare _____

compromettere* _____

stante (+ sost.) _____

il tunnel _____

la Manica _____

la riserva naturale _____

ricco di _____

il centro residenziale _____

in (continua) espansione _____

alpino _____

laterale _____

il patrimonio ambientale _____

programmare _____

la devastazione _____

la realizzazione _____

l'impianto di risalita _____

il comprensorio sciistico _____

economicamente _____

abbondare di _____

le strutture turistiche _____

necessitare di _____

proprio di _____

alto _____

il prato _____

motivato _____

rispettoso _____

lo stambecco _____

popolare _____

lo spiazzo _____

servire da (+ sost.) _____

la volpe _____

l'aspetto _____

9

il monte _____

10

perché (+ cong.) _____

GL

Qualcosa in più

Ieri, oggi ...

in modo determinante _____
altrettanto _____
appartenere* a _____
il quotidiano _____
la descrizione _____
il fazzoletto di carta _____
la penna biro _____
il cerotto _____
il reggiseno _____
parere* _____
la creazione _____
celebre _____
l'indumento _____
femminile _____
dovere* a qu. _____
aderire _____
il seno _____
il nastro _____
sorreggere* _____
il meccanismo _____
composto da _____
   (da comporre*)
il serbatoio _____
l'inchiostro _____
alla base _____
la sfera _____
ruotare (intr.) _____
la traccia _____
la guerra mondiale _____
l'infermeria _____
morbido _____
assorbente _____
produrre* _____
la cartiera _____
soffiarsi il naso _____
comparire* sul mercato _____

_____
divenire* _____
ben presto _____
il sinonimo (di) _____
la praticità _____
essere* fatto di _____
il politene _____
mettere* in commercio _____

gli Stati Uniti (pl.) _____
essere* sotto accusa _____
principale _____
il/la responsabile _____
l'inquinamento _____
la scoperta _____
distratto _____
il ricercatore _____
non faceva che tagliarsi _____

medicare _____
mettere* insieme _____
la garza _____
il nastro adesivo _____
il fondatore _____
al tempo stesso _____
la passione _____
inconciliabile _____
almeno _____
fino a quando ... (non) _____
la società _____
l'apparecchio _____
   alimentato a batterie _____
essere* capace di _____
riprodurre _____
la musicassetta _____
strepitoso _____
il tostapane _____
la cintura di sicurezza _____
le calze (pl.) di nylon _____

Gesti

il gesto _____
indicare _____
la minaccia _____
minacciare _____
la punizione _____
il/la conoscente _____
in tono scherzoso _____
l'allontanamento _____
l'intesa _____
l'indifferenza _____
la stupidità _____
la pazzia _____
negare _____
augurare _____

GL

scongiurare _____
l'inimicizia _____
intendersela _____
_____
tagliare la corda _____
_____
Chi se ne importa!? _____
Tiè! _____
Ma fossi scemo? _____
prenderle _____

Stampa italiana

il periodico _____
settimanale _____
il carattere _____
di carattere generale _____
la politica _____
la società _____
specialistico _____
la politica interna _____
la politica estera _____
culturale _____
saltare _____

Fare e ricevere regali

scartare _____
il bigliettino di _____
  ringraziamento _____
il Galateo _____

attorno a cui _____
aleggiare _____
la superstizione _____
negativo _____
la spilla _____
appuntito _____
la piuma _____
la saliera _____
godere* fama di _____
il portafortuna _____
il prodotto di bellezza _____
la biancheria _____
imbarazzare _____
essere* in confidenza con _____
il donatore _____
intimo _____
influente _____
la riconoscenza _____
il cestino _____
le specialità _____
  gastronomiche _____
di persona _____
in presenza di _____
a mani vuote _____
commentare _____
tanto meno _____
accennare a _____
a quattr'occhi _____
calorosamente _____
essere* presente _____
a bassa voce _____
rinnovare i _____
  ringraziamenti _____

GL

GLOSSARIO ALFABETICO

Il primo numero in grassetto indica la lezione, il secondo l'attività. L'asterisco (*) indica che il verbo ha una forma irregolare.

a caso **5** 1
A che mi/ti serve? **2** 4
a condizione che
  (+ *cong.*) **5** 2
a dispetto di **10** 8
a favore di **6** 7
a forma di **7** 2
a giudicare da **9** 5
a lungo termine **8** 11
a male parole **2** 6
A me non sembra
  proprio! **1** 10
a memoria **1** 1
a meraviglia **4** 3
a mia/ tua … scelta **10** 7
a nord di **10** 2
a parte (+ *sost.*) **8** 11
a parte il fatto che **8** 6
a patto che (+ *cong.*) **5** 2
a prezzi incredibili **8** 8
a proposito di **8** 3
a quattro stelle **6** 2
a strisce **5** 12
a sua volta **10** 2
a suon di clacson **2** 6
abbandonare **5** 6
abbassare gli occhiali
  5 12
abbattersi **8** 3
abbinamento **4** 2
abbondare di **10** 8
abbracciarsi **4** 7
abbreviato **4** 3
abile **5** 2
abitato (*sost.*) **10** 2
abituarsi a **4** 6
accadere* **7** 11

accesso **1** 12
accettato **1** 8
acciaccato **2** 6
acciuga **2** 6
accontentarsi di qc. **2** 12
accordo **1** 10
accumulo **8** 2
acquistare **5** 2
addetto **3** 13
addobbare **7** 2
adeguatamente **8** 11
adeguato **1** 12
affare **3** 1
affinché (+ *cong.*) **10** 8
affrescare **10** 2
agenda **3** 8
aggeggio **1** 12
aggiornamento **3** 8
aggiungersi **5** 6
agricoltura **8** 11
ai quattro angoli **5** 6
al massimo **6** 10
al solito **8** 11
albero **7** 2
all'altro capo del filo **6** 10
all'interno **2** 14
alla base di **5** 6
alla scoperta di **10** 5
alla svelta **4** 3
allacciato fino a **5** 12
alluvione **8** 2
alpino **10** 8
alternativa **1** 12
altimetro **3** 8
alto **10** 8
altre volte **1** 2
altro giorno **4** 3

alveo **8** 3
amare (+ *inf.*) **4** 6
amareggiato **8** 11
ambientalista (*agg.*) **8** 11
ambiente **8** 5
ambulanza **5** 2
amicizia **6** 1
ammettere* **5** 2
ammiccante **5** 12
analcolico **10** 6
analogia **6** 13
analogo **1** 8
andare* **1** 8
andare* a finire **9** 15
andare* a sbattere contro
  9 8
andare* sul sito **5** 6
andare* via di casa **6** 8
annullare **3** 13
antialce **3** 8
anticipare **3** 4
anticipare di **8** 3
anticipo **7** 10
antifurto **3** 4
Anzi! **6** 5
anziché (+ *inf.*) **2** 4
apertura **7** 5
apparecchiare **6** 13
apparecchio a scansione
  1 12
appartenere* a **10** 1
appassionato di **5** 2
appena **2** 12 / **4** 3
appena possibile **4** 6
apposito **10** 2
apprendere* **4** 3
apprendimento **1** 2
apribottiglie **9** 7
arabo **2** 2
area **8** 3
argento **3** 1
argomentare **1** 10

argomento **1** 12
aromatizzato **10** 6
arrabbiato **8** 10
arrangiarsi **1** 1
arrendersi* **2** 12
arrivare a destinazione
  5 6
arrivare a distanza zero
  9 8
arrivare alla conclusione
  4 3
arrogante **5** 2
artigianale **10** 2
ascolto **5** 2
asilo (nido) **2** 4
aspetto **10** 8
aspirapolvere **6** 13
assassino **5** 2
assegnare **5** 6
assenza **5** 2
assicurare **3** 13
assicurazione **3** 12
associare a **5** 6
associazione **8** 11
assumere* **1** 12 / **5** 2
assurdo **1** 12
astronomo **9** 8
attaccare **5** 6
attento **1** 15
attesa **5** 2
atteso (*da* attendere*)
  8 11
attrarre* **5** 2
attraversare **2** 6
attrazione turistica **10** 5
attuale **10** 1
attualmente **4** 3
aumentare (*intr.*)
  4 3 / **6** 2
aumento **6** 2
autentico **1** 1
autocarro **6** 2

autocontrollo **6** 10
automobile **5** 3
automobilistico **2** 2
autore **5** 2
autostrada **5** 2
avarizia **9** 2
avere* difficoltà a (fare qc.) **2** 4
avere* fretta **8** 11
avere* in mano **2** 12
avere* la meglio su **10** 8
avere* modo di *(+ inf.)* **10** 8
avere* rispetto per **10** 8
avere* sede **10** 1
avere* torto **8** 3
avere* valore **3** 1
avere* voglia di *(+ inf.)* **3** 4
avvenire* **4** 1
avversario **1** 12
avvertire **3** 6
avviarsi verso **8** 11
avvicinarsi **7** 6
avvincente **5** 3
avvocato **2** 9
azzuffarsi **6** 2
bagnare **10** 1
banale **5** 6
banchetto **8** 11
barattolo **8** 11
barca a motore **10** 2
barca a remi **10** 2
barrare **3** 2
basarsi su **3** 14
basso **2** 12
bastare *(+ inf.)* **4** 3
battaglia **1** 12
battello **10** 2
battersi con **1** 12
battuta **9** 15
bellezza **10** 8
ben **10** 8
benché *(+ cong.)* **6** 6
bene di consumo **3** 7
benzina **3** 5
bianco d'uovo **10** 6
biglietto **4** 10

bimbo **6** 2
bisogno (di) **6** 5
bloccarsi **1** 2 / **3** 8
boccata d'aria **8** 13
botta **2** 6
bottone **5** 12
brevetto **8** 11
brillo **6** 8
brindare **7** 2
brunito **3** 8
buco dell'ozono **8** 2
bugia **9** 11
buon senso **8** 3
bus-navetta **5** 12
busta **2** 4
buttare via **8** 4
buttarsi nelle mischie **9** 8
C'è da fidarsi? **5** 12
cadere* **5** 2
cadere* in testa **8** 3
caffettiera **9** 6
calcolando che **7** 4
calcolare **4** 3
calo demografico **6** 3
calore **6** 1
calza **7** 2
cambiamento climatico **8** 2
cambiare argomento **1** 12
cambiare faccia **6** 0
cambiare idea **8** 3
cambiare itinerario **2** 4
cambiare la macchina **3** 4
cambiare sede **9** 14
camera operatoria **5** 2
campagna pubblicitaria **8** 11
campeggiare **8** 11
campo **8** 11
cantante **5** 4
capacità (di) **5** 2
capelli rasati **3** 8
capitale **2** 2
capitare **9** 8
capitare in mano **8** 3
capoluogo **2** 2

carattere **4** 3
caratterizzare **4** 2
carbone **7** 2
carbone di zucchero **7** 2
caricare di **6** 5
carnevale **7** 2
carretta del mare **10** 8
caso **1** 8
cassa automatica **10** 3
cassetto **7** 8
casuale **5** 6
categorico **1** 8
catena **5** 6
causa **8** 11
cedere **8** 3
centinaio di *(pl.* centinaia) **5** 6
centro economico **2** 2
centro per gli anziani **2** 5
centro residenziale **10** 8
centromeridionale **1** 8
ceramica **3** 1
cerimonioso **5** 12
certo che **7** 8
Che abbia a che fare con ...? **8** 11
Che c'è? **8** 6
Che c'è che non va? **7** 4
Che Le devo dire? **3** 13
che sia ... o ... **2** 12
chiamare **9** 8
chiaramente **5** 6
chiaro **1** 6
chiedere* in prestito **1** 9
chilometro **3** 4
chimico *(agg.)* **8** 11
chirurgico **5** 2
chirurgo **5** 2
chiunque *(pron.)* **4** 6
chiunque altro **9** 8
chiusura centralizzata **3** 4
chiusura lampo **3** 1
cibo in scatola **8** 11
cieco **5** 2
cinefilo **3** 8
cioè **2** 7
circa **1** 8

circolare **4** 3
circondare **5** 2
circonvallazione **5** 12
citare **1** 12
città portuale **2** 2
cittadina **2** 12
cittadino **2** 4
clacson **2** 6
clima **8** 3
cogliere* **9** 8
cogliere* l'occasione **8** 11
coinquilino **4** 11
coinvolgimento **9** 8
collana **3** 2
colle **10** 2
collegamento infrarossi **3** 8
collegarsi a **3** 8
colomba **7** 2
colonna **3** 4
coloro che **1** 12
Com'è che ...? **8** 6
comandamento **1** 12
Comando di Polizia Municipale **10** 3
comando vocale **3** 8
combattere **1** 12
Come sarebbe a dire? **3** 13
come se *(+ cong.)* **4** 6
comico *(agg.)* **5** 2
commissionare **4** 3
comodamente **8** 6
compagnia **5** 1
compagno/-a di giochi **9** 12
competitività **6** 1
complemento di stato in luogo *(gr.)* **1** 8
complesso **1** 12
completo *(sost.)* **5** 12
composto da **10** 8
compravendita **3** 1
comprendere* **1** 1 / **10** 8
comprensorio sciistico **10** 8
compromettere* **10** 8
comune *(sost.)* **2** 12

comunicare 1 1
comunicativo 9 8
comunque 6 10
con esattezza 3 4
Con quale frequenza? 4 1
concentrarsi su 1 6
concreto 6 8
condimento 10 6
conferenza 1 12
confessare 8 8
confinare con 2 14
conflitto 6 1
confortevole 8 3
confronto 1 2
conosciuto 4 2
consegna 3 13
consegnare 3 13 / 5 8
conseguenza 8 3
consentire 1 12
considerare 4 3 / 6 10
consulente 3 8
consulenza 3 8
consultare 5 12
consumatore 8 11
consumista 9 6
contattare 5 2
contenente 10 6
contenitore 8 5
contenuto (sost.) 5 6
contesto 1 8
continente 5 6
continuare 2 8 / 6 2
continuo 2 6
contraccezione 6 2
contratto 3 8
contribuire (-isc) a 8 6
contributo 6 14
controllare 4 2
conversazione 1 1
convinto (da
    convincere*) 1 8
copertina 5 6
cornice 3 1
correttezza 9 2
corsa 5 2
cortile 10 2
Cosa c'entra … con …?
    8 11

cosiddetto 7 8
cosmetico 3 7
costare un patrimonio
    3 4
costeggiare 10 2
costruire (-isc) 2 4
costrutto 1 8
costruzione 2 5
cotechino 7 2
creare 8 13
creativo 3 12
crescente 6 2
crescere* 4 3
crescita 4 3 / 6 2
Cristo! 6 10
critico 4 3
cronaca 8 3
cui 5 6
cultura alternativa 9 8
d'epoca 10 2
d'ora in poi 8 11
da come 3 4
da dentro 6 10
da entrambe le parti 8 4
Da quanto tempo? 1 2
da residente 2 12
da un anno a questa
    parte 5 6
da un'altra parte 1 5
Dai! 7 4
dal fondo 8 11
dall'altra parte 2 4
dare* diffusione a 9 8
dare* in prestito 1 9
dare* origine (a qc.) 4 3
dare* un film 8 10
dare* una botta 2 6
darsi* da fare 3 8
davvero 5 2
decimare 6 2
decisamente 7 8
decisivo 6 2
decremento 6 2
deforestazione 8 2
del tutto 3 4
delusione 8 8
depositare i bagagli 10 3
deserto (agg.) 7 11

desiderato 4 9
destinatario 4 12
detentrice 8 11
determinare 9 10
detersivo 8 5
dettato 1 1
devastazione 10 8
di base 1 8
Di che colore è? 3 4
di circostanza 7 8
di fiducia 8 11
di mano in mano 5 6
di massa 10 8
di meno 9 2
di sesso opposto 6 13
di tanto in tanto 1 6
di volta in volta 5 2
dialetto 1 8
diavolo 5 3
difendersi* (bene) 1 12
difetto 8 11
difficoltà 1 2
diffusione 4 3
dimenticarsi di (+ inf.)
    7 5
diminuire (-isc) 8 6
dimostrare 7 8
dipendere* da 1 8
dire* 5 6
dire* la propria 6 3
direttore 1 8
disaccordo 1 10
discorso 1 6 / 5 8
discreto 1 1
discriminare 9 8
disonestà 9 2
disordinato 9 6
dispositivo 1 12
distinguere* 7 8
distinto 5 12
distogliere* gli occhi (da)
    6 10
distribuire (-isc) 5 6
disturbare 2 11
diventare madre di 5 10
diversamente 1 10
dividere* 9 6
divieto 1 15

divorzio 6 2
dizionario 1 12
documenti 9 7
documento 1 1
dopo 1 2
dopo (+ inf. pass.) 8 3
dopo pranzo 7 4
dopo tutto 1 2
dotare di 3 1 / 8 3
drammatico 8 3
È (proprio) vero. 1 10
e basta 5 12
È che … 8 6
è colpa di 6 5
È colpa mia/tua … 3 14
e così via 4 3
è l'unico/-a a (+ inf.)
    7 10
è l'uso che fa
    la regola 1 8
è la prima (seconda)
    volta che 7 5
è mio/tuo/ … 2 9
È proprio questo il
    punto! 1 2
è solo che 7 4
è tuo/suo/ …? 2 9
È una vergogna! 6 2
eco-consiglio 8 5
ecologico 8 5
economicamente 10 8
edera 3 8
editoria 2 2
educazione 6 2
effetto 4 4 / 8 11
effetto serra 8 2
egoismo 9 2
elemento 3 4
elettronica 1 12
elettrosmog 8 2
eliminare 9 3
eloquio 3 8
emerso (da emergere*)
    4 4
emozionante 5 3
energia 6 5
ennesimo 7 5
enorme 2 2

A

entrambi 8 4
entrare a far parte 1 12
entrare in testa 1 2
Epifania 7 2
eppure 1 12
equivalente *(sost.)* 1 12
errato 5 4
errore 1 2
esaminare 1 12
esattezza 8 11
eschimese 1 13
esempio 2 5
esercito 5 6
esercizio 1 1
esibire *(-isc)* 3 8
esitazione 9 8
esondare 2 12
esperimento 5 6
esplodere* 4 3
espressione 6 10
espressione da tigre 6 10
esprimere* il proprio
    parere 1 1
essa 1 8
esserci* in giro 1 8
essere* a rischio 8 3
essere* abituato a *(+ inf.)*
    8 4
essere* al Governo 10 1
essere* aperto 1 6
essere* appassionato di
    3 8
essere* arrabbiato con 4 7
essere* caro a qu. 10 8
essere* contento di 1 5
essere* contrario a 7 8
essere* convinto 3 4
essere* convinto di 1 8
essere* del parere 1 10
essere* destinato a 4 3
essere* disposto a
    (+ inf.) 9 8
essere* fatto per 3 8
essere* fermo 2 6
essere* fortunato 5 6
essere* in coma 5 2
essere* in ritardo 7 4
essere* in servizio 5 2

essere* in vena di *(+ inf.)*
    2 9
essere* innamorato di 5 2
essere* nero 8 6
essere* obbligato a
    (+ inf.) 7 4
essere* propenso a
    (+ inf.) 6 2
essere* solidale con qu.
    9 11
essere* solito *(+ inf.)* 8 11
essere* spiacente 3 13
essere* stregato da 3 11
essere* sufficiente *(+ inf.)*
    4 3
esservi* 6 10
essiccato 10 6
estremo *(agg.)* 8 3
etichetta 5 6
Europa centrale 8 3
evacuare 2 12
evento 8 3
evidenziare 1 8
fabbro 3 8
faccende domestiche
    (pl.) 6 13
facilità 6 5
facilitare 6 5
fallire *(-isc)* 2 6
fango 8 3
fantascienza 5 1
far sentire la propria
    voce 8 11
fare* *(pop.)* 6 10
fare* + *inf.* 5 9 / 6 2 / 6 4
fare* acquisti 3 3
fare* arrabbiare 9 1
fare* benzina 3 5
fare* di tutto 10 8
fare* finta di *(+ inf.)* 2 6
fare* il buffone 9 8
fare* il confronto con 1 2
fare* il conto di 4 3
fare* il nonno 6 5
fare* il presepio 7 2
fare* in modo che
    (+ cong.) 3 14
fare* la differenza 8 6

fare* la figura da 1 12
fare* la gimcana 2 4
fare* parte di 1 12
fare* presente (qc. a qu.)
    2 11
fare* ridere* 1 12
fare* scherzi 7 2
fare* storie 3 4
fare* tardi 4 10
fare* un corso 1 2
fare* un salto da 6 10
fare* una brutta/bella
    figura 7 8
fare* una fermata 2 4
fare* una figuraccia 7 8
farsi* gli affari propri 2 9
farsi* male 6 11
fata 5 10
faticoso 2 11
fattibile 6 2
fauna 10 8
fazzoletto 9 7
fedeltà 9 2
ferie *(f./pl.)* 8 9
ferire *(-isc)* 5 10
fermare 8 11
fermo 2 6
ferro 3 1
festaiolo 7 12
fiaba 5 10
figura centrale 6 5
fila 8 11
finanziario 2 2
finché 2 6
finire *(-isc)* 8 11
finire *(-isc)* in buone/
    cattive mani 5 6
finocchio 10 6
firmare 3 8
fisico *(agg.)* 9 8
flessibilità 9 2
flora 10 8
flusso 2 6
foglia 3 12
foglio 1 12
fondato 8 11
forbici *(f./pl.)* 1 9
formale 1 8

formalità 7 8
formulare una domanda
    10 1
fornitore 1 12
fortunato 5 6
fortunello 5 12
Forza! 2 6
fotografare 2 10
frenare 2 6
frequentato 10 2
frequente 6 10
frequentemente 8 3
frullatore 3 2
funzionamento 3 8
funzione logica 1 8
fuori da 10 3
fuori moda 3 8
fuori posto 9 6
garanzia 3 13
garbo 3 8
gelato *(agg.)* 8 3
genere 9 8
genere alimentare 8 11
generosità 9 2
geneticamente
    manipolato 8 11
genetico 8 11
gentilezza 3 8
geograficamente 10 1
ghiacciaio 8 2
giallo *(sost.)* 5 1
giapponese 1 13
giardinetto 6 2
gigantesco 4 3
giocare a tombola 7 2
giocare i numeri al
    lotto 8 8
giocare un ruolo
    (decisivo) 6 2
giocattolo 6 4
gioia 2 12
gioiello 3 12 / 10 2
giorno prima 7 8
girare 2 12 / 4 3
giro 2 4 / 8 6
gita 10 2
giungere* alla fine 8 11
giustificare 3 13

A

giustificarsi **3** 13
globale **5** 6
globo **5** 6
governare **8** 3
governo **5** 8
gradualmente **1** 6
graduatoria **3** 7
grandi *(m./pl.)* **6** 5
grandinata **8** 3
gratitudine **9** 8
gratuito **5** 12
grave **8** 2
grazioso **3** 1
gridare **2** 6
grosso modo **4** 3
gru **10** 8
guaio **8** 3
Guardi che … **2** 9
guarire *(-isc)* **5** 10
guerra **9** 1
guida turistica **5** 1
guinzaglio **2** 10
gustare **3** 12
identificazione **5** 6
identità **5** 2
il che significa **8** 3
il fatto che *(+ cong.)* **9** 8
il più *(+ agg./avv.)*
   possibile **8** 5
il più possibile **1** 1
imbarcadero **10** 2
immaginare **5** 2
immaginario **5** 2
immaginarsi qc. **4** 2
immondizia **6** 13
impacchettare **7** 8
impasto **10** 6
impazienza **9** 2
impeccabile **5** 2
impedire *(-isc)* **9** 8
impegnarsi **8** 11
impercettibilmente **6** 10
impermeabile *(agg.)* **3** 1
impermeabilizzato **6** 10
impersonale **3** 4
impianto di risalita **10** 8
impianto sportivo **2** 4
impiegare **4** 3

importare **8** 11
impossibile **1** 12
improvvisamente **2** 11
improvvisare **3** 14
improvviso **1** 12
impuntarsi **1** 12
in (continua) espansione
   10 8
in alternativa **10** 2
in arrivo **4** 3
in basso **1** 8
in caso di *(+ sost.)* **7** 8
in cerca di **5** 6
in cima a **10** 2
in circolazione **4** 3
in contrassegno **3** 13
in direzione **10** 2
in generale **6** 5
in maniera diversa **7** 4
in maniera drammatica
   8 3
in neretto **6** 6
in ogni caso **6** 10
in pace **2** 9
in partenza da **10** 2
in qualche caso **1** 12
in qualche modo **5** 2
In quanto tempo? **1** 2
in questo modo **5** 6
in realtà **1** 8
in ritardo **3** 14
in senso assoluto **7** 8
in sostanza **8** 3
in tempo **8** 8
in tinta **5** 12
in un colpo (solo) **1** 6
in voga **1** 12
inattaccabile **1** 12
inaugurare **5** 8
incantesimo **5** 10
incapacità **9** 8
incaricare qu. di *(+ inf.)*
   5 10
incarto **7** 8
incidente **3** 14
incidente stradale **8** 6
incomprensibile **6** 8
incrociarsi **5** 2

incuria **10** 8
incuriosire **8** 11
indiano **1** 13
indietro **2** 6
indispensabile **3** 1
individualismo **6** 2
indossare **3** 12
indubbiamente **6** 5
industria **2** 2
infatti **6** 5
infedeltà **9** 2
infilare **6** 10
infilarsi (gli occhiali) **5** 12
infine **4** 3
inflessibilità **9** 2
influsso **1** 8
informale **1** 8
ingegneria genetica **8** 11
ingiustificato **4** 3
ingombrante **3** 1
ingorgo **2** 6
ingrandire *(-isc)* **2** 5
ingrediente **8** 11
ingresso **8** 11
iniziare a *(+ inf.)* **8** 11
iniziativa **5** 13
inizio **3** 1
innanzitutto **8** 6
innervosire *(-isc)* **9** 1
innovativo **8** 11
inorridito **8** 11
inquinamento **8** 2
inquinamento
   atmosferico **8** 2
inseguire* **3** 12
insistentemente **2** 11
insistere* **6** 10
intanto **3** 8
intendere* **8** 11
interessare a qu.*(+ inf.)*
   3 3
interessato **8** 11
interiore **9** 8
internazionale **5** 6
intero **10** 2
interrogativo *(sost.)* **8** 11
intingere* **10** 6
intitolarsi **5** 2

intolleranza **9** 2
intorno a cui **8** 6
introdurre* **1** 8 / **2** 5
intuito **5** 2
inutile **1** 12
invadente **9** 8
invano **8** 4
invece di *(+ inf.)* **2** 7
invenzione **1** 12
invernale **8** 3
investire **2** 5
invisibile **7** 11
invitare **7** 10
ipocrisia **9** 2
ipotetico **8** 3
ironico **4** 3
irresoluto **5** 2
irrisolto **8** 11
irruenza **9** 8
isola **2** 2
ispirarsi a **9** 12
ispirato a **8** 1
istituzione **1** 15
istruzione **8** 11
italico **8** 3
itinerario **2** 4
l'importante è **1** 6 / **3** 4
l'indomani **3** 8
ladro **3** 8
laguna **5** 2
lasciare *(+ inf.)* **2** 9
lasciare a piedi **3** 4
lasciare un messaggio
   4 6
lasciarsi **3** 5
laterale **10** 8
latino **1** 12
lavagna **5** 11
lavare i piatti **6** 13
lavastoviglie **6** 13
lavori di casa *(pl.)* **8** 4
Le pare il modo di
   (+ inf.)? **3** 13
legato a **7** 2
legge **5** 8
leggendario **9** 8
legno **3** 1
lente da lettura **5** 12

lentezza **5** 12
lenticchie *(pl.)* **7** 2
lessico **9** 9
letterale **1** 12
letteratura **2** 7
lettore **5** 6
lettura **5** 0
liberare **5** 6
liceale **6** 10
licenziamento **9** 13
liceo **2** 12
linea **2** 5
lino **3** 1
litigio **9** 13
livello **1** 1
località **8** 8
logoro **5** 2
lotteria **8** 3
lucido per le scarpe **9** 7
luogo pubblico **2** 10
macchina **3** 8
magari *(+ cong.)* **7** 4
maggiore **2** 2
magico **10** 8
mago **5** 10
magro come un'acciuga
  2 6
malgrado *(+ cong.)* **6** 6
mancanza di rispetto **9** 1
mandorla **10** 6
mania **9** 3
maniera **1** 6
manipolare **8** 11
mantenere* **9** 7
mantenere* un segreto
  9 11
manzo **10** 6
marca **3** 12
margarina **3** 12
marino **10** 8
martello **3** 2
mascherarsi **7** 2
mascherina **8** 13
massa **8** 3
materiale *(sost.)* **3** 1
maternità **5** 8
matita **1** 9
matrigna **5** 10

mattone **3** 8
mazzo **7** 2
meccanismo **8** 11
media **6** 2
media *(sost.)* **4** 2
mediterraneo **1** 12
melone **5** 8
memoria **9** 6
memorizzare **1** 6
ménage familiare **8** 3
Meno male! **4** 5
mercato alimentare **8** 11
merce **3** 14
meritare **10** 8
messaggio **4** 2
metà ... metà ... **1** 12
metallo **3** 1
metodo **1** 6
metro **8** 6
metrò **2** 12
metropoli **6** 2
metterci* a **1** 2
mettere* **7** 8
mettere* a disposizione
  2 5
mettere* a posto **9** 3
mettere* di buon/cattivo
  umore **9** 1
mettere* in evidenza **1** 8
mettere* in gioco **9** 8
mettere* in luce **4** 3
mezza lente **5** 12
mezzo di comunicazione
  1 15
mezzo militare leggero
  9 8
Mi sa che ... **1** 8
mi/ti tocca *(+ inf.)* **2** 4
microscopico **8** 11
miei **3** 4
miglio **9** 1
migrazione **6** 2
milanese **2** 12
mille volte **4** 7
mimosa **7** 2
minacciare **10** 8
minacciosamente **8** 11
minimo **9** 8

minore **6** 2
minuscolo **8** 8
misteriosamente **4** 3
misterioso **2** 13
mistero **4** 3
Mobile *(sost.)* **5** 2
moca **3** 2
modestia **9** 2
modesto **1** 12
modificare
  geneticamente **3** 8
mogano **3** 1
molteplici **10** 2
momento no **9** 11
mondiale **1** 12
monsone **8** 3
monte **10** 9
montuoso **2** 13
morire* **5** 2
morto **2** 6
mostrare **8** 11
mostrare curiosità **1** 6
mostruoso **1** 12
motivato **10** 8
motociclista **5** 4
motorino **9** 8
mostruoso... (*mucca pazza*) **8** 11
mucca pazza **8** 11
multa **10** 3
multinazionale **8** 11
muoversi* **8** 4
musicale **5** 4
mutare **3** 8
narratore **9** 8
nascere* **2** 12
natalità **6** 2
naturale **1** 6
navigatore
  satellitare **3** 8
navigazione **1** 12
nazionale **5** 8
nebbia **2** 2
necessità **1** 8
necessitare di **10** 8
negare **6** 5
negativo **9** 8
nei confronti di **1** 6
nei quali **1** 6
nel frattempo **8** 11

nell'arco di **4** 3
neutro **4** 3
neve **4** 8
nevicata **8** 3
nido **6** 1
niente **4** 6
niente da fare **10** 2
Niente ma! **2** 9
nobile *(agg.)* **8** 11
nocciola *(sost.)* **10** 6
noleggiare **10** 2
noleggio **10** 2
non ... alcun(o) **4** 9
non ... mica **7** 4
non ... neanche **3** 4
non ... nemmeno **1** 5
non ... nessun(o) **2** 9
non aver di meglio che
  7 8
Non c'è problema! **2** 4
non c'era verso **9** 8
Non direi proprio! **1** 10
Non è che *(+ cong.)* **1** 8
Non è che ...? **1** 8
Non è detto che
  (+ cong.) **7** 8
Non è grave. **1** 6
non esserci* niente
  da fare **9** 9
non fare altro che *(+ inf.)*
  6 2
Non sarà certo ... **8** 6
Non so cosa darei per
  (+ inf.) **2** 12
non vedere l'ora che
  (+ cong.) **7** 6
nonostante *(+ cong.)* **6** 5
normanno **2** 2
nota **5** 6
nota dolente **2** 12
notare **10** 8
notevolmente **4** 3
notizia **5** 8
noto **7** 3
novella **5** 6
obiettare **3** 8
occhiali da sole **3** 2
odiare *(+ inf.)* **4** 6

A

A

proseguire **6** 12
protestare **3** 13
prova **4** 3 / **6** 10
provare **1** 12
provare a *(+ inf.)* **2** 6
provenienza **8** 5
pubblicità **3** 8
pulire i vetri **6** 13
pulire il bagno **6** 13
puntatore **1** 12
punto di partenza **2** 6
pur di *(+ inf.)* **9** 8
purché *(+ cong.)* **5** 2
pure **9** 14
puro **3** 8 / **3** 12
quadrato *(agg.)* **3** 1
qualsiasi **1** 6
qualunque **9** 8
quasi quasi **5** 2
quel che importa **1** 6
quel poco che **10** 8
quel(lo) che **1** 6
quotidianità **7** 8
quotidiano *(sost.)* **5** 1
raccolta **5** 4
raccolta differenziata **8** 5
raccomandazione **8** 11
rammarico **6** 2
rapidamente **6** 2
rapido **1** 12
rappresentante **8** 3
raro **1** 12
rasoio **3** 2
re **5** 10
reale **4** 1
realistico **1** 6
realizzare **1** 15
realizzazione **10** 8
reazione **7** 8
recensione **5** 1
recitare **9** 8
reclamare **3** 13
reclamizzare **3** 11
reclamo **3** 13
regina **5** 10
regionalismo **1** 8
regione **2** 12
registrare **5** 6

registrazione **5** 6
registro colloquiale **1** 8
regola **1** 2
relativamente **3** 4
relax **8** 3
rendere* l'idea **1** 12
resistente **3** 1
resistenza **9** 8
respingere* **2** 6
respirare **8** 13
responsabile **3** 13
resta il fatto che **4** 6
restante **4** 3
restaurare **3** 1
rete **1** 12
rettangolare **3** 1
riassaporare **5** 12
ribaltabile **6** 2
ricco di **10** 8
ricerca **4** 3
richiamare **4** 2
riciclaggio **7** 8
riciclare **7** 8
riciclato **8** 5
riconoscimento **5** 6
ricorrente **9** 8
ricostruire *(-isc)* **2** 9
ridere* **1** 12
ridicolo **3** 8
ridurre* **1** 6
ridursi* **6** 5
rientrare **6** 10
rifarsi* **8** 3
rifarsi* a **8** 3
riferirsi a **7** 2
rifilare **7** 8
rifiuti *(m./pl.)* **8** 2
riflessione **7** 8
rifugio **8** 3
riga **9** 9
rigido **1** 8
rilassare **9** 1
rimandare **7** 5
rimanerci* male **7** 8
rimanere* bloccato **8** 10
rimanere* in attesa (di)
   5 2
rimbalzare **2** 6

rimettere* a posto **8** 11
rimettere* in circolo **5** 6
rimodernare **3** 8
rimproverare **3** 8
rinunciare a **8** 5
ripassare **6** 10
ripetere **1** 6
ripetizione **1** 8
ripresentarsi **3** 8
risalente a **10** 2
rischio **8** 2
riserva naturale **10** 8
riservato **2** 9
risolvere* **8** 11
risorsa **6** 2
risotto alla milanese **5** 4
risparmioso **3** 12
rispecchiare **6** 14
rispedire **2** 6
rispettare **1** 8 / **7** 3 / **7** 8
rispettoso **10** 8
rispiegare **3** 8
ristrutturazione **7** 5
risultare **4** 3
risultare *(+ agg.)* **3** 14
ritardare **8** 3
ritardo **3** 13
ritratto **6** 1
ritrovamento **5** 6
ritrovarsi **2** 6
riunificazione **10** 1
riunione **4** 10
rivedere **1** 6
rivelare **5** 2
rivelarsi **1** 12
rivoluzionario *(agg.)* **5** 6
romano *(sost.)* **5** 8
romantico **2** 13
romanzo d'amore **5** 1
romanzo d'avventura **5** 1
romanzo poliziesco **5** 2
romanzo storico **5** 1
rotto *(da rompere*)* **3** 14
rovinato **3** 14
ruotare intorno a **8** 6
rurale **6** 2
ruspa **10** 8
safari **6** 2

saggezza **1** 12
saggio *(sost.)* **5** 1
Sai/sapete che gioia?! **2** 12
salire* a **5** 6
salotto **5** 2
salvo *(+ inf.)* **2** 12
sarcastico **8** 11
saturarsi **4** 3
saturazione **4** 3
sbagliare **1** 2
sbagliare a *(+ inf.)* **6** 2
sbagliare numero **4** 9
sbagliare rotta **8** 3
sbagliato **2** 6
scaffale **1** 8
scalinata **10** 2
scambia-libri **5** 6
scambiarsi **4** 3
scambio **5** 6
scambio di battute **9** 15
scandire *(-isc)* le parole
   5 12
scannare **1** 12
scarsità **8** 6
scatolame **8** 11
scena **6** 12
scenario **5** 2
scendere* **6** 2
sceneggiatura **6** 12
scenografico **10** 2
schermo **1** 12
scherzo **7** 2
sciatore **5** 4
scienziato **8** 11
sciogliersi* **8** 2
scioglimento **8** 2
sciopero **5** 8
scivolare **5** 2
scoccare una scintilla **5** 2
scolorito **9** 3
scomodità **8** 6
scompenso **5** 2
sconfortato **8** 3
sconsolato **8** 11
scoperta **5** 6
scopo **1** 12
scoprire* **7** 11
scorrettezza **9** 2

Qualcosa in più

a bassa voce
a mani vuote
a quattr'occhi
accennare a
aderire
aleggiare
alla base
allontanamento
almeno
al tempo stesso
altrettanto
apparecchio alimentato a
　batterie
appartenere* a
appuntito
assorbente
attorno a cui
augurare
ben presto
biancheria
bigliettino di
　ringraziamento
calorosamente
calze (pl.) di nylon
carattere
cartiera
celebre
cerotto
cestino
Chi se ne importa!?
cintura di sicurezza
commentare
comparire* sul mercato
composto da (da
　comporre*)

conoscente
creazione
culturale
descrizione
di carattere generale
di persona
distratto
divenire*
donatore
dovere* a qu.
essere* capace di
essere* fatto di
essere* in confidenza con
essere* presente
essere* sotto accusa
fazzoletto di carta
femminile
fino a quando … (non)
fondatore
Galateo
garza
gesto
godere* fama di
guerra mondiale
imbarazzare
in modo determinante
in presenza di
in tono scherzoso
inchiostro
inconciliabile
indicare
indifferenza
indumento
infermeria
influente

inimicizia
inquinamento
intendersela
intesa
intimo
meccanismo
medicare
mettere* in commercio
mettere* insieme
minaccia
minacciare
morbido
musicassetta
nastro
nastro adesivo
negare
negativo
non faceva che tagliarsi
parere*
passione
pazzia
penna biro
periodico (sost.)
piuma
politene
politica
politica estera
politica interna
portafortuna
praticità
prenderle
principale
prodotto di bellezza
produrre*
punizione

quotidiano (sost.)
reggiseno
responsabile
ricercatore
riconoscenza
rinnovare i
　ringraziamenti
riprodurre
ruotare (intr.)
saliera
saltare
scartare
scongiurare
scoperta
seno
serbatoio
settimanale (agg.)
sfera
sinonimo (di)
società
soffiarsi il naso
sorreggere*
specialistico
specialità gastronomiche
spilla
Stati Uniti (pl.)
strepitoso
stupidità
superstizione
tagliare la corda
tanto meno
Tiè!
tostapane
traccia

A

SOLUZIONI DEGLI ESERCIZI

LEZIONE 1

1
1. ci hai messo; 2. si mette; 3. ci mettete; 4. si è messa; 5. metterci; 6. si metta

2
1. Prima di partire faccio benzina. 2. Prima di andare a letto mi lavo i denti. 3. Prima di andare a dormire spegne la TV. 4. Prima di partire abbiamo controllato bene i bagagli. 5. Prima di cominciare a studiare si è riposato un po'. 6. Prima di prenotare il biglietto ci informeremo sul prezzo.

3
aveva aperto, si era dimenticata, aveva letto, aveva trascorso, era andata, aveva usato

4
2. Erano ... stati/-e; 3. aveva letto; 4. aveva ... preso; 5. avevo ... visto; 6. Era ... uscita; 7. Aveva ... mangiato; 8. Si erano ... arrangiati

5
1. delle quali; 2. nelle quali; 3. del quale; 4. nel quale; 5. per la quale; 6. con i quali; 7. per il quale; 8. con i quali

6
2. del quale; 3. con le quali; 4. della quale; 5. nel quale; 6. della quale; 7. nei quali

7
1. Domani ci dovrebbe essere/dovrebbe esserci il sole. 2. Il prossimo anno mi dovrei laureare/dovrei laurearmi. 3. In estate dovremmo partire per le Maldive. 4. Al corso si dovrebbero iscrivere/ dovrebbero iscriversi 30 persone. 5. Dovrebbero arrivare verso le 8. 6. Oggi dovrei finire questi esercizi.

8

	+ lo	+ la	+ li	+ le	+ ne
mi	me lo	me la	me li	me le	me ne
ti	te lo	te la	te li	te le	te ne
gli/le/Le	glielo	gliela	glieli	gliele	gliene
ci	ce lo	ce la	ce li	ce le	ce ne
vi	ve lo	ve la	ve li	ve le	ve ne
gli	glielo	gliela	glieli	gliele	gliene

9
1. me li; 2. me l'; 3. glieli; 4. glielo; 5. ve lo; 6. gliene; 7. te ne

10
1. glielo; 2. me le; 3. te lo; 4. me ne; 5. ve ne; 6. ce li

11
1. f. gliela; 2. h. gliene; 3. a. me ne; 4. g. Te l'; 5. c. Ve lo; 6. e. Ce li; 7. d. me ne; 8. i. Gliene; 9. b. glieli

12
1. te lo; 2. gliel'; 3. me ne; 4. me ne; 5. ce l'; 6. me l'; 7. me l'

13
Il prefisso *in-* diventa *im-* davanti a *b, m* e *p*. Diventa *ir-* davanti a *r*.
in-: incredibile, indeciso, indipendente, infinito, inusuale, inutile, inadatto, incapace
im-: impossibile, imprevisto, immangiabile, impaziente, imperfetto, impopolare, impreciso, improbabile
ir-: irregolare, irragionevole

LEZIONE 2

1

2. d; 3. e; 4. a; 5. b; 6. c

2

1. Oggi a Sandro tocca studiare tutto il giorno.
2. È vero che sei dovuto/-a stare a casa tutta la sera?
3. Domani ci tocca partire anche se non ne abbiamo voglia. 4. Ieri mia sorella è dovuta tornare in ufficio dopo cena. 5. Spero che non ti tocchi ripetere l'anno!

3

2. avrei guidato; 3. avrei messo; 4. avremmo preferito; 5. sarebbe piaciuto; 6. Avrei potuto

4

2. avrebbe dovuto–d; 3. sarebbe piaciuto–e; 4. avremmo preso in affitto–f; 5. avrebbero voluto–c; 6. avrei accompagnata–a

5

1. c; 2. b, 3. a; 4. a; 5. b; 6. c; 7. a; 8. a; 9. a; 10. b

6

7

1. Cleopatra: fece, ebbe, diede, Visse; 2. Domenico Modugno: iniziò, presentò, Vinse, Partecipò, diventò; 3. Maria Callas: fu, ebbe, Sposò, si innamorò, lasciò, Morì; 4. Guglielmo Marconi: studiò, si trasferì, andò, visse, Inventò, ottenne

8

sono andato/-a; ho detto; sono arrivato/-a; abbiamo chiesto; avete dato; hanno avuto; abbiamo detto; hanno dato

9

a.
1. il mio ombrello: aggettivo; 2. I miei: pronome; 3. i tuoi: pronome; 4. mio padre ... la sua giovinezza: aggettivi; 5. la mia: pronome; 6. il tuo cappotto: aggettivo/il mio: pronome
b.
1. v; 2. f; 3. v; 4. v

10

1. la, la; 2. -, i, -; 3. -, i; 4. -, -; 5. i, il; 6. -; la

	io	tu	lui, lei, Lei	noi	voi	loro
avere	ebbi	avesti	ebbe	avemmo	aveste	ebbero
chiedere	chiesi	chiedesti	chiese	chiedemmo	chiedeste	chiesero
dare	diedi	desti	diede	demmo	deste	diedero
dire	dissi	dicesti	disse	dicemmo	diceste	dissero
essere	fui	fosti	fu	fummo	foste	furono
fare	feci	facesti	fece	facemmo	faceste	fecero
ottenere	ottenni	ottenesti	ottenne	ottenemmo	otteneste	ottennero
prendere	presi	prendesti	prese	prendemmo	prendeste	presero
scrivere	scrissi	scrivesti	scrisse	scrivemmo	scriveste	scrissero
vedere	vidi	vedesti	vide	vedemmo	vedeste	videro
venire	venni	venisti	venne	venimmo	veniste	vennero
vincere	vinsi	vincesti	vinse	vincemmo	vinceste	vinsero
vivere	vissi	vivesti	visse	vivemmo	viveste	vissero

Le forme della seconda persona singolare e della prima e seconda persona plurale sono sempre regolari (eccetto *dare* e *dire*). Tutti i verbi irregolari hanno l'accento sulla penultima sillaba. Solo la terza persona plurale ha l'accento sulla terzultima sillaba.

Rispondere: rispọsi, rispondẹsti, rispọse, rispondẹmmo, rispondẹste, rispọsero

11

1. la tua, la mia; 2. Miei, Tuoi, i miei; 3. del nostro, del mio; 4. sua, mia; 5. i miei, Suo, 6. tua, la mia; 7. la mia; 8. nel vostro

12

nel 1963, fino a 22 anni, dal 1985, dopo 18 anni, un anno sì e tre no, nel novembre, dello scorso anno, quando, mentre, da quando, tutto il santo giorno, finché, appena

13

1. Umbria; 2. Valle d'Aosta; 3. Sicilia; 4. Campania; 5. Puglia; 6. San Marino

LEZIONE 3

1

1. ZAINO; 2. ORECCHINI; 3. QUADERNO; 4. COMPUTER; 5. TOVAGLIA; 6. RASOIO; 7. TAVOLO; 8. OCCHIALI. Soluzione: ACQUISTI

2

1. abbia comprata; 2. sia costata; 3. abbiano … cambiato; 4. hanno dati; 5. sia uscito; 6. abbia comprata

3

da eliminare: 1. abbia avuto; 2. sia stato, ci siano state, abbiano potuto; 3. abbia, rimanga; 4. abbiano avuto, diventi; 5. sia stato, spenda; 6. paghi; 7. acquisti

4

1. cosmetici: pomata, crema, profumo; 2. capi di abbigliamento: abito, impermeabile, pelliccia, sciarpa; 3. documenti: carta di credito, passaporto; 4. mezzi di trasporto: autobus, macchina, metrò, scooter; 5. mezzi di comunicazione: cellulare, telefono, lettera; 6. sport: calcio, sci. Soluzione: CONSUMISMO

5

1. a noi; 2. con il computer; 3. con Carlo; 4. da loro; 5. con mio padre; 6. con il cellulare; 7. a casa; 8. all'infanzia; 9. con i soldi

6

significato di di nuovo, ancora una volta: 1. rileggo, riascolto; 3. Ripartirei; 6. rivediamo; 10. richiama

7

1. Quando mi sarò laureato/-a, andrò all'estero. 2. Appena sarà arrivato il treno, telefoneremo a Sandra. 3. Dopo che avrete letto l'articolo, farete una discussione? 4. Quando avrà finito di fare i bagagli Francesco partirà. 5. Appena saranno ritornati i nostri amici festeggeremo insieme.

8

1. si sarà laureata, organizzerà; 2. Ci vorrà, avrò finito, partirò; 3. avrà riparato, verrò; 4. metteranno; 5. andrò; 6. avrò, chiamerò; 7. Si metterà ; avrà finito

9

da sottolineare: andrò, Sarei andato, usciranno, sarebbe venuta, Sarei uscito, farò

11

(1) Per fortuna siete ancora aperti! Senta, io avrei un problema. La settimana scorsa ho comprato qui da voi un cellulare, ma … non funziona più.

(2) *Strano, è la prima volta che succede una cosa del genere. Me lo fa vedere?*

(3) Guardi qua. Mi avevate assicurato che era di ottima qualità …

(4) *In effetti lo è. Adesso diamo un' occhiata. Dunque, vediamo … Ma questo telefonino ha preso acqua!*

(5) Come sarebbe a dire? Acqua? No, non direi … Non mi pare …

(6) *Eppure Le garantisco … perché vede, i contatti con la batteria sono ossidati!*

(7) Se lo dice Lei … beh … può darsi, ma in ogni caso ho la garanzia!

(8) *Eh, signora, sono spiacente, ma purtroppo questo non è un difetto dell'apparecchio. In questo caso la garanzia non copre la sostituzione.*

(9) Allora voglio parlare con il proprietario. Guardi che sono una buona cliente io!

(10) *Mi dispiace, ma al momento non c'è. Non può ripassare più tardi?*

(11) Certo che torno, non si preoccupi!

LEZIONE 4

1

1. Basterà pronunciare il messaggio e tutto sarà chiaro.
2. Internet ha conosciuto ultimamente una grandissima diffusione. 3. Ogni giorno circolano nel mondo moltissime mail. 4. Molti avevano previsto questo sviluppo di Internet. 5. Tutto ha funzionato in modo perfetto. 6. E questo numero è destinato a crescere.
7. Molte persone usano ogni giorno il PC.

2

a.

fare	stare	essere	vedere	partire
facessi	stessi	fossi	vedessi	partissi
facessi	stessi	fossi	vedessi	partissi
facesse	stesse	fosse	vedesse	partisse
facessimo	stessimo	fossimo	vedessimo	partissimo
faceste	steste	foste	vedeste	partiste
facessero	stessero	fossero	vedessero	partissero

b.

indicativo presente: faccio;
indicativo imperfetto: bevevo, facevo;
congiuntivo imperfetto: dicessi, bevessi, facessi

c.

La prima e seconda persona singolare del congiuntivo imperfetto sono uguali. Il congiuntivo imperfetto, anche dei verbi irregolari, si forma normalmente dall'indicativo imperfetto.

3

1. lavorassero; 2. avessimo; 3. parlassero; 4. passaste;
5. avessi; 6. guadagnaste; 7. riuscissi; 8. fosse

4

1. Temevo che tu non mi capissi. 2. Non sopportavo che i miei mi chiamassero «piccola». 3. Mi dava fastidio che si fumasse in casa. 4. Aveva paura che non facessimo in tempo ad arrivare. 5. Immaginavo che fossero soddisfatti del risultato. 6. L'insegnante temeva che non studiassimo abbastanza. 7. Non vedevano l'ora che tu venissi.

5

1. fosse; 2. vedesse; 3. capissi; 4. ci fossero; 5. mangiassi;
6. avessi; 7. steste; 8. andasse

6

1. f, g; 2. c, d; 3. b, e; 4. a, m; 5. h, l; 6. i, n

7

2 – 7 – 9 – 10 – 8 – 3

1. sta facendo, lo richiamerà; 2. ha, farsi; 3. lui, andranno, vuole andare, loro, deve chiamarli, ha, deve;
4. si sente, mangia; 5. stanno aspettando, le pesa

8

1. Siccome non ho molto tempo, domenica non potrò venire a sciare con voi. 2. Mi dispiace, il mio PC si è rotto e quindi non posso finire la traduzione.
3. Se vuoi, stasera puoi uscire con la tua ragazza.
4. Capiamo perché non hai più voglia di studiare.
5. Deve venire da me alle cinque e, se non fa in tempo, deve telefonarmi. 6. La vostra macchina sarà pronta fra sette giorni, ma se avete davvero fretta, posso cercare di ripararla un po' prima.

9

1. La prima volta …; 2. Oddio, proprio …;
3. di continuo …; 4. davanti alla …;
5. Lei, poverina …

10

Che il tempo è brutto, che l'albergo dov'è costa un sacco di soldi, che la proprietaria è piuttosto antipatica, ma che (lei) si sente benissimo. Che dorme molto, che quindi è riposata e di conseguenza sempre di buon umore. Che Guglielmo le insegna a nuotare e che vanno sempre al mare quando il tempo lo permette. E mi ha anche rivelato un segreto: che è innamorata di lui e che pensa di sposarsi presto o comunque di andare presto a vivere con lui.

11

1. però; 2. quando: 3. per; 4. che ne so; 5. se; 6. Così/Quindi; 7. però; 8. quindi/così; 9. comunque; 10. Anzi

LEZIONE 5

1

1. PROTAGONISTA; 2. SCRITTRICE; 3. POLI-ZIESCO; 4. RECENSIONE; 5. GIORNALE; 6.GUIDA; 7. ROMANZO. Soluzione: SICILIA

2

1. Lo aiuto volentieri, purché/a condizione che/a patto che mi prometta di studiare di più. 2. Ci va anche lei, purché/a condizione che/a patto che l'accompagni qualcun altro. 3. Lo leggerete volentieri, purché/a condizione che/a patto che amiate i gialli. 4. Esco con loro, purché/a condizione che/a patto che mi promettano di non andare in discoteca. 5. Ti divertirai purché/a condizione che/a patto che ami la montagna. 6. Sarà divertente purché/a condizione che/a patto che vi piacciano le escursioni. 7. Lo prendo purché/a condizione che/a patto che Lei mi faccia uno sconto.

3

b. Linda (4); c. Grazia (5); d. Miriam (2); e. Rebecca (6); f. Vittorio (9); g. Simona (7); h. Francesco (8); i. Valentina (1)

4

1. È la città più bella che abbia mai visto. 2. È il libro più avvincente che abbia mai letto. 3. È la giornata più bella che abbiano mai trascorso. 4. È la vacanza più stressante che abbiate mai fatto? 5. È il cibo più salato che (tu) abbia mai mangiato? 6. È la birra più forte che abbiamo mai bevuto. 7. È il programma più interessante che abbia mai ascoltato.

5

1. Sì, è la città più bella che abbia mai visitato. 2. Oh, sono le persone più generose che abbia mai conosciuto. 3. Sì, è il cibo più piccante che abbiamo mai provato. 4. Sì, è la trasmissione più stupida che abbia mai visto. 5. Sì, è il monte più alto su cui/sul quale siano mai stati.

6

Quando, infatti, quello, Insomma, chi, In questo modo, mentre, a questa parte, Per esempio, Al momento, però

7

1. Fu, fu, è/viene (Venezia); 2. è/viene (il Po); 3. fu/venne (il Trentino-Alto Adige); 4. sono stati (Federico Fellini); 5. è stata (Sofia Loren)

8

1. Un libro di John Grisham venne/fu abbandonato da un signore all'aeroporto di Los Angeles. 2. Il volume non era stato perduto dal signore, era stato lasciato lì di proposito. 3. Questo esperimento sociologico globale è stato organizzato da un sito Internet. 4. A ogni libro vengono/sono assegnati un numero di identificazione ed un'etichetta da *bookCrossing*. 5. L'etichetta può essere stampata e attaccata sul volume dal responsabile. 6. Il libro trovato può essere letto dal nuovo proprietario. 7. I proprietari sperano che i libri vengano/siano rimessi in circolazione dai lettori.

9

l'albergo è già stato prenotato; i fiori devono ancora essere innaffiati; i documenti devono ancora essere controllati; il frigo e la luce devono ancora essere staccati; la guida è già stata letta; il gatto deve ancora essere portato alla vicina; il lavoro in ufficio è già stato finito

10

1. guerra; 2. matrigna; 3. fata; 4. regina; 5. servitore
Soluzione: Carlo Collodi

11

circonvallazione, distinto, giornale, stazioni, occhiali, pagina, paio, segno zodiacale, vergine, periodo, fortuna, piacere

12

infilarsi: gli occhiali, una polo, i pantaloni, le scarpe, una giacca
allacciarsi: una cintura, i pantaloni, le scarpe
consultare: un medico, l'oroscopo, un orario, un catalogo
indossare: una polo, i pantaloni, le scarpe, una giacca
scandire: le parole, il tempo
abbassar(si): i pantaloni
assaporare: un piacere, un cibo

13

2. Paola, che tu sappia Sandro ha ancora la macchina o l'ha già venduta? 3. Olga, senti, che tu sappia ci sono ancora biglietti per il Rugantino? 4. Hai visto Michele? Mah, che io sappia non è ancora arrivato. 5. Signorina, che Lei sappia è già arrivato il tecnico per il computer? 6. C'è da fidarsi di lui? Ma cosa vuoi che ne sappia?

LEZIONE 6

1

ultrasessantenne (s), insipido (c), stanza (s), loquace (c), crescita (c), convincere (c), metropoli (s), pulire (c), moderno (c), privato (c), giovane (c), distrattamente (c), nascita (c)

1. sì, 2. no; 3. no; 4. no; 5. sì, 6. sì; 7. sì; 8. sì

2

1. peggiore; 2. migliore, le migliori, ottime; 3. meglio; 4. più; 5. pessimo; 6. il minore; 7. meno

3

2. credibile; 3. indimenticabile; 4. incomprensibile; 5. mangiabile; 6. riciclabile; 7. fattibili

4

3. Lasciami entrare! Fa freddo fuori … 4. Mi lasci provare i tuoi pantaloni? 6. Lasciami capire cosa ti passa per la testa! 7. Lasciatemi passare, per cortesia! 9. I miei mi lasciano sempre fare quello che voglio. 11. Lasciami pensare un momento!

5

2. Perché non prestate mai attenzione a quello che dico? 3. Presenti la domanda entro il 10 febbraio! 4. Ieri con la macchina ho percorso 100 chilometri. 5. Com'è dimagrita. Avrà seguito una dieta? 6. In quella ditta si producono bellissimi mobili. 7. Mia madre mi cucina sempre dei piatti magnifici. 8. In città hanno costruito un nuovo impianto sportivo. 9. Mi poneva sempre un sacco di domande. 10. È vero che pratica moltissimi sport?

6

1. Sebbene non ne abbia voglia devo studiare.
2. Sebbene (tu) sia stanco finisci il lavoro! 3. Sebbene fossero stranieri, parlavano benissimo l'italiano.
4. Sebbene si alzassero presto, arrivavano sempre in ritardo. 5. Sebbene perdiate, continuate a battervi.
6. Sebbene continuino a sbagliare, non si perdono d'animo. 7. Sebbene fosse grasso non si metteva mai a dieta.

7

da sottolineare: anche se ero da sola, Sebbene ci fosse molta gente, anche se mio marito … dice il contrario, malgrado ci fosse un freddo terribile

2. nonostante/sebbene/benché/malgrado fossi da sola; 3. Anche se c'era molta gente; 4. nonostante/sebbene/benché/malgrado mio marito … dica il contrario; 5. anche se c'era un freddo terribile

8

1. e; 2. b; 3. d; 4. g; 5. f; 6. a; 7. c

9

1. ci si è; 2. ci si impunta; 3. Ci si lamenta; 4. ci si blocca; 5. ci si arrende, si; 6. ci si trasferisce, si; 7. ci si fida

10

1. a, 2. b, 3. a; 4. a, 5. a, 6. b; 7. b, 8. a

11

1. Vedendo; 2. sbagliando; 3. Uscendo; 4. Ripetendo; 5. Facendo; 6. Andando; 7. ascoltando; 8. Traducendo

12

verbo	sostantivo	aggettivo	avverbio
---	l'attenzione	attento	attentamente
aumentare	l'aumento	---	---
cambiare	il cambiamento	---	---
controllare	il controllo	---	---
contenere	il contenuto	contenente	
crescere	la crescita	cresciuto/crescente	---
decidere/decidersi	la decisione	deciso/decisivo	decisamente
---	la disponibilità	disponibile	---
---	l'eleganza	elegante	elegantemente
nascere	la nascita/natalità	nato	---
preoccuparsi	la preoccupazione	preoccupato	---
---	la severità	severo	severamente
---	la sicurezza	sicuro	sicuramente
---	la sincerità	sincero	sinceramente
---	la tradizione	tradizionale	tradizionalmente
vivere	la vita	vivente	---

I sostantivi in *-sione* e *-zione* sono femminili.

LEZIONE 7

1

1. papà; 2. carnevale; 3. lenticchie; 4. presepio; 5. novembre; 6. S. Silvestro
Soluzione: Natale con i tuoi e Pasqua con chi vuoi!

2

1. Magari; 2. è solo che; 3. mica; 4. magari; 5. Dai;
6. Per carità; 7. Calcolando che

3

1. d. potessimo; 2. a. fosse; 3. e. avesse; 4. b. venisse;
5. c. portasse

4

1. Pronto, Alessandra...; 2. Magari!; 3. Perché magari?...;
4. Beh, così importante no...; 5. Ma dai!...;
6. Purtroppo no...; 7. Peccato!...; 8. Beh, ripensandoci...;
9. Vedi?!...; 10. Sì, va bene...; 11. Benissimo...

5

2. mi avresti portato/-a a sciare! (d); 3. non sareste più
arrivati/-e in ritardo! (b); 4. avrebbe festeggiato con te?
(f); 5. l'avrebbe portata alle Maldive. (g); 6. avrebbe
spedito le mail il più presto possibile. (a); 7. la sera
sarebbero usciti. (e)

6

avresti portato/-a, saremmo andati, avresti accompagnato/-a, avremmo visitato, saremmo sposati, avresti
regalato, saresti dimenticato, saresti cambiato, saresti
diventato, avrei creduto

7

Soluzione: A caval donato non si guarda in bocca.

8

1. vedendomi; 2. facendolo; 3. Ascoltandolo;
4. Rivedendola; 5. riprendendoli; 6. Rileggendola;
7. Ripensandoci; 8. Richiamandoti

9

Soluzione: MARCHE

10

1. Se la stanza non fosse molto buia, sarebbe più accogliente. 2. Se le scarpe fossero meno care, le comprerei. 3. Se fosse meno distratto, non avrebbe sempre un sacco di difficoltà. 4. Se ci fosse meno traffico, prenderei la macchina. 5. Se avessero più tempo, non farebbero tutto di fretta. 6. Se Eva fosse una persona meno chiusa, la sposerei. 7. Se mi dessero una mano, non dovrei fare tutto da solo. 8. Se Franco non fosse pessimista e avaro, lo troverei simpatico.

11

1. e.; 2. d; 3. b.; 4. c.; 5. a.

12

1. avessi; 2. funzionasse; 3. ti alzassi; 4. steste; 5. rispondesse; 6. fossero; 7. dovessimo; 8. facesse

13

potessi, sarei, partirei, potrei, girerei, sarebbe, Tirerei, avrei, facesse, mi metterei, lascerei, avessi, farei, sarebbe, farei, dovrei, sognasse

LEZIONE 8

1

Soluzione: PIOGGE ACIDE

2

1. essere al verde; 2. principe azzurro; 3. una settimana bianca; 4. leggere gialli; 5. mangiare in bianco; 6. in neretto

3

2. Avendo saputo; 3. Avendo previsto; 4. Essendo arrivati; 5. Avendo seguito; 6. Avendo speso

4

1. Essendosi diplomata con una votazione molto alta; 2. Non essendo bravo in matematica; 3. Non avendo mai avuto il coraggio di mettersi in proprio; 4. Avendo lavorato troppo ieri; 5. Conoscendo molto bene l'inglese; 6. Avendo deciso di passare una settimana in montagna

5

Dopo esser andata dal medico, mi sono messa a dieta./Dopo aver seguito i tuoi consigli, sono migliorato molto./Dopo aver telefonato ad Arianna, chiamò Sara./Dopo aver letto la notizia, ne discusse con gli amici./ Dopo aver visitato Venezia, tornò nel suo Paese./Dopo esser stati al cinema, sono andati a bere qualcosa insieme./Dopo aver ricevuto il regalo, mi accorsi che era riciclato./Dopo aver ringraziato dell'invito, uscì.

6

1. Dopo aver bevuto qualcosa al bar, sono andato al lavoro. 2. Dopo aver controllato bene le valigie, sono partite. 3. Dopo essermi informato/-a sul prezzo del biglietto, prenoterò. 4. Dopo essersi comprati un nuovo paio di sci, sono partiti per la settimana bianca. 5. Dopo aver provato a curarsi da solo, ha chiamato il medico. 6. Dopo aver finito gli esercizi, siamo usciti. 7. Dopo esserci riposati un po', abbiamo ripreso il lavoro.

7

1. d; 2. g; 3. h; 4. e; 5. f; 6. c; 7. a; 8. b

8

avrei saputo, avrei deciso, avessi preso, sarei … stato, avrei/sarei vissuto, avrei conosciuto, fossi andato, avrei imparato, sarei venuto a contatto, avrei fatto, avessi frequentato, mi sarei innamorato

9

Se non fosse stato bocciato, avrebbe proseguito gli studi, avrebbe preso un diploma e poi una laurea. Se avesse preso una laurea, avrebbe ottenuto un posto di lavoro più interessante e avrebbe guadagnato di più. Se avesse guadagnato di più, avrebbe potuto lavorare di meno e avrebbe avuto più tempo libero. Se avesse avuto più tempo libero, avrebbe potuto riprendere a studiare.

10

Soluzione: MUCCA PAZZA

11

1. Che facciano; 2. Che voglia; 3. Che sia; 4. Che manchino; 5. Che stiano; 6. Che dipenda

1. no; 2. no; 3. sì

12

1. avrebbero potuto; 2. trattano, pagano; 3. costruiranno; 4. hanno detto; 5. risponderanno, hanno assicurato; 6. avessero suonato; 7. danno; 8. regalassero; 9. stiano

LEZIONE 9

1

venissi, portassi, potessi, conoscessi, diventaste, dicessi, arrivassi, dessi

2

1. aveste… incontrato; 2. servisse; 3. abbia, abbia venduto; 4. ammirassi; 5. sia; 6. si fosse dimenticata; 7. siano partiti

3

1. stava; 2. sia; 3. ci siano rimasti; 4. fossero; 5. hai fatto; 6. sia andato; 7. aveste già mangiato; 8. ha capito; 9. avesse visitato; 10. è, ha

4

da quando, per questo, prima che, forse, senza, pur di, Anzi, proprio

5

1. finisca; 2. vada, si trovi, 3. desse; 4. facesse; 5. fossero, 6. trasmettesse ; 7. ci troviamo; 8. vada

6

1. potessi; 2. sopportassimo, 3. avessero; 4. sia; 5. abbia mai amato; 6. abbia capito; 7. avessero

7

1. MOTORINO; 2. SCORRETTO; 3. TORTO; 4. OMBRELLO; 5. EGOISMO; 6. MANTENERE; 7. BUGIE, 8. AVARO; 9. USO; 10. DIFETTO; 11. ONESTO; 12. SUPERBO
Soluzione: TROVA UN TESORO

13

1. SCATOLAME; 2. PRECOTTI; 3. BARATTOLO; 4. ALIMENTARI; 5. ASSOCIAZIONE; 6. BREVETTI; 7. CONSUMATORE; 8. AGRICOLTURA; 9. SURGELATI; 10. CARRELLO
Soluzione: SOTTOVUOTO

8

1. Mi dice sempre che la grammatica è difficile./Mi diceva sempre che la grammatica era difficile. 2. Sandra dice che Carlo l'ha cercata./Sandra ha detto che Carlo l'aveva cercata. 3. Sandra dice che Colette aveva già studiato l'italiano./Sandra ha detto che Colette aveva già studiato l'italiano. 4. Paolo dice che andrà a vedere la mostra./Paolo ha detto che sarebbe andato a vedere la mostra. 5. Paolo mi dice sempre di mangiare di meno./Paolo mi ha detto di mangiare di meno. 6. Flavia dice che suo figlio vorrebbe riposare./Flavia ha detto che suo figlio avrebbe voluto riposare.

9

1. Il marito disse alla moglie che sarebbero venuti a pranzo due colleghi. 2. L'amica gli chiese se lì non si trovava (trovasse) bene. 3. Lucio domandò all'amico se andava (andasse) anche lui a bere qualcosa con loro. 4. Stefania gli ha risposto che aveva da fare e aveva preferito rimanere a casa. 5. Silvio ha detto a Franca che il sabato successivo sarebbe dovuto andare a Bologna e le ha chiesto se andava (andasse) con lui.

10

era (fosse), lì, c'era, di parlare, se aveva (avesse) già visto, loro, di no, pensava, dopo, dirle di aspettarlo, darle, se non doveva (dovesse) darlo, gli aveva detto, credeva che non fosse più, gli poteva (potesse) telefonare, ci fossero stati, di no, l'avrebbe richiamato lui, aspettava, sua

11

forme corrette: di essere finalmente tornato, fosse stato, lasciasse, fosse, era (tornato), fosse andato, di essere, aver, avesse preparato, la sera, aveva invitato, dispiacesse, avrebbe preferito, lì, era, di essere, pensava, temeva, avrebbe fatto, pensare, stare, farsi

LEZIONE 10

1

comune/provincia/regione/stato;
Veneto/Trentino/Lombardia/Piemonte;
Toscana/Lazio/Abruzzo/Calabria;
Emilia Romagna/Molise/Valle d'Aosta;
Colosseo/Pantheon/Uffizi; Milano/Torino/Venezia;
Monte Bianco/Monte Rosa/Etna

2

1. f; 2. a; 3. h; 4. e; 5. b; 6. g; 7. d; 8. c

3

da sottolineare: la lingua viene usata, i vocaboli devono essere studiati, deve essere seguito il proprio ritmo personale, non ogni singola parola deve essere capita, devono essere memorizzate frasi intere, devono essere fatti tutti, quelli che vengono assegnati dal professore, vengano copiati da un compagno, i loro consigli dovrebbero essere seguiti, i voti devono essere dati;
da traformare: i vocaboli vanno studiati; va seguito il proprio ritmo personale; non ogni singola parola va capita; vanno memorizzate frasi intere; vanno fatti tutti; i loro consigli andrebbero seguiti, i voti vanno dati

4

le cui, i cui, il cui, la cui, la cui, il cui

5

1. saLe; 2. acEto; 3. Cotto; 4. analCOlica; 5. caRNe; 6. mIEle. Soluzione: LECCORNIE

6

1. brilli; 2. timidi; 3. colleghi; 4. distratti; 5. amici; 6. disponibili; 7. calvi; 8. fratelli

7

1. si è mangiato; 2. non si è riusciti; 3. si sono bevute; 4. si sono venduti; 5. non si è visto; 6. si è lavorato

8

1. dall'; 2.a cui; 3. la meglio; 4. di tutto; 5. necessita; 6. abbonda

9

1. iSOla; 2. ReGione; 3. scioglimENto; 4. presidenTE; 5. FOrmaggio; 6. CEntro
Soluzione: Il fiume nasce da una SORGENTE e muore con la FOCE.

10

1. la benzina è troppo cara./i consumi fossero minori. 2. mio marito possa usare la macchina./la macchina la usa mio marito. 3. mi accompagnasse dal dentista./mi serviva un'informazione. 4. faceva troppa ombra./ci fosse più luce. 5. i miei figli possano avere un futuro migliore./mancano due colleghe. 6. mi coprissero le gambe storte./amo l'abbigliamento sportivo.

11

1. è; 2. è riusciti, cerchi; 3. venga; 4.possa; 5. è; 6. diventi

12

2. Nella zona di Orta si possono fare molte gite in bicicletta, *anche se* non esistono piste apposite.
3. Si deve fare di tutto *affinché* i nostri paesi non vengano minacciati dal turismo di massa.
4. L'Ufficio del Turismo informa i turisti su ciò *che* possono vedere di interessante.
5. *Dopo* aver visto l'esperienza del tunnel nella Manica, un lettore pensa che anche il luogo paesaggistico dello Stretto di Messina possa essere compromesso dalla costruzione di un ponte.
6. *Poiché* era molto stressato, l'ipotesi di una bella settimana di vacanza lo attirava.
7. *Ovunque* si vada, in Val Savaranche si sente solo il rumore del torrente.

INDICAZIONE DELLE FONTI

p. 11: materiale pubblicitario

p. 12: testo: © Commissione Europea/Consiglio d'Europa

p. 14: testi: da "Grammatica Italiana di Base", p. 110 e p. 168, © Zanichelli, 2000, Bologna

p. 16: testo: da "Io donna/Corriere della Sera", 1998

p. 23: testo: "La traversata dei vecchietti" da "Il bar sotto il mare" di Stefano Benni,
   © Giangiacomo Feltrinelli Editore, 1987, Milano

p. 30: foto: in basso a destra: Archivio MHV; in basso al centro: per gentile concessione di Stilmöbel Mauksch:
   www.englisch-wohnen.de

p. 36: testo: da "Il dottor Niù" di Stefano Benni, © Giangiacomo Feltrinelli, 2001, Milano

p. 38: foto: a sinistra: © Berloni S.p.A., Pesaro; centro: © Photonica/Johner; a destra: © Preca Brummel S.p.A.,
   Carnago

p. 44: testo: da "Affari & Finanza/la Repubblica" di Giuseppe Turani, 27/05/2002

p. 53: copertine: a sinistra e centro: Arnoldo Mondatori, Milano; a destra: © Tullio Pericoli, Milano

p. 56: testo: da "la Repubblica" di Alessandro Rampietti, 5/08/2002

p. 60: testo: da "la Repubblica", 12/06/2002

p. 63: testo: da "Newsweek/la Repubblica" di Susan H. Greenberg, 19/04/2001

p. 68: copertina: Baldini & Castoldi, Milano; testo: da "Jack Frusciante è uscito dal gruppo" di Enrico Brizzi; ©
   Baldini & Castoldi, 1995, Milano

p. 72: foto: in centro a sinistra: © www.romaturismo.it; in centro a destra: Archivio MHV / MEV

p. 80: foto: © Photonica/Gerry Johansson

p. 81: testo da "la Repubblica" di Antonio Cianciullo, 31/08/2002

p. 87: foto: Archivio MHV / PhotoDisc

p. 88: foto: © Capri & Capri

p. 94: testo: da "I veri nomi" di Andrea De Carlo, Mondadori 2002, Milano

p. 101: testo: da "Bell'Italia" di Auretta Monesi, n. 192/aprile 2002

p. 102: cartina: © GEOnext – Istituto Geografico De Agostini, 2003

p. 103: foto: © Turismo Torino

p. 104: foto: centro: Archivio MHV / MEV

p. 108: foto: fazzolettini: © Zwa/Sca Hygiene Products GmbH; penna: © per gentile concessione di Parker;
   Walkman: © Sony Deutschland GmbH; reggiseno, bottiglia di plastica, cerotto: Archivio MHV

p. 109: chewing-gum: © Wrigley GmbH; cintura di sicurezza: © BMW Group; detersivo: © Henkel S. p. A.;
   scarpe da ginnastica: © Puma AG; rasoio: © Gruppo Gillette Germania; tostapane: © AEG Deutschland;
   segreteria telefonica: © Olympia IT GmbH; calze: © Falke KG

p. 123: foto: © dpa, Francoforte

p. 124: testo: da "Storiette e Storiette tascabili" di Luigi Malerba, Mondadori, Giulio Einaudi Editore, 1994,
   Torino

p. 141: testo: "Il Computer" da "Ordine e Disordine" di Luciano De Crescenzo, Arnoldo Mondadori, 1997, Milano

p. 167: © Fiat Automobil AG

   © Raffaele Celentano, Monaco di Baviera: p. 62 in alto a sinistra, p. 104 a sinistra

   © Alexander Keller, Monaco di Baviera: p. 9, 13, 21, 25, 26, 30 in alto a sinistra, 2ª e 3ª da sinistra, centro,
   in basso a sinistra, 33, 42, 44, 52, 62 tutte escluso in alto a sinistra, 65, 70, 72 in alto, 78, 83, 92, 111

   © laif: Boening/Zenit: p. 20 in alto a sinistra; Celentano: p. 72 in basso a destra, p. 104 a destra; Eid: p. 101
   centro; Dieter Klein: p. 20 in alto a destra; Krinitz: p. 101 in alto e in basso; Sasse: p. 20 in basso a destra

   © ROPI: Aresu/Fotogramma: p. 72 in basso a destra; Lannino/Studio Camera: p. 20 in basso a sinistra;
   Mantero/Fotogramma: p. 20 in alto al centro

Alma Edizioni
Italiano per stranieri

Questo libro, composto di 10 lezioni, è pensato per gli studenti che usano *Espresso 3*.

Funzione di queste pagine è quella di consolidare strutture e lessico appresi nel corso della corrispondente lezione di *Espresso 3* e di permettere allo studente di valutare i progressi fatti.

Gli esercizi sono pensati per un lavoro individuale e le soluzioni riportate in appendice offrono all'allievo l'opportunità di verificare l'esattezza delle sue risposte.

Questo eserciziario, completo ed efficace, è interamente dedicato allo studio dei verbi italiani.

Attraverso un agile percorso didattico, basato su **schede** chiare ed essenziali e su **esercizi** vari e stimolanti, lo studente viene guidato alla scoperta dei tempi e dei modi verbali della lingua italiana.

Il testo affronta molti degli argomenti di solito considerati critici dagli stranieri che studiano la lingua italiana, fornendo strategie di apprendimento e utili consigli.

Per studenti di livello **elementare, intermedio e avanzato**.

ALMA EDIZIONI
viale dei Cadorna, 44
50129 Firenze - Italia
tel ++39 055476644
fax ++39 055473531
info@almaedizioni.it
www.almaedizioni.it